日中韓企業の経営比較

王　効平
尹　大栄　[共著]
米山茂美

税務経理協会

まえがき

　本書は，日本・中国・韓国という異なる国籍を持つ共著者3人が，1990年代半ばから2004年にかけて東アジアの企業経営，特に日中韓の企業経営の比較をテーマにした複数の共同研究プロジェクトで得た知見を整理したものである。
　企業経営の国際比較に関する研究は，これまでも数多く行われてきた。しかし，それらは日本企業と米国企業，日本企業と欧州企業の比較など，先進国の間での企業経営の比較が中心であり，アジア企業を含む体系的な比較研究は十分に蓄積されてこなかった。もちろん，中国企業や韓国企業を対象とした比較論的研究も存在するが，そのほとんどは日中あるいは日韓という二国間の比較であり，日中韓という3カ国の企業を共通の枠組みのうえに比較した研究はわれわれの知る限り存在しない。本書は，日本，中国，韓国というアジア主要3カ国の企業を対象とした経営比較の最初の試みである。
　われわれがこのようなアジア企業間の比較を行おうとした背景には，これらの国における企業間の協働・連携の重要性が叫ばれながら，それが必ずしも有効に機能していないという問題意識がある。近年，アジア諸国は急速な経済発展と，それにともなう所得水準の向上を通じて，市場としての魅力度を増すと同時に，多くの産業分野で技術力の向上が見られ，世界における重要な開発・生産拠点としての地位を築いている。このような中で，相互に近接するアジア諸国における企業間の協働・連携の重要性がしばしば指摘されているが，実際にはそうしたアジア企業間の協働体制はなかなか思うように進まないのが現実である。
　われわれは，このようなアジア企業間での協働体制がうまく機能していない要因の一つが，それぞれの国に属する企業間の経営特性の相違にあると考える。一口にアジア企業といっても，それぞれの国における企業の経営動向や経営システムは多様であり，そうした経営上の相違がアジア企業間での協働・連携の成否に大きく関係しているのではないだろうか。このような問題意識のうえに，

われわれは各種の経営指標データの分析や現地企業及び合弁企業へのヒアリング調査を精力的に行い，アジア企業間の経営特性の異同を解明することに努めてきた。

本書では，アジア企業の中でも特に日本，中国，韓国の企業に焦点をあてている。近年，日中韓の間の経済的相互依存関係はますます強くなり，互いに相手国を直接投資と貿易の上位対象国としている。この数年，国際協力銀行開発金融研究所及びジェトロなどが行ってきた海外直接投資に関するアンケート調査によれば，日本企業が「中期的（今後3年程度）に海外事業展開を強化・拡大する」有望な投資先として回答率が最も高かったのは中国であり，アジアNIEsの中では韓国が上位を占めている。このように日本企業にとって重要な海外事業の展開先としての中国と韓国の企業が日本企業とどのような経営上の同質性や異質性を持つのか，そしてそれがこれらの国の企業間の協働・連携にどのような影響を及ぼしうるのかを検討する意義は大きいと思われる。

本書は二部構成をとっている。第一部は経営特性全般に関する比較であり，第二部は企業の資金調達様式の比較である。第一部においては，日本，中国及び韓国の企業財務指標の分析と企業ヒアリングに基づく企業経営様式の特徴の把握に基づいて3か国間の企業経営の比較を試み，最後に日中韓企業間において協業を行ううえでの留意点などを整理している。第二部では，企業の資金調達活動にスポットをあてている。日本，中国及び韓国企業の資金調達における全般的な特徴を整理し，それぞれの企業がアジア地域（特に，中国，韓国）に進出する際の資金調達にかかわる課題を現地調査に基づいて抽出した。そこでは，近年活発化する中堅・中小企業の資金調達行動についても検討している。

第一部，第二部の両者において，われわれは日中韓で公開されている各種公式統計資料の分析と，それぞれの国の現地企業及び日中・日韓の合弁企業や金融機構へのヒアリング調査を実施した。これらのうち，企業財務データの分析は，各国の売上高上位企業のランキング資料に基づいて各国の企業経営の現況と特徴を整理していった。売上高上位100社の経営動向がその国のすべての企業の経営動向を代表するとはいえないが，これら上位企業の動向は経済・産業に

まえがき

対する影響が大きく，それら企業との直接・間接の取引関係のうえに成り立つ下位企業を含めた企業全体の動向を捉えるうえで有用と考えられる。また，各国国内企業及び日系の中韓進出現地企業や韓国系対中進出企業などへのヒアリング調査は，毎年1，2回にわたり継続的に行われた。経営特性全般にかかわるヒアリング対象企業の大半は各国の大企業ランキング入りを果たしている上位の企業であるが，資金調達様式調査に関しては中堅・中小企業及びこれらを対象とする金融機関が含まれた。これらヒアリングは，延べ50数企業・機関に及んでいる。

こうした調査を行っていくうえで，同世代に属しながらも，異なる出自と文化背景を持つわれわれ3人の研究体制はきわめて有効であった。調査にあたって，それぞれの母国語でのスムーズな調査遂行が可能であると同時に，日本語を共通言語として自由な議論ができたことから意思疎通がしやすく，計画立案，調査研究の遂行，原稿の執筆などで効果的な協力体制を維持することができた。

本書は，単なる興味本位から執筆された自己満足的な学術図書に終わらないように，産業・企業間で連携を緊密化しつつある日中韓三ヶ国の企業経営者，国際ビジネスの第一線で活躍しているビジネスマン，東アジア型企業経営に興味を持つ経営研究者，大学の社会科学系の学部学生・大学院生に，真の意味で役立つ知識の提供を目指している。それぞれの立場から海外事業展開のための手引き書や比較経営分野の参考書または教科書として十分な価値を有するものと確信している。

本書の視点の大半は共著者3人が共同でかかわってきた複数の共同研究プロジェクトの中で形成されたものであり，そこには様々な内部・外部からの協力・支援を受けている。まず，国際金融情報センター地域統括部と国際協力銀行企業金融部共催の「企業経営研究会」（三人とも研究委員を務めた）における議論や研究報告が本書の構成に大きく寄与した。特に国際協力銀行香港事務所元首席代表，国際金融情報センター地域総括部前部長，現ダイキン工業グローバル戦略本部財務担当部長の勝田広夫様に一方ならぬ御支援を頂いた。さらに，中国経済改革発展研究院，中国民営企業研究センター，仁荷大学など国内外の

研究機関から研究調査上の支援を得た。研究の一部は,文部省科学研究費助成・国際学術研究（課題番号10041077），同・基盤研究Ｂ（課題番号15330082），及び武蔵大学総合研究所オープン・リサーチ・センタープロジェクト「グローバリゼーションによる各国・各地域の経済，社会，文化変容の実態と影響に関する国際比較研究」からの助成を受けている。ここに記して感謝したい。静岡県立大学大学院「地域経営研究センター」副センター長でもある尹にとっては，同センターからの研究サポートの恩恵が甚大であり，センター主催の社会人講座の非常勤講師を務めている米山と王にとっても，受講生たちとの議論から実に多くの示唆を得ることができた。王が代表世話人を務めている「東アジア経済論壇」（研究会組織）のメンバーとして尹と王が香港アジア太平洋学会（ＡＰ21）の国際シンポジウム（マカオ）に出席し，本書のエッセンスの一部を紹介させて頂いた。また，本書執筆の過程で貴重な助言や示唆に富むコメントを寄せて下さった多数の学界の先輩や研究仲間にも心より深く感謝の意を表したい。無論，本書にあるミスや誤解にかかわるすべての責任は著者に帰するものである。

　最後に本書の刊行にあたって，厳しい出版事情の中，出版を快くお引き受けいただき，辛抱強く３人の原稿執筆に付き合って下さった税務経理協会の峯村部長，中川博樹氏に厚く御礼を申し上げたい。最後に，著者三人の研究活動を常日頃陰で支えてくれているそれぞれの家族メンバーに，感謝の意を込めて本書を捧げたい。

2005年秋

　　　　　　　　　　　　　　　　　　　　　　　　　　　　　著 者 一 同

目　　次

まえがき

第Ⅰ部　日中韓企業の経営システム比較

第1章　日本企業の経営システム……………………………3
1　売上高上位100社の経営概況 ……………………………4
2　経営システムの特徴 ………………………………………10
3　新しい日本企業の経営システム …………………………18

第2章　中国企業の経営システム……………………………21
1　企業ランキング資料による総体評価 ……………………21
2　企業統治構造の特徴 ………………………………………34
3　経営システムの特徴 ………………………………………40
4　移行期にある中国型企業経営システム
　　──むすびにかえて── ………………………………48

第3章　韓国企業の経営システム……………………………53
1　売上高上位100社の経営概況 ……………………………54
2　経営システムの特徴 ………………………………………62
3　韓国企業の強み ……………………………………………70

第4章　日中韓企業の比較分析………………………………75
1　企業ランキング資料による経営状況比較 ………………75

i

2　3カ国企業の経営システムの異同……………………………………81

第5章　日中韓企業の事業提携の課題と対応………………………91
　　1　海外事業展開の方法の選択……………………………………………91
　　2　独資による海外事業展開………………………………………………92
　　3　合弁事業による海外事業展開における留意点………………………93
　　4　経営現地化の問題………………………………………………………95

第Ⅱ部　日中韓企業の資金調達様式の比較

第1章　資金調達様式に関する分析枠組み………………………101
　　1　企業経営における資金調達の位置付け……………………………101
　　2　個別資金調達方法の概説……………………………………………101
　　3　資金調達方法の選択についての基本的な考え方…………………105

第2章　日本企業の資金調達様式…………………………………115
　　1　資金調達行動の変遷…………………………………………………115
　　2　メインバンクとの関係………………………………………………121
　　3　企業規模と資金調達…………………………………………………124
　　4　日本企業の海外での資金調達………………………………………133

第3章　中国企業の資金調達様式…………………………………141
　　1　資金調達の全体構造…………………………………………………143
　　2　属性別企業の資金調達………………………………………………147
　　3　中小企業金融強化のための制度改革………………………………156
　　4　民営銀行の設立をめぐる試験的改革──温州の挑戦──………160

目　次

　　5　WTO加盟前後における資金調達環境の変化
　　　　——現地調査をふまえて——……………………………………167

第4章　韓国企業の資金調達様式 ……………………………181
　　1　資金調達環境の変化……………………………………………181
　　2　企業の資金調達行動……………………………………………186
　　3　資金調達行動の特徴……………………………………………192

第5章　海外進出企業の資金調達 ……………………………197
　　1　中国進出日系企業の資金調達 …………………………………197
　　2　韓国進出日系企業の資金調達 …………………………………207
　　3　中国進出韓国系企業の資金調達 ………………………………210

第6章　3カ国企業間の比較分析 ………………………………217
　　1　3カ国企業の資金調達様式の比較 ……………………………217
　　2　各国資金調達制度に内在する共通の課題
　　　　——中小企業金融の遅れ——…………………………………223
　　3　現地調査と比較分析を踏まえて ………………………………224
　　4　おわりに …………………………………………………………232

索　　引 ……………………………………………………………………235

第 I 部

日中韓企業の経営システム比較

日中韓企業の経営とファミリ文化

第1章　日本企業の経営システム

　日本企業にとって，1990年代はバブル経済崩壊による傷跡の処理に追われた「失われた10年」であったといわれる。実際，多くの企業が出口の見えない不況の中で業績の低迷に直面する厳しい冬の時代であった。この間，日本企業を取り巻く経営環境は厳しさを増し，国内企業のみならず外国企業を巻き込んだ「メガ・コンペティション」の中でいかに限られた市場パイを確保していくか，そのための的確でスピーディーな意思決定の仕組みをいかに構築するか，急速に進む情報・通信技術の革新にどのように対応し，多様化する顧客ニーズにどのように応えていくのかなど，様々な課題に直面してきた。

　こうした中，日本企業は経営戦略・組織構造・管理システムなどの改革を積極的に推し進め，新しい経営システムの構築を図ってきた。事業の選択・集中を通じた不採算事業からの撤退や人員削減を含めた事業構造の再構築（リストラクチャリング），意思決定のスピードや独立採算意識を高めるためのカンパニー制組織構造の導入，終身雇用・年功序列賃金制の見直し，また伝統的な系列取引からの脱却など，これまでの日本的な経営システムの転換を含めた大きな変化を経験してきたのである。

　それでは，実際に日本的な経営システムはどのように変容し，今日どのような特徴を持っているのだろうか。第Ⅰ部の狙いは日本企業，中国企業，韓国企業の経営システムを比較することにあるが，この章でまず今日の日本企業の経営動向を見ていこう。

　本章は，大きく2つのパートに分けられる。1つは，日本企業を中国，韓国企業と比較するにあたって，その全体像をとらえることである。日本の売上高上位100社に注目し，業種構成や企業の規模・年齢などのマクロ情報を整理する。もう1つは，本章のテーマである，経営目標や戦略，組織，管理など企業

の内部に踏み込んだ日本企業の特徴をとらえることである。日本を代表する主要企業に対するヒアリング調査に基づいて，新しい日本企業の経営システムの特徴を整理しよう。

1　売上高上位100社の経営概況

日本には約250万社もの企業法人が存在し，うち株式会社は100万社を超え，上場企業は2,500社以上に上っている。日本企業の全体像を把握するためには，これらすべての企業を対象とした分析が必要であるが，ここでは売上高上位100社を取り上げ，その基本的な特徴を見ておこう。ここで注目する売上高上位企業は日本の全企業の特徴を代表するものとはいえないが，経済・産業への影響が大きく，日本の主要企業の多くを含んでいる。これら企業の特徴を整理することは，日中韓企業の比較を行う上での1つの切り口となる。

1）　上位100社の業種別内訳

まず，2002年3月期時点での日本の売上高上位100社（単独ベース）が属する業種別内訳を見てみよう。図表1－1に示されるように，上位100社が属する業種の中で最も大きな比率を占める業種は「製造業」であり，全体の48％（48社）に上る。さらに，その製造業のより詳細な内訳（細分類）を見ると，その主要なセクターは「電気機器」（13社），「輸送機器」（12社），「化学・医薬品」（5社）となっている（図表1－2参照）。

また，製造業に次いで大きな比率を占める業種は「商業」（22％：22社）であり，その内訳（細分類）は「商社（卸）」が15社，「小売」が7社である。

売上高上位100社が属する業種を細分類ベースで見てみると，「商社（卸）」（15社）が最も多く，「電気機器」（13社），「輸送機器」（12社），「小売」（7社），「電力」（6社），「建設」（6社）の順となる。日本の産業においては，商社と電気機器・輸送機器などの製造業が大きな比率を占めていることが理解できる。

第1章　日本企業の経営システム

図表1－1　日本企業売上上位100社・業種別内訳（社数ベース）

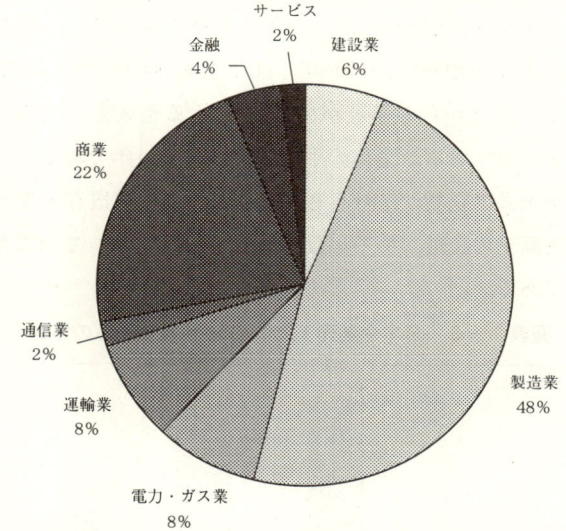

出所）「日本経営指標」（日本経済新聞社）「会社財務カルテ」（東洋経済新報社）より作成。以下，図表1－2～図表1－8も同様。

図表1－2　日本企業売上上位100社・製造業内訳（社数ベース）

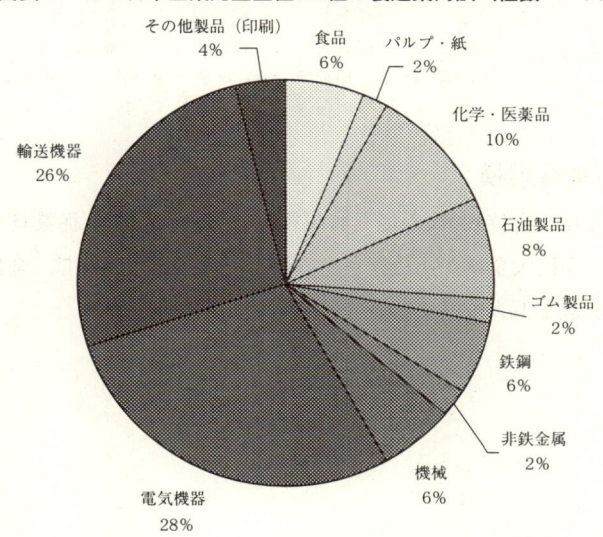

2） 設立からの年数

次に，売上高上位100社の設立からの年数を見てみよう。図表1－3に示されるように，最も比率が多いのは40年〜60年未満（33社）となっている。しかし，その一方で，設立からの年数が100年を超える企業も10社あり，歴史の古い企業も多くを占めている。全体の平均年数は，67.1年である。

設立から20年未満の企業が7社存在するが，これらは既存企業からの分離もしくは既存企業同士の合併，あるいはJRやJTなどかつての国有企業が民営化されたものである。

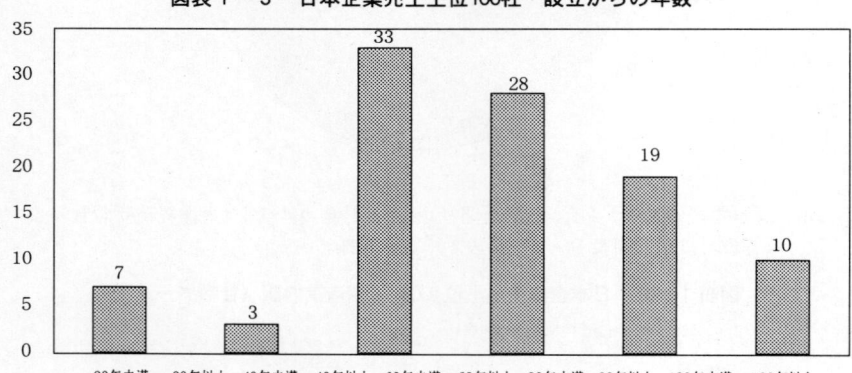

図表1－3　日本企業売上上位100社・設立からの年数

3） 従業員規模

図表1－4は，上位100社の従業員規模をまとめている。従業員が50,000人を超えるような巨大企業が4社存在するが，平均は14,946人で，全体の45％の企業が従業員数1万人未満である。

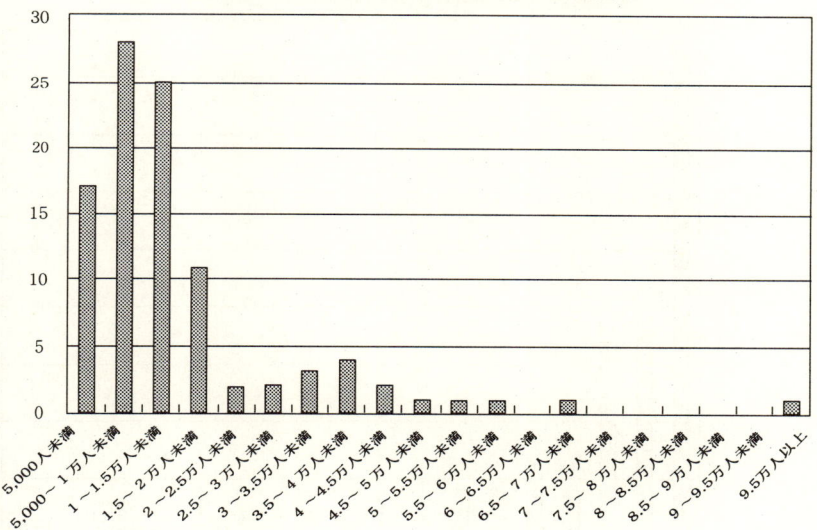

図表1-4　日本企業売上上位100社・従業員数

4）売上高

　また，これら企業の売上規模が図表1-5に示される。100社全体の売上高の平均値は1兆8,798億円とかなりの規模になるが，100社中42社が5,000億円～1兆円の規模である。その一方で，売上高が5兆円を超える企業が7社存在し，これら企業が全体の平均値を押し上げている。従業員の規模と同様に，売上高の規模でも，売上高上位100社は相当の格差がある。

　ここで，このような企業間の格差をより詳しく見るために，対象とする100社の中の上位10社と下位10社との間の経営指標を比較してみよう（図表1-6）。この図表に明らかなように，上位10社と下位10社とでは従業員規模では約3倍，売上規模で10倍もの開きがある。さらに，1人あたりの売上高や総資産・自己資本回転率についても相当の格差が認められる。

第Ⅰ部　日中韓企業の経営システム比較

図表1−5　日本企業売上上位100社・売上規模

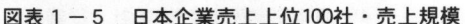

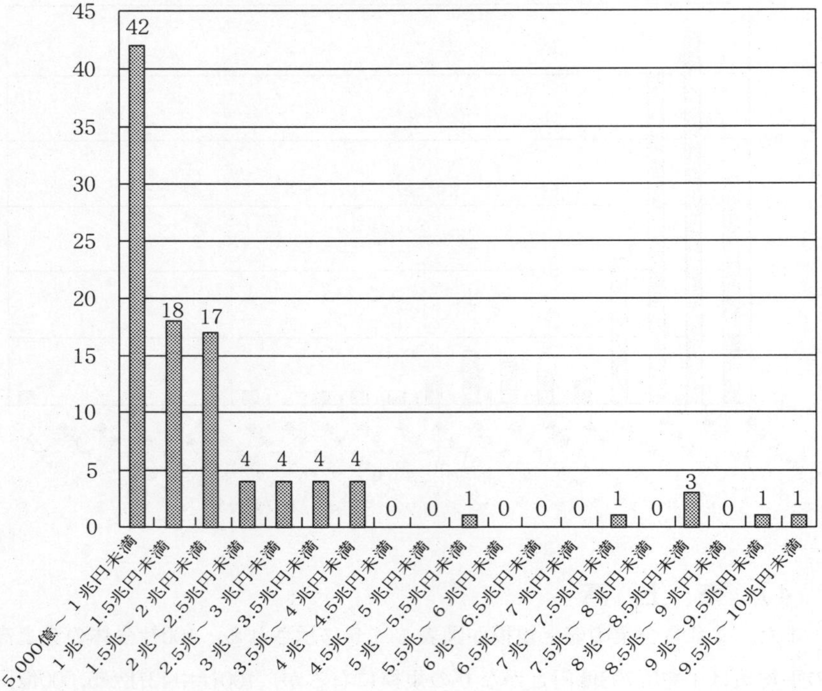

横軸（売上規模）：5,000億〜1兆円未満、1兆〜1.5兆円未満、1.5兆〜2兆円未満、2兆〜2.5兆円未満、2.5兆〜3兆円未満、3兆〜3.5兆円未満、3.5兆〜4兆円未満、4兆〜4.5兆円未満、4.5兆〜5兆円未満、5兆〜5.5兆円未満、5.5兆〜6兆円未満、6兆〜6.5兆円未満、6.5兆〜7兆円未満、7兆〜7.5兆円未満、7.5兆〜8兆円未満、8兆〜8.5兆円未満、8.5兆〜9兆円未満、9兆〜9.5兆円未満、9.5兆〜10兆円未満

値：42、18、17、4、4、4、4、0、0、1、0、0、0、1、0、3、0、1、1

図表1−6　上位10社と下位10社との比較

	設立からの年数	従業員数	資本金(M¥)	総資産(M¥)	自己資本比率(％)	負債比率(％)
上位10社平均	66.2	21,076	256,470	7,675,450	16.2	548.4
下位10社平均	72.5	7,226	77,932	1,340,942	29.9	168.4

	売上高(M¥)	1人当たり売上高(M¥)	総資産回転率	自己資本回転率	粗付加価値額(M¥)	1人当たり付加価値額(M¥)
上位10社平均	6,720,658	1,261	1.1	13.5	595,062	26.6
下位10社平均	683,346	173	0.8	4.4	114,667	21.0

5） 業種別の比較

以上のような日本企業の売上高上位100社の動向を，業種別に見てみよう。図表1－7は，建設業，製造業，非製造業ごとに，そして製造業についてはさらに電気機器，輸送機器，化学，非製造業については電力・ガス，商社（卸），小売という主要セクターごとに，従業員数や総資産，売上高などの合計をまとめている。

企業数では上位100社の中で48%を占める製造業は，従業員数では全体の56.6%，総資産額の49.4%を占めるなど，建設を除く非製造業より従業員規模・資産規模が大きい。しかし，売上高や粗付加価値額では製造業が占める比率はそれぞれ43.6%，46.1%であり，非製造業（それぞれ52.4%，50.8%）の方が大きくなっている。

図表1－7　業種別比較（合計値）

合　計	N	従業員数	総資産 （M¥）	資本金 （M¥）	自己資本 （M¥）	売上高 （M¥）	粗付加価 値　額 （M¥）	株　価 時価総額 （M¥）
全　体	100	1,494,631	294,523,150	15,062,863	72,860,311	187,982,620	30,827,369	127,381,093
建設業	6	66,949	10,294,167	587,210	2,052,409	7,563,674	968,695	2,594,652
製造業	48	846,663	145,634,221	7,893,814	45,256,213	81,994,025	14,205,593	90,531,618
電気機器	13	386,928	55,952,970	3,011,601	15,514,507	29,752,931	5,226,704	35,283,439
輸送機器	12	241,950	46,137,754	2,010,219	14,537,408	23,937,318	4,420,946	28,843,280
化　学	5	41,425	9,025,232	437,796	4,409,564	3,872,490	1,078,477	11,003,446
非製造業	46	581,019	138,594,762	6,581,839	25,551,689	98,424,921	15,653,081	34,254,823
電力・ガス	8	134,232	42,466,715	2,488,554	8,654,753	15,434,974	7,575,546	11,778,042
商社（卸）	15	51,156	36,690,110	1,234,116	4,095,627	56,766,249	966,946	6,311,183
小　売	7	67,683	10,075,563	334,014	2,035,076	8,148,397	1,183,838	5,262,953

また，図表1－8は，業種ごとの平均値を示している。製造業の方が非製造業よりも設立からの年数が長く，従業員数が多いこと，自己資本比率（負債比率）が高い（低い）ことが見て取れる。しかし，その一方で，製造業は売上高や1人あたり生産性，資本回転率などが低い。中でも最も設立からの年数が長く，従業員数が多いのは電気機器メーカーであり，売上高は高いものの，1人あた

りの生産性や資本回転率が低いという特徴を示している。

以上が日本における売上高上位100社の大まかな概要であり，その特徴は中国，韓国企業との比較の上に第4章で整理される。

図表1－8　業種別比較（平均値）

平均	N	設立からの年数	従業員数	総資産（M¥）	資本金（M¥）	自己資本（M¥）	自己資本比率(%)	負債比率(%)
全体	100	67.1	15,097	2,945,232	150,629	728,603	26.0	410.3
建設業	6	64.8	11,158	1,715,695	97,868	342,068	24.0	479.3
製造業	48	71.3	17,639	3,034,046	164,454	942,838	32.1	196.2
電気機器	13	71.7	29,764	4,304,075	231,662	1,193,424	31.6	170.4
輸送機器	12	69.9	20,163	3,844,813	167,518	1,211,451	27.2	208.8
化学	5	66.6	8,285	1,805,046	87,559	881,913	48.9	101.5
非製造業	46	63.0	12,912	3,012,930	143,083	555,472	19.8	650.9
電力・ガス	8	66.6	16,779	5,308,339	311,069	1,081,844	24.4	382.4
商社（卸）	15	65.4	3,410	2,446,007	82,274	273,042	13.1	1,208.5
小売	7	69.4	9,669	1,439,366	47,716	290,725	17.8	250.5

平均	N	売上高（M¥）	1人当たり売上高（M¥）	総資産回転率	自己資本回転率	粗付加価値額（M¥）	1人当たり付加価値額（M¥）	株価時価総額（M¥）
全体	100	1,879,826	330	0.8	11.1	324,499	24.9	1,273,811
建設業	6	1,260,612	116	0.8	5.1	161,449	14.3	432,442
製造業	48	1,708,209	181	0.7	3.4	295,950	20.3	1,886,075
電気機器	13	2,288,687	79	0.6	2.6	402,054	14.2	2,714,111
輸送機器	12	1,994,777	89	0.8	5.6	368,412	15.6	2,403,607
化学	5	774,498	97	0.5	1.3	215,695	28.2	2,200,689
非製造業	46	2,139,672	518	0.9	19.8	381,782	32.0	744,670
電力・ガス	8	1,929,372	108	0.4	1.7	946,943	52.5	1,472,255
商社（卸）	15	3,784,417	1,278	1.7	51.2	64,463	21.6	420,746
小売	7	1,164,057	122	0.9	12.9	169,120	19.5	751,8

2　経営システムの特徴

次に，上で見た売上高上位100社に属する主要企業へのヒアリング調査に基

づいて，日本企業の経営システムがどのように変化し，今日どのような特徴を持っているのかを見てみよう[1]。

1990年代の「失われた10年」の間における日本企業の経営システムの変化をとらえる上で，ここでは1983年に刊行された『日米企業の経営比較』（加護野忠男他，日本経済新聞社）に示される日本企業の経営システムをベースとして，変容の方向性を明らかにする。『日米企業の経営比較』は，日本企業291社，米国企業227社から回収された質問表調査の結果に基づき日本企業の経営システムの特徴を体系的に捉えたものであり，20年前の研究成果ではあるが，その体系性において現時点でこれを上回る研究は存在しない。今日の日本企業の経営システムの特徴をバブル経済が始まる前の1980年代前半の特徴と比較することは，この時期を挟む20年間の経営システムの大きな変化をとらえる上で有用である。

以下では，経営システムの中身として経営目標，戦略特性，組織特性，及び管理特性を取り上げ，それぞれの変化の方向性を整理する。

1） 経営目標

1980年代初めの時期における日本企業の経営目標は，『日米企業の経営比較』によれば次のような特徴を持っていた。「米国企業が投資利益率（ROI）を最も重視しているのに対して，日本企業は市場占有率などの企業成長にかかわる目標を最も重視し，同じく成長にかかわる新製品比率目標にも米国企業よりも高い順位を与えている。一般的にいえば，米国企業は利益目標を重視し，日本企業は成長目標を重視している」（pp.24-25）。

しかし，1980年代のこうした経営目標における特徴は，2000年代の現在，より「利益志向」へと変化している。主要企業へのヒアリング調査では，1社を除くすべての企業が共通して，売上高や市場占有率の拡大という目標よりも，利益率やキャッシュフローなどの利益目標を重視していると回答した。もちろん，売上高や市場占有率の向上は規模の経済性によるコスト削減効果を持つという意味で利益率と密接なかかわりがあるため，売上・市場占有率を軽視するわけではないが，「利益なき成長は無意味」（電子機器メーカーA社）という指摘

に端的に表現されるように、事業展開（進出や撤退など）における意思決定の基準として利益率にプライオリティーをおく企業がほとんどである。

このような経営目標における利益志向への移行の背景には、1990年代の厳しい経営状況の中で財務体質を強化しようという意図がある。ヒアリングにおいて、機械メーカーB社は1990年代後半に大幅な赤字決算という状況に直面して、経営目標をそれまでの成長志向から利益確保重視へと転換させたと回答した。また、食品・医薬品メーカーC社は、特に1990年代後半以降に注目され始めた企業の格付けなどに代表される資本市場からの評価が、こうした利益志向への移行に拍車をかけていると指摘している。

ただし、こうした経営目標における利益重視の傾向は、必ずしも「短期的な利益」を追い求めるというものではないということに注意する必要がある。「経営目標は、どちらかといえば利益重視。しかし、短期の利益追求ではなく、長期的な視野の下での安定的な利益を追求していく」（輸送機器メーカーD社）という指摘に示されるように、日本企業が重視する利益志向とは、「長期の安定利益」の確保という意味であり、そこにはこれまでの日本企業の経営の特徴である長期的視野の下での経営という要素が残されている。

2）戦略特性

日本企業の経営戦略（戦略立案タイプ、経営資源の蓄積、多角化などの資源展開、国際化など）の特徴は、一般に分析志向的であり、戦略上重要な資源は内部開発を基本とし、シナジーのある関連多角化を行う傾向が強いこと、その一方で問題事業からの撤退は必ずしも機動的ではなく、国際化志向は欧米企業に比べて弱いと指摘されてきた（前出の『日米企業の経営比較』より）。今回の主要企業に対するヒアリング調査では、こうした戦略上の特徴については、問題事業からの撤退の機動性や国際化志向の高まりという重要な変化が見られた一方で、他の特徴については大きな変化は確認されなかった。

まず、戦略立案のタイプについて、過半数の企業は経験に富んだ経営者・管理者などの直感ではなく、精緻な分析手法と体系的な調査データを重視してい

第1章　日本企業の経営システム

る。もちろん，こうした分析によって戦略上の不確実性を完全に克服することは不可能であるため，戦略を実験的に試行するという側面との兼ね合いも重要となる。特に，消費財などの最終消費者を顧客とする財のメーカーでは，顧客ニーズの多様性と不確定性ゆえにそうした実験的な側面がより強く現れる。しかし，その場合でも，そうした実験の前段階として体系的な分析が行われていることには変わりない。

　戦略的に重要な資源（例えば技術など）の蓄積方法は，自社開発を基本としている。この自社開発志向は，自社の技術力への自信の現れであり，また技術・製品レベルでの他社との差異を作る上で重要と考えられている。半数の企業はM&Aや提携などの外部調達を併用すると回答したが，それはあくまでも「時間を買う」という発想で行われ，自社開発を補完する意味合いが強い。たとえば，食品・医薬品関連メーカーC社は，次のように指摘する。「1998年～2000年の間はM&Aを積極的に行った。その趣旨は，事業用のプラットフォームを確保するために時間を買うという発想だった。しかし，現在は，そうして獲得したプラットフォームを磨いていく時期であり，提携を利用しながら，自社開発で技術・ノウハウを蓄積している」。

　また，多角化などの資源展開においては，自社のコア能力を基点にした関連多角化を志向する。特に，技術関連の多角化を意識する企業が多く，「飛び石的な多角化はリスクが大きい」（電子機器メーカーA社）という認識を持っている。

　不採算事業の選別と撤退については，かなり積極的に実施している企業とそうではない企業が混在している。問題となる事業の選別は迅速に行うが，実際の撤退には時間がかかるという企業（電気・電子部品メーカーE社）や，逆に選別には十分な時間をかけて検討するが，決定後は迅速に対応するという企業（輸送機器メーカーD社），選別も撤退もあまり機動的に行われていない企業（機械メーカーB社），逆に両者についてかなり機動的に実施している企業（電子機器メーカーA社，食品・医薬品関連メーカーC社，化学メーカーF社）など，企業によって違いが見られる。しかし，1980年代の日本企業の問題事業の扱いにおける消極的な特徴と比べれば，全体として撤退に対する積極的な対応を意識する

企業の割合が増えている。

戦略的な特徴において最も大きな変化を見せているのは，国際化への取り組みである。ヒアリング対象企業の現在の海外での売上比率は25%～60%と幅があるが，ヒアリング結果ではすべての企業で国際的な事業展開が重視されており，国内市場の低迷の影響からも今後さらに国際化は否応なく進展していくものと認識されている。

3）組織特性

組織特性のとらえ方には様々な視点がありうるが，公式化（組織における職務の標準化・明確化）の程度，集権化（組織における意思決定権限の集中）の程度，複雑性（組織における分化・分業）の程度の3つの次元でとらえることが一般的である。

『日米企業の経営比較』では，日本企業の組織特性として，公式化については管理者などの職務内容や責任・権限は必ずしも明確に規定されておらず，むしろ抽象的で，実際の業務では弾力的に運用されていること，集権化についてはトップは問題解決の基本的考え方を示すだけで，具体的解決策は担当部門に委任する傾向が強いことや（後に，その特性はトップダウンとボトムアップの融合形態である「ミドル・アップダウン」と概念化された[2]），意思決定において製造や販売・マーケティングなどの現業ラインからの影響力が強いこと，また複雑性については事業ユニットの細分化の程度が相対的に低く，かつ事業ユニットへの権限委譲の程度が低いことなどが指摘された。

これらのうち，公式化の程度については，今回のヒアリング調査では同様の傾向が維持されていることが確認された。各職能・職務についてその内容や役割を明確に記述している企業もあるが，実際の業務においては自らの職能・職務を超えて柔軟に対応しているのが現実である。こうした日本企業の特徴はしばしば「伸縮分業」と表現されるが[3]，現在においてもこの特徴は残存しており，個の役割を超えた集団的な組織行動の基盤となっている。

また，集権化の程度についても，トップに意思決定権限が集中し，トップが

率先垂範して具体的な解決策を提示するというようなトップダウン型ではなく，むしろトップは基本的な方向性を示し，ミドルがロワーを巻き込みながら具体案を作ってトップに働きかけるという，これまでのミドル・アップダウン型の経営スタイルが維持されている。機械メーカーB社は，「意思決定はボトムアップ的といえるが，より正確にいえばミドルが中心的な役割を果たしている。トップの意向を考慮しつつ，ボトムのアイデアをミドルが集約して発案していく」と述べる。

意思決定においての新しい傾向は，それに影響を与える部門間パワーの変化に見られる。これまで日本企業では意思決定に対して製造や販売・マーケティングなどの現業ラインの影響力が強かったが，ヒアリング調査からはこれらの他に財務・会計部門からの影響力が高まっていることが浮き彫りになった。このことは，経営目標がより利益志向にシフトしていることと密接な関係があると考えられる。

最後に，複雑性の程度については，事業ユニットへの大幅な権限委譲が図られるなど，その独立性が高まっていることが重要である。高額な投資など全社的な影響が大きい案件については全社レベルで決定されるが（事業ユニットの自由裁量で決定できる予算額は増加傾向にある），日常的なオペレーションに関するものはいうまでもなく，事業計画の策定や実行の権限は事業ユニットに委ねられ，企業によっては人材の採用までも事業ユニットレベルで決定することが可能になっている。

4）管理特性

日本企業の経営管理における特徴は，終身雇用制や年功序列賃金制などの人事・労務面に多くの関心が向けられているが，その他に情報行動やコミュニケーション・パターン，統制（コントロール）のタイプなどの点で独自性を持つ。これまでの日本的な管理特性としては，人事・労務管理においては，終身雇用と年功序列に基づく賃金・昇進，人材育成におけるＯＪＴ（On-the-Job-Training）への傾斜と職務ローテーションを通じたジェネラリスト育成志向，

内部昇進の比率の高さなどがあげられ，情報・コミュニケーション行動では根回しや非公式的な情報交換，業務活動において個人のイニシアティブよりも集団のコンセンサスが重視されることなどがあげられる。また，統制のタイプについては，仕事への関心など内的な動機付けによる自己統制が管理における基本とされてきた（前出の『日米企業の経営比較』より）。

1990年代後半の「グローバル・スタンダード」への意識の高まりの中で，終身雇用という日本的な雇用形態の見直しが叫ばれてきたが，ヒアリング調査によればその雇用形態は現在も維持されている。しかし，その一方で，年功序列型の賃金・昇進システムはほとんどの企業で成果主義・能力主義へと変化している。多くの場合，成果・能力に基づく評価の仕組みは職務（ないし職責）ごとに規定されており，その意味で職務ベースの成果主義・能力主義が取られている。

また，人材育成の方針については，これまでのようにOJTを基本としている。財務や会計などの専門的知識が求められるスタッフ職ではOff-JTも重視されているが，その場合でもいきなりOff-JTによる教育がなされるのではなく，現場での実践を通じたOJTの後に，Off-JTが導入されるという形が取られる。

人材育成に関する１つの変化は，従来のジェネラリスト育成志向からスペシャリスト育成志向へと管理上の重点が移っている点である。「人材育成は，これまでのジェネラリスト志向から，スペシャリスト志向へと移行しつつある。両方のキャリアアップのパスを定めたデュアル・ラダー制の導入など，人事制度も改めた」（電気・電子部品メーカーＥ社）。これまでの日本企業では，人材育成手段として多様な職種を経験するような計画的ローテーションが重視され，ジェネラリストの育成に力を入れる傾向が強かったが，最近ではスペシャリストを育成すべく人事・評価システムも改変するという企業が多くなっている。

人事・労務面での他の特徴として，管理者はいわゆる「生え抜き」社員で占められている点があげられる。中途採用者が管理者に就くというケースは少数であり（研究開発など技術系部門では若干見られる），内部組織からの昇進が現在でも一般的である。

第1章　日本企業の経営システム

　情報・コミュニケーション行動については、これまでと同様に、公式の会議に先立って根回しや事前協議など非公式な情報交換が重視されており、組織成員のコンセンサスが基本とされている。「非公式の場での情報交換が、公式の場での意思決定の基礎になることが多く、その意味で非公式組織が頻繁に用いられている」（化学メーカーF社）。

　また、最近ではIR意識の高まりから社外に対する情報の積極的な開示が進んでおり、社内（従業員）に対してもミーティングの場や社内報、Webなどを通じてかなり詳細な情報までオープンにし始めている。しかし、食品・医薬品関連メーカーC社が「情報の開示は、社内外に評価できるレベルにあると考えているが、社内については開示をしているものの共有されていないというのが現実」と指摘するように、依然、問題も残されているようである。

　日本企業における現在の統制の基本的なスタンスは、仕事の面白さや関心などの自発的なやる気に基づく自己統制であり、この特徴は大きく変わっていない。しかし、職種別に細かく見ると、このスタンスが強調されるのは特に管理部門などのホワイトカラーに対してであり、工場などの現場では規則や上司による外部統制が重視されている。もっとも、こうした現場においても、改善提案などへの積極的なかかわりを促すことで、自己統制的な要素を組み込んでいる。

5）ベンチマーキング

　日本企業が現在、どのような企業をモデルとし、どのような企業に経営上の範を求めているのかは、今後の日本企業の経営システムの変容傾向をとらえる上で重要なポイントである。しかし、ヒアリング調査の結果は、現在日本企業が同業種・異業種を含めて特にモデルとすべき企業を想定していないことを示した。大きく急激に変化する経営環境の中で、それぞれの企業が経営システムの変革を進めており、「自ら考えて良いシステムを作っていく」（輸送機器メーカーD社）、「自分たちが他社を先導してきたという意識があり、真似されることはあっても真似することはない」（電子機器メーカーA社）という考えを持って

いる企業が多い。

3 新しい日本企業の経営システム

　以上のような日本企業の経営システムの特徴を「これまで」と「現在」との変化を踏まえて整理したものが，図表1－9である。図表中の網掛け部は，『日米企業の経営比較』で示された1980年代の特徴から変化したものを示している。

　この図表から明らかなように，現在の日本企業の経営システムの特徴は，1980年代のそれと同様の部分と新しく変化した部分が入り混じっている。長期的な視野で「安定的な利益」を確保するという新たな経営目標の下で，問題事業の選別と撤退を積極的に検討し，意思決定における財務・会計部門の影響力を強化させ，カンパニー制組織などの導入を通じて大きな意思決定権限を持つ独立採算の事業ユニットを設け，人事システムにおいては成果主義を徹底させるなどの利益志向の変化を見せる一方で，コア資源の内部開発やそれを梃子にした関連多角化を基本とすること，伸縮分業やミドル・アップダウン，非公式組織の活用などを通じた集団的・組織的な経営スタイルの維持，人材育成におけるOJTの重視，そして終身雇用の堅持など，従来の特徴も多く残されている。

　日本企業の経営システムの特徴が，このような従来の特徴と新しい変化とのミックスから成ることは，まさに経営上のイノベーションであり，日本企業にとっての挑戦を意味している。ますます厳しさを増す経営環境の変化の中でこれまでの経営システムを革新し，いかに新しい独自の経営システムを構築していくか。ベンチマーキングに関するヒアリング結果にも示されたように，そこにはモデルとなる企業はなく，自らが考え，自らその答えを模索しているのが，現在の日本企業の姿なのかもしれない。

図表1-9　日本企業の経営システムの変容と特徴

	現在	←	従来
経営目標	利益志向	←	成長志向
	長期の安定利益	←	成長の結果としての利益
	経営における長期的視野		経営における長期的視野
戦略特性	分析志向	←	分析志向
	コア資源の内部開発	←	コア資源の内部開発
	関連多角化	←	関連多角化
	問題事業からの撤退の機動性	←	問題事業からの撤退の消極性
	国際化志向	←	国内志向
組織特性	職務規定・役割の弾力的運用	←	職務規定・役割の弾力的運用
	伸縮分業	←	伸縮分業
	ミドル・アップダウン経営	←	ミドル・アップダウン経営
	意思決定での財務・会計部門の影響の拡大		意思決定での事業ラインの影響の強さ
	事業ユニットの独立性（大幅な権限委譲）		権限が制約された事業ユニット
管理特性	終身雇用（長期雇用）	←	終身雇用（長期雇用）
	成果主義賃金制度	←	年功序列賃金制度
	ＯＪＴ重視の人材育成	←	ＯＪＴ重視の人材育成
	スペシャリスト志向	←	ジェネラリスト志向
	内部昇進	←	内部昇進
	非公式な情報交換	←	非公式な情報交換
	社内外への積極的な情報開示	←	情報開示の消極性
	管理における自己統制	←	管理における自己統制

第Ⅰ部　日中韓企業の経営システム比較

(注)
1) 日本企業へのヒアリングは，2003年2月～3月及び7月～9月にかけて，売上高上位100社に属する企業の中から合計12社を対象に行われた。業種は，輸送機器，電気機器，機械，非鉄金属，化学，食品関連にまたがり，日本・中国・韓国の企業間での経営システムの比較可能性を保持するために，あらかじめ共通のヒアリング・フォーマットを作成し，それに沿った準構造的ヒアリングを実施した。
2) 野中郁次郎『知識創造の経営』日本経済新聞社，1990年。
3) 今井賢一編『イノベーションと組織』東洋経済新報社，1986年。

第2章　中国企業の経営システム

　紆余曲折を経ながら，中国経済は改革開放後，持続的高度成長を遂げてきた。ITバブル崩壊後の世界政治経済の混迷をよそに，WTOの加盟，オリンピックや世界博開催権の獲得を相次いで実現し，「世界の工場」といわれる単なる低コストの生産基地から，高成長をバックにした巨大市場として大きく脚光を浴びるようになっている。しかしながら華々しい持続的経済成長神話とは裏腹に，ミクロ経済レベルにおけるメカニズムの変革（転換）に大きな課題を抱えたままできたのも事実である。

　高度な中央集権型計画経済体制下の国有企業に自主経営が可能な法人の地位を与えたこと，また株式会社制度が導入され，普及しつつあること，経営目標，戦略特性，管理特性と組織特性に様々な改革の痕跡が確認できることから，その経営システムは大きな変化を遂げつつあるといえよう。世界経済との一体化の急進展，特に日中経済関係の緊密化に伴う中国企業経営への関心が高まる中，その経営システムの特徴の解明が大きな意義を有していることはいうまでもない。

　本章前半では，まず中国で公表された企業ランキング指標の分析を通して，中国の企業経営の全体像を掴み，経営業績，経営体質の一端の把握に努め，続いてその企業統治構造の特徴に触れる。後半では実態調査を踏まえて，企業経営システムの特徴（経営目標，戦略，組織，管理の諸側面に現れるもの）をクローズアップさせ，最後にその構造的課題を指摘したい。

1　企業ランキング資料による総体評価

1）　手掛りとなる企業ランキング資料

　近年，経済界においては様々な企業ランキングが公表され，ブームを呈して

いる。代表的なものとして「中国企業500大」,「輸出企業500大」,「外資系企業500大」,「民営企業500大」,「上場企業100大」などがあり，ここでは主に中国企業連合会と中国企業家協会（旧企業管理協会から二分された組織）が共同で公表した「中国企業500大」（『中国企業発展報告』企業管理出版社）の資料を手掛りに，中国企業経営概況の把握を試みてみたい。

中国企業連合会と中国企業家協会が共同で，2002年8月，国際的に認知されている通称「Fortune Big Business 500」（雑誌FORTUNEが毎年4月に米国上位500社，7月に世界上位500社を公表）の売上高基準に準じて，「中国企業500強」を選出し，単行本『中国企業発展報告』において公表した。ランキング発表の背景に，中国政府が第10次5カ年計画において「独自のブランド・知的財産権を有し，中核事業が明確で，強い統率力が備わった巨大企業または企業集団」の育成を目標に掲げたことをあげることができる。世界上位500社が代表的な多国籍企業によって占められており，中国では中央，地方政府を問わず，これら多国籍企業の対中投資を積極的に誘致してきた。経済のグローバル化に対応するべく，国際競争力を有する大企業を育成するニーズと願望が近年日増しに強まってきている[1]。

データは単独ベースではなく，連結ベースを採用している。総売上高とは別に，税引き後利益（以下では純利益），総資産，従業員数4つの規模指標を掲載しており，3年目の2004年ランキングから自己資本の項目が追加された。ランキング入り企業は，中国経済・産業の顔となるものがほとんどで，本資料を利用して中国経済構造の特徴，産業運営状況や企業業績の一端を確認することが可能である。

第2章　中国企業の経営システム

図表2-1　中国上位500社の地域別分布

項目	企業数（社）			総売上（%）			純益（%）			総資産（%）			従業員数（%）		
年度\数値\地域名	2004	2003	2002	2004	2003	2002	2004	2003	2002	2004	2003	2002	2004	2003	2002
	500	500	500	100	100	100	100	100	100	100	100	100	100	100	100
北京	91	101	102	50.58	49.86	57.59	46.63	52.71	62.14	74.66	77.05	80.96	47.71	48.50	52.97
広東	66	70	66	10.10	9.70	8.52	11.23	10.28	9.93	7.46	5.70	9.93	5.85	5.89	5.60
浙江	42	31	29	3.54	2.73	2.20	3.92	2.95	2.40	0.77	0.56	0.44	2.35	1.41	1.31
江蘇	39	34	45	3.55	3.23	3.85	3.27	2.35	2.67	0.88	0.66	0.73	2.22	1.75	1.83
山東	37	35	39	3.94	4.19	4.05	3.28	3.43	3.61	1.28	1.08	1.05	4.80	4.44	4.51
上海	35	45	50	9.28	10.44	8.77	12.02	10.27	7.75	6.29	6.93	6.05	6.19	5.73	5.93
天津	28	17	15	2.87	2.33	1.46	1.91	3.71	0.72	0.91	0.58	0.54	2.08	1.36	1.63
遼寧	24	26	17	2.46	2.83	1.75	3.41	1.04	0.49	1.22	1.26	0.74	4.03	4.52	2.42
華北	13	17	15	1.03	1.20	0.96	1.47	1.34	1.03	0.45	0.45	0.43	2.81	1.75	2.13
その他	125	124	122	12.65	13.49	10.85	12.86	11.92	9.26	6.08	5.73	−0.87	21.96	24.65	21.67
東部	386	391	392	88.18	78.20	90.05	88.03	89.24	91.70	94.21	94.72	96.08	77.28	76.35	79.26
中部	64	65	67	7.84	13.00	6.66	7.48	6.99	4.49	3.62	3.51	2.69	15.53	17.83	17.00
西部	50	44	41	3.98	8.80	3.29	4.48	3.77	3.81	2.17	1.77	1.23	7.19	5.82	3.74

出所）『中国企業発展報告』各年版より筆者作成。

2）ランキング入り企業の地域分布（本社所在地別）

経済統計では，中国全土が東部（沿海各省・直轄市に首都北京を加えた地域），中部（江西，安徽，湖南，湖北，河南，山西，内蒙古，黒竜江，吉林各省・自治区を含む），西部（雲南，貴州，四川，重慶，青海，陝西，寧夏，甘粛，チベット，新疆各省・自治区を含む）に3分され，ＧＤＰ比約60：25：15で推移し（面積と逆順），地域間経済格差が非常に大きい。ランキング入り企業の地域分布もこの経済格差の大きさを特に印象付けたものとなっている。

図表2－1が示すように，企業数の3地域分布は東部，中部，西部の順で80％弱：10％強：10％弱で推移しており，総売上，純益，総資産別の格差が一層大きく，従業員数では中部のウエイトがやや大きく伸びていた程度である。各指標別の一級行政単位の割合では，北京が特別に抜き出ており，広東，上海，山東，江蘇，浙江各省市が続いている。本社所在地別連結ベースの財務指標ランキングの性質上，分布の片寄りを強めた結果となっている。多くの中央省庁直轄の大型国有企業または国有持株支配大企業の本社所在地が首都北京を中心に，沿海省市に集中しており，改革・開放政策の恩恵を最も受けているためでもある。西部地域の各指標が過去3年にわたって改善されつつあるのは，2000年以後西部開発政策（基礎インフラの集中整備，主要産業への外資投資誘致措置）の奏功によるものと認識できる。ただし，西部地域のチベット，青海は3年連続入選企業0，寧夏も初年度未入選であった。

東部は電子・通信設備，電気設備製造，製薬，化学，食品加工，建築，第三次産業で独占的地位にあり，中部は冶金，石炭採掘で高いシェアを，西部は冶金，タバコ加工，土木工程が高い比重を占めている。天然資源の賦存度，計画経済時代の産業立地政策の影響とともに，改革開放政策の波及効果の違いがこのような結果をもたらしているといえよう。

3）産業別，業種別分布の特徴

第一，二，三次産業別の区分では，総資産を除く諸指標ごとに，第二次産業に属する企業がいずれも60～70％のウエイトを占め，第三次産業の企業が25～

第2章　中国企業の経営システム

図表2-2　産業別構成

(単位：%)

項目＼年度＼産業別	企業数 2004	企業数 2003	企業数 2002	総売上 2004	総売上 2003	総売上 2002	純益 2004	純益 2003	純益 2002	総資産 2004	総資産 2003	総資産 2002	従業員数 2004	従業員数 2003	従業員数 2002
第一次産業	1.00	1.20	0.80	0.43	0.51	0.38	0.21	0.26	0.30	0.16	0.28	0.21	3.08	4.51	2.91
第二次産業	72.80	70.60	73.40	63.33	60.64	65.37	64.79	67.70	70.41	25.98	21.82	28.28	69.46	60.74	61.46
第三次産業	25.00	24.80	22.00	35.76	36.72	31.66	34.64	30.33	26.68	73.74	77.00	70.36	27.12	33.33	33.60
総合型	1.20	3.40	3.80	0.48	2.13	2.59	0.36	1.71	2.61	0.12	0.90	1.15	0.34	1.42	2.03

出所）『中国企業発展報告』各年版より筆者作成。

第I部　日中韓企業の経営システム比較

図表2－3　ランキング入り企業の主要業種別分布

(単位：社、％)

項目 業種名	企業数 2004	企業数 2003	企業数 2002	総売上 2004	総売上 2003	総売上 2002	純益 2004	純益 2003	純益 2002	総資産 2004	総資産 2003	総資産 2002	従業員数 2004	従業員数 2003	従業員数 2002
農林漁業	4	6	5	0.38	0.51	0.43	0.30	0.26	0.21	0.21	0.28	0.18	2.91	4.51	3.08
石炭採取	23	18	20	2.10	1.70	1.60	1.18	1.09	0.78	1.46	1.07	1.03	7.95	6.92	7.18
石油・天然ガス	8	8	7	11.47	11.79	12.09	17.06	22.25	24.57	5.39	5.25	5.15	9.41	9.93	11.09
食品・飲料加工	13	19	18	1.01	1.40	1.21	1.76	2.19	2.27	0.28	0.33	0.30	0.85	0.88	0.85
タバコ製造	13	14	14	1.21	1.45	1.61	3.96	4.10	3.67	0.52	0.48	0.52	0.30	0.31	0.32
紡績・アパレル	15	13	22	1.25	0.89	1.66	0.91	0.71	1.40	0.42	0.21	0.48	1.40	0.74	1.71
木材・パルプ	5	4	8	0.39	0.27	0.45	0.76	0.46	0.08	0.15	0.12	0.26	0.27	0.47	2.47
化学原料加工	21	17	19	1.34	1.25	1.27	1.19	0.92	1.90	0.50	0.40	0.84	1.43	1.23	1.45
製菓	12	16	18	0.94	1.32	1.45	0.86	1.19	1.39	0.36	0.46	0.46	0.99	1.31	1.33
建材	6	5	8	0.30	0.28	0.51	0.91	0.23	0.48	0.21	0.15	0.17	0.48	0.38	0.65
金属	65	65	58	8.83	7.80	7.35	12.44	6.46	5.64	4.03	3.52	3.22	9.30	9.74	9.86
一般機械設備	28	33	38	2.83	3.25	5.66	2.79	8.19	3.98	1.35	1.30	1.88	4.20	4.59	6.51
電気・電子設備	68	73	87	9.44	13.25	11.61	6.79	12.55	9.26	1.93	2.53	2.21	3.85	4.60	4.45
自動車・部品	31	23	—	6.94	6.81	—	12.80	8.68	—	1.82	1.49	—	2.92	2.23	—
土木建設	36	27	28	5.90	5.22	4.62	1.30	0.92	1.23	1.85	1.48	1.37	9.31	6.97	7.68
電力ガス・用水	16	12	12	9.87	1.92	9.99	6.85	3.05	8.80	7.27	1.64	7.15	6.32	1.53	8.71
運送	23	31	21	4.85	6.66	4.33	0.44	2.24	1.60	3.85	4.13	2.62	11.75	13.35	7.43
郵便・電信	6	11	5	6.02	7.53	5.65	14.11	12.04	17.32	5.52	5.30	4.00	7.61	6.88	5.06
流通	59	60	67	9.93	10.44	10.64	2.50	2.16	2.51	1.56	1.35	1.50	3.92	2.61	2.55
金融	13	14	20	10.21	11.23	14.01	8.42	12.79	12.26	58.98	65.75	64.97	9.72	9.86	11.27
観光飲食	2	1	1	0.09	0.06	0.06	0.14	0.03	0.04	0.01	0.01	0.01	0.24	0.01	0.01
不動産	7	7	11	0.56	0.81	1.07	1.07	1.14	0.92	0.44	0.45	0.65	0.36	0.61	0.80
航空機・兵器	7	6	7	1.54	2.54	2.26	-0.11	0.58	0.16	0.75	1.39	1.25	2.46	8.89	5.19
綜合	19	17	6	2.59	2.13	0.48	2.60	1.72	0.36	1.15	0.90	0.14	2.03	1.42	0.34
合計	500	500	500	100	100	100	100	100	100	100	100	100	100	100	100

出所）『中国企業発展報告』各年版より筆者作成。
注）四捨五入のため、合計値と各項目の累計値との間に僅少差がある。"—"はデータなし。

35％で推移してきた。総合型企業は持株会社，投資会社など他も兼営する性質を有する，いずれにも分類しにくいものである。ランキング入り大企業が産業の顔であり，その財務指標による二次，三次産業別のウエイトはＧＤＰ構成のそれと類似性を持っているが，第一次産業の企業数の少なさは農林漁業を事業領域とする大企業が育っていないことを示している。国家の「工業化」経済発展戦略の特徴が映し出されているといえる。

過去3年の企業ランキングはそれぞれ，32，31，33業種に分類され，ここでは一部関連性が強い業種を24に統合，整理して作表した。ランキング入り企業数のトップ3業種は電気・電子設備製造（連続1位），金属と流通（2002年逆順）で安定しており，次いで，自動車，土木建設，一般機械，運送，石炭採掘業が堅調さを維持してきた。

ランキング基準に使われた総売上の業種別分布を見ると（図表2－3），石油化学，金融，流通，電気・電子設備，金属などは高いウエイトを占めている。第2グループとして，自動車・部品，電気・ガス・水道業，郵便・電信と土木建築から成っている。これらいずれも中国の基幹産業か高成長業種であり，石油化学，金融（銀行）と郵便通訊は独占事業にあたり，500社ランキングの上位にリストアップされてきた。もう1つ経営規模を表す総資産の業種別分布は銀行を中心とする金融が断突1位で全体の6割を占めるため，第2クループの石油化学，郵便通信（5％強），金属，運送（3～4％）のウエイトを相対的に小さくしている。もっとも，銀行資産は預金残高を中心としており，特異なものである。

従業員数（総雇用者数）指標に見る社会貢献度では，輸送サービス，金融業，金属，石油化学，石炭採掘などの基幹産業が高い順位（それぞれ約10％を占める）を示し，伝統的公益部門の電気・ガス・水道業，郵便・電信，成長産業の自動車，電子・電気・通信設備がそれらに次ぐ高いシェアを占めている。

純益（税引き後）では，経済成長を支えてきた石油化学，金融部門のほか，成長産業（主軸産業でもある）自動車，情報サービス業（郵便通信），電気・電子設備製造業が良い業績を残している。土木建設，石炭採掘，流通，輸送諸業種はランキング入り企業数，総売上規模の高さの割には，業績が悪い。

4） 所有制別分布の特徴
(1) 依然として強い国有企業の独占色

図表2－4からランキング入り全企業数，主要業績値に占める国有・国有持株支配企業のウエイトの高さ，民営企業の成長を確認できる。2002年上位500社の所有制区分に，合名，有限会社と株式会社，いわゆる混合所有形態のデータが別記されていたが，後続2年のランキング資料では再分類され，現図表の形態となっている。ここでは新分類に合わせて整理した[2]。

全国的に国有独資企業，国有持株支配企業数が全企業に占めるウエイトが確実に下がってきている（図表2－5の国有・国有持株支配製造業企業数の変化からも読み取れる）が，大企業ランキングにおいては，その存在が依然として絶対的で

図表2－4　中国上位500社（売上ベースランキング）の所有制別構成

項目	所有属性 年度	国有・国有持株支配	集団・株式合作	私　営	外　資　系
企業数 (社)	2002年	429	23	19	29
	2003年	368	10	69	53
	2004年	370	20	74	36
総売上 (%)	2002年	81.92	2.70	1.41	2.65
	2003年	86.30	1.94	5.60	6.16
	2004年	87.32	2.53	6.02	4.13
純益 (%)	2002年	82.38	2.47	2.12	2.36
	2003年	85.39	1.81	6.30	6.49
	2004年	84.09	1.60	8.21	6.10
総資産 (%)	2002年	90.87	0.47	0.18	0.35
	2003年	96.40	0.35	2.20	1.05
	2004年	96.96	0.71	1.64	0.69
総従業員 (%)	2002年	88.78	1.13	0.76	0.57
	2003年	94.33	0.76	3.64	1.27
	2004年	92.54	1.64	4.73	1.09

出所）『中国企業発展報告』各年版より筆者作成。

図表2-5 国有・国有持株支配大・中型製造業企業数の変化

年度	合計数	国有・国有持株支配	集団所有	株式制	外資	香港・台湾	民営	その他
1998	165,080	64,737	47,745	4,120	10,717	15,725	—	—
1999	162,033	61,301	42,585	4,480	11,054	15,783	—	—
2000	162,885	53,489	37,841	5,086	11,955	16,490	22,128	15,896
2001	171,256	46,767	31,018	5,692	13,166	18,257	36,218	20,138
2002	181,557	41,125	27,477	5,998	14,920	19,546	49,176	23,285
2003	196,222	34,280	22,478	6,313	17,429	21,152	67,607	26,963

出所)『中国総計年鑑』各年版より筆者作成。

ある。国有・国有持株支配企業はランキング入りした企業数以上に，規模指標におけるウエイト，特に総資産，従業員数の比重が高い。上場企業の構成にも「国有」要素が色濃く投影されている。

中国政府は1994年から施行された『会社法』に基づいて国有企業を有限責任会社と株式会社に転換させてきた。形式上異なる制度の会社に移行されたように見えても，国有資産管理機構または国有投資会社が絶対的な所有権を持ち，実質的な経営支配を遂行しているケースが依然として多い。現に電力・他エネルギー，銀行，運輸などの業種は国家独占に近い存在である。上場企業の主要株主の構成にも国家独占的色彩がきわめて強いことが一様に見て取れる。

現代企業制度の確立に関する実態調査報告によれば，中国上場企業の株主のうち，国有性質を有する支配株主が全支配株主数の77.4％を占めている。うち50％超の持株を有する単一国有株主が全支配株主の33％を，20～50％の持株を有する単一国有株主も33％を占めており，後者のケースでは，国有の性質を有する法人株主が加わることにより，国有資本による実質支配が可能となる。これらを総合すれば，株式市場における国家支配の程度が相当高いことが理解できる[3]。

もっとも，資本市場創設の第一の目的は国有企業の所有制改革にあり，上場企業の国有的性質の保持を要するならば，自ら上場企業に2つの重要な特徴を

持たせるようになる。すなわち1つ目は上場企業予備軍を国有企業に限定させること，2つ目は上場企業の総発行株式の主要部分を非流通株として釘付けることである。その結果，大多数の非国有企業が上場を果たせずにいること（全上場企業中，国有株が入っていない企業はわずか6％に過ぎない），上場企業発行済株式の60％超が非流通で，流通株と非流通株が並列共存する怪異現象が出現している。これらは中国資本市場の正常な成長と発展を阻害する主要因を成している。

しかし，生産性や収益性など投資，また，経営効率指標に目を向ければ，外資系企業，民営企業と比較して，全体的にその競争力の低さが際立っている。このことは，企業制度改革が直面してきた大きなジレンマでもある。

(2) 注目すべき民営企業の成長

民営企業とは非国有企業全体（外資系を含む）のこと，という広義的とらえ方もあるが，ここでは，私的資本によって創業された従業員7人以下の個体企業と8人以上の私営企業に，公的所有制から民営化された企業を加えた部分に限定することとする。1998年の憲法改正では，「中国社会主義市場経済の重要な構成部分」として，民営企業の国民経済の発展促進に果たす重要な役割を是認し，その後企業家の社会的地位の強化や法律制定による積極的支援，育成が施された[4]。国有企業改革に伴う余剰労働力の受け皿として，その役割が大きく注目され，国有企業にリストラされた失業者の70％を吸収してきた。

中国企業上位500社にランキング入りした民営企業数は2002～2004年の間堅調に増加しており，最高で74社，全体の15％を占めるが，売上，資産，純益，総従業員数に占める比重は相対的にまだ小さく，1社あたりの経営規模は比較的に小さい。全国工商連合会は1998年以降，毎年売上規模1.2億元以上の会員企業を対象にし，経営実態調査を続けてきた。当該調査が選出した民営企業上位500社の地域分布を見れば，上位3地域（浙江省33％，江蘇省21％，山東省9％）で全体の63％を占めている。現政権誕生前から資本主義経済が最も発達していた地域で，改革開放政策実施後，郷鎮企業が急成長し，資本蓄積が最も厚い特異性を有している。

第2章　中国企業の経営システム

　国有資本，外資と民営資本が中国経済を支える3本柱である。外資系企業が中国経済の国際化のための水先案内人の役割を果たし，貿易貢献とともに，技術移転や雇用増大にも寄与してきたが，過度な外資依存がもたらすリスクも無視できない。民族資本としての民営企業の成長が国有企業の衰退，退出によって生じた空白を埋め合わせる役割を期待されている。現実にこのような期待に沿うように民営企業が急成長を遂げてきた。図表2－6，図表2－7がその成長の一端を覗かせてくれている。

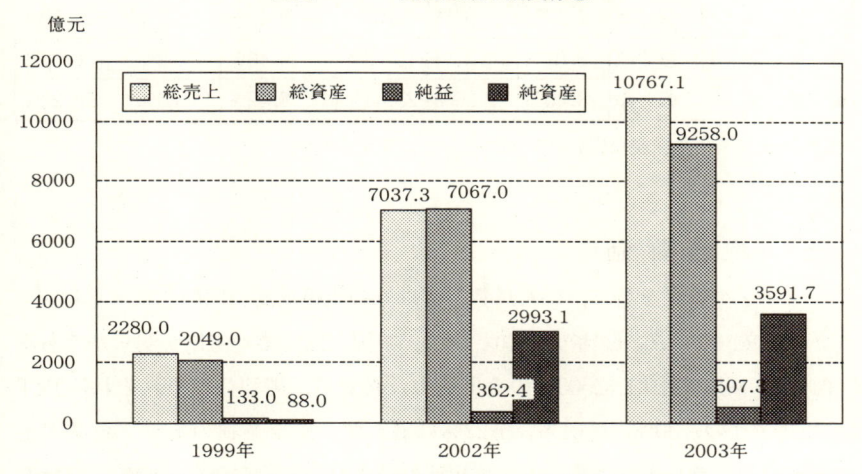

図表2－6　民営企業の成長様態

億元

	総売上	総資産	純益	純資産
1999年	2280.0	2049.0	133.0	88.0
2002年	7037.3	7067.0	362.4	2993.1
2003年	10767.1	9258.0	507.3	3591.7

出所）　中国民営企業研究センター所長黄泰岩氏の講演資料（2004年12月18日，関西香港協会）を参考に筆者が作成。

図表2－7　ランキング入り企業の所有制別経営業績比較（2004年度）

（単位：％）

	1人当たり売上	1人当たり利益	総資本利益率	売上利益率	総資本回転率
国有・国家持株支配	41.08	1.39	0.97	3.39	28.69
集団所有	67.17	1.49	2.55	2.24	114.90
民営	55.42	2.66	5.60	4.80	116.71
外資系	164.75	8.58	9.87	5.20	189.57

出所）　『中国企業発展報告』（2004年）を参考に筆者作表。

第1部 日中韓企業の経営システム比較

図表2－8　上位500社主要業績指標

項　　目	2002年	前年比	2003年	前年比	2004年	前年比
総　売　上（億元）	61,055	13.16%	69,533	13.89%	89,935	29.34%
純　利　益（億元）	3,057	4.29%	3,505	14.65%	3,167	－9.64%
欠　損　企　業　数	31	106.67%	14	－54.84%	18	28.57%
一人当たり資産額(万元)	133.91	13.04%	135.98	1.55%	136.66	0.50%
一人当たり売上額(万元)	31.41	15.73%	34.6	10.16%	43.54	25.84%
一人当たり純利益(万元)	1.57	6.87%	1.74	10.83%	1.53	－12.07%
総　資　産　利　益　率	1.17%	15.84%	1.28%	9.40%	1.12%	－12.50%
総　売　上　利　益　率	5.01%	－7.22%	5.03%	0.40%	3.52%	－30.02%
総　資　産　回　転　率	23.45%	2.36%	25.44%	8.49%	31.86%	25.24%

出所）『中国企業発展報告』各年度版をもとに筆者が作表。

5）総合評価

　ランキング資料を基に，従業員数指標以外の規模尺度で国際比較すれば（ここではFORTUNE 500社の指標を100として），中国上位企業の劣位が明らかである（図表2－9）。中国上位500社の合計売上，総資産，純利益はそれぞれFORTUNE 500社の7.30%，5.61%，5.22%に過ぎず，主要業種のトップ企業同士の比較ではバラツキが大きく，一部相反の結果も出ているが，全般的に相対的な経営規模が小さいという構図が変わらない。

　本ランキング入り500社の業績指標の過去3年の推移を見れば（図表2－7参照），総売上が大幅増，総資産，従業員数が堅調な増加を見せ，欠損企業数も低い水準にとどまっているものの，収益性，生産性指標は好転し続けているわけではない。企業経営規模の継続拡大は国内に繰り広げられる買収・合併，戦略的提携の動きと無関係ではない。この点は FORTUNE や Forbes 誌の世界大企業ランキングに見られる企業規模拡大ペースの大きさ，新顔と脱落者の多さ，順位入れ替わりの激しさと類似性を有している。

　国内の好景気，一部産業における保護策の存在によって支えられた中国巨大

第2章 中国企業の経営システム

図表2-9 中国主要業種別トップ企業と世界トップ企業との比較（2004年ランキングベース）

業種名	Fortune Top	中国トップ	売上規模比 %	資産規模比 %	利益比 %	1人当たり売上 %	1人当たり利益 %
小売	WAL-MART（米）	百聯	1.90	3.43	0.82	10.61	5.00
自動車	GM（米）	第一自動車	7.37	2.43	10.02	22.20	29.91
石油	BP（英）	中国石油	24.68	54.95	42.37	2.50	4.34
電子	Siemens（独）	バイアール集団	12.05	4.54	5.28	162.69	70.31
通信	NTT（日）	中国移動	21.18	26.61	62.79	37.32	110.79
貿易	E.ON（独）	中国中化	38.60	3.83	2.34	214.51	13.04
銀行	CITY GROUP（米）	中国工商銀行	22.28	50.44	1.67	14.62	1.15
食品	NESTLE（スイス）	華南双匯集団	2.29	0.97	1.69	19.95	14.75
電力	RWE（独）	中国華能	11.16	14.07	56.72	31.96	161.18
鉄鋼	ARCELOR（ロクセンブルク）	上海宝鋼	49.49	67.01	325.00	47.72	310.00
保険	NIPPON LIFE（日）	中国人寿	17.43	9.71	2.81	1.89	0.33
化学	BASF（独）	上海華誼	6.61	9.20	0.87	7.62	0.85
パルプ	International Paper（米）	山東太王	3.57	3.10	26.49	20.63	147.22
建材	SAINT-GOBAIN（仏）	北京金隅	2.39	3.68	2.64	23.74	26.47
建設	BOUYUES（仏）	中国鉄道工程	34.82	27.22	11.20	14.59	4.88
製薬	PFIZER（米）	中国医薬	4.78	1.80	1.00	16.65	3.44
設備	THYSSEN KRUPP（独）	中国機械設備	6.38	9.69	3.42	29.45	17.24
		中国上位500社の合計	7.30	5.61	5.22		

出所）『中国企業発展報告2004』＆『FORTUNE』No.15, 2004より筆者が整理・作表。

企業群にとって労働生産性の低さ，収益性の低さ及びイノベーション能力，ブランド力の欠如をいかに克服するかは引き続き大きな課題となる。ハイアールやレノボのような中核的競争力を強化し，独自のビジネスモデルを有する企業がまだ極少数である。

　ＷＴＯ加盟後，多国籍企業による対中投資傾斜姿勢がいっそう鮮明になり，中国企業との競合もさらに強まっていくことが予想される。安い労働コスト，巨大な市場を強みにしてきた中国経済，特に中国の大企業はホームグランドでの競争激化により，既存の優位性が享受できなくなるため，国際競争力の強化が新たな課題となる。「より大きく，より強く」をモットーとする「ビッグビジネス症候群」が中国企業界に感染を広げる中，世界大企業へのランキング入りを果たす企業数の表面的な増加に一喜一憂するよりも，実質的格差を冷静に分析し，中核的競争力，経営体質の強化策を早急に打ち出すことの必要性を唱える識者も少なくない[5]。

2　企業統治構造の特徴

1）計画経済時代の企業統治と改革のねらい

　中央集権型経済体制の下では，国有企業（当時「国営企業」と呼ばれていた）は全人民が所有するもので，人民すなわち労働者はその「主人公」であると教条的に規定されていた。しかし現実問題として，全人民が国有企業を直接に経営できないため，国家機構に経営管理権限を委託すること，すなわち，国家機構が企業における全人事権を持ち，そこに管理層を送り込み，企業運営を彼らに委任することを内容とする企業統治の仕組みが作り上げられた。企業統治は国家権威構造の延長であり，企業は法的に国有であり，国家発展戦略の目標達成がその職能として定められているため，当然のことに独立権も経営自主権も賦与されない。

　企業活動が必要とするすべての生産要素は，政府計画によって保障され，「無償」で供与されるが，その製品の生産（規格，品質，数量），流通（販路，価格設定）もすべて政府計画によってコントロールされていた。財務面では，「統一収

支」の原則に沿って，必要資金が国家財政，またはその出納係に準ずる銀行を通じて受払いされ，稼得利潤は全額上納され，欠損はすべて財政から補填される。労働使用権も上級主管官庁に集中され，統一賃金制度が適用された（ボーナス制度は存在しない）。低賃金，高就職の状況下で，従業員とその家族の「生・老・病・死」にかかわる各種生活福祉サービス負担も強いられた。エージェンシー理論の枠組みで説明すれば，所有者と経営管理者間の委託－代理関係に，両者の利害の不一致が存在し，情報の非対称性の下，所有者が自分の利益が最大となるように，代理コスト（監督費用と報償の負担）を払って経営管理者（代理人）の行動を方向付けするが，上記国有企業の統治構図は経営管理者のモラルハザード回避，資産流失防止と，利益機会の増大を保証する最も有効な方法として考えられていた。

　このような制度にあっては，与えられた目標（生産高）の達成が至上命題となり，経営管理者のみならず，一般従業員も「三鉄」（親方五星紅旗の象徴：鉄椅子，鉄茶碗，鉄賃金）の保障下にあり，コスト削減，効率向上，利潤増大，技術革新のいずれにおいてもインセンティブが働かない。ミクロ経済の停滞により，社会主義の優位性となるはずの経済計画による資源の最適な配置と要素生産性の継続的向上，これらに裏付けられる高い経済成長は理想像に溜まらざるを得なかった。経済改革はまさに構造的経済停滞をもたらすこの企業統治構造にメスを入れることから始められたのである。

　改革・開放開始時，工業総生産に占める国有企業の比重が80％超に及び，国家財政，雇用への貢献度も絶対的であったことを考えれば，経済の活性化策は国有セクターにおける経営自主権の賦与，インセンティブ・システムの確立と改善が無くしては効果が期待できないことが容易に理解できよう。

2）　新しい企業統治制度の確立と課題

　初期の改革措置は，所有制度に触れずに，企業経営自主権及び利潤留保枠の拡大をねらいとする請負責任制に代表される「政策調整型」のものであり，大きな限界性を有していた(80年代中頃まで)。その後の試験的株式制度の導入（一

部企業の社員持株制への移行）を経て，市場経済システムの確立を目指した「制度革新型」の国有企業の「法人化」改革が急ピッチで進められた[6]。

新改革のねらいは，企業の資本形成の資金調達の基盤を拡大させるため，所有形態を本質的に自由化することにある。この「法人化」改革政策の意義として，①法的地位の賦与による企業法人化は，資本主義経済における株式会社制度のように，企業及び所有者の責任に限界を設けたこと，②「法人化」過程は，また一部選ばれた国有企業を上場させることを可能にしたこと，の2つを挙げることができる。これは経済グローバル化への対応策でもある[7]。

法人化改革にあたって以下の諸措置が採られた。①大中型国有企業に現代企業制度を導入した。②国民経済における少数の戦略分野，基幹業種（15種）で国家独占経営の形を取り，国有重点企業を温存させる一方，146業種に及ぶ一般的競争分野から国有経済を引き上げ，非国有資本に幅広く参入させていく戦略的再編を行い，株式会社化を進めた。③所定目標を達成できなかった国有企業に対して，転業，合併，分離解散，破産等の具体的改革措置を強行した。

改革後，形成された新たな企業統治制度は，西側諸国の主要統治モデルの特徴を複合的に吸収したもののように見える。すなわち，監査役会と取締役会の関係は，日本の制度に類似し，取締役会と経営陣との関係は米国型役員制度の特徴を有し，監査役会への従業員派遣はドイツ型モデルの特徴を持っている。後発者として既存モデルの長短所について学習し，選択的に吸収できる有利な立場にあるが，実際の運用，機能にあたって多くの課題を抱えてきたことは事実である。

内部統治の課題として，国有持株支配の上場企業の場合，単一株主への所有権とそれに基づく経営支配権の過度集中問題，監査役会機能の弱体化，形骸化問題が特にクローズアップされやすい。親会社（単一大株主）の強すぎる影響力の下，取締役会の独立性が大きく損なわれることや取締役会長個人地位の突出により取締役会の集団的意思決定スキームが機能し難い。監査役会にあっては，監事役は通常社内党委員会代表，労組代表，財務・内部調査責任者の兼任か経験者で，取締役会と経営陣に従属的立場にあった関係上，実質的機能の発

第2章　中国企業の経営システム

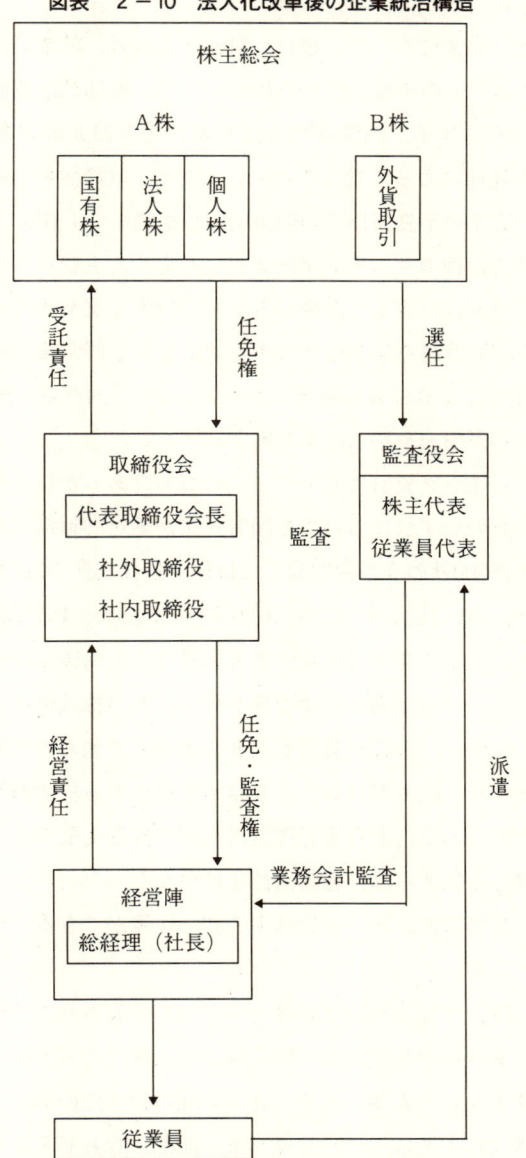

図表　2-10　法人化改革後の企業統治構造

```
                    ┌─────────────────────────────────┐
                    │          株主総会                │
                    │                                  │
                    │    A株              B株          │
                    │  ┌──┬──┬──┐      ┌──┐          │
                    │  │国│法│個│      │外│          │
                    │  │有│人│人│      │貨│          │
                    │  │株│株│株│      │取│          │
                    │  └──┴──┴──┘      │引│          │
                    │                    └──┘          │
                    └─────────────────────────────────┘
                   ↑       ↓               ↓
                受託責任  任免権           選任
                   │       ↓               ↓
          ┌────────────────┐      ┌────────────────┐
          │    取締役会     │      │    監査役会     │
          │ ┌────────────┐ │      │                │
          │ │代表取締役会長│ │ 監査 │   株主代表     │
          │ └────────────┘ │←────│   従業員代表    │
          │   社外取締役    │      │                │
          │   社内取締役    │      │                │
          └────────────────┘      └────────────────┘
                ↑      ↓                   ↑
             経営責任 任免・監査権        派遣
                │      ↓    業務会計監査   │
          ┌────────────────┐              │
          │    経営陣       │──────────────┘
          │  ┌──────────┐ │
          │  │総経理(社長)│ │
          │  └──────────┘ │
          └────────────────┘
                   ↓
            ┌──────────┐
            │  従業員   │
            └──────────┘
```

出所）各種資料を参照して筆者が作成。

揮が困難である。

　外部統治機能の効果について，銀行，M＆A希望者，職業経営者，機関投資家等が市場メカニズムの不備（制度の制約）により，外部統治機能を発揮しにくいという問題が存在する。商業銀行は証券業，その他非金融業への資本参加（所有権取得）が法律によって禁止されているため，取締役会への代表派遣ができず，貸し出し資産の不良債権化の効果的阻止が難しい。国有企業の発行株式総数に占める非流通株のウエイトがあまりにも高く，主管官庁との特殊な関係も加わるため，M＆Aによって上場済み企業に対する支配的所有権を取得して，経営管理システムの改善を図ることは不可能に近い。経営権市場，社外取締役制度，機関投資家による投資も定着しつつあるが，「内部者」統治を牽制し，変えていくほどの影響力や勢力はまだ脆弱過ぎる。

　前掲の企業ランキング資料は売上ベースのものであったが，その総資産・純益・総雇用の分布のいずれにおいても国有企業が絶対的地位を占めている。例えば，2002年上位500社のうち純国有または国有持株支配の299社（59.8％）が，総売上の81.33％，総資産の90.87％，純利益の82.38％，総従業員数の88.78％に寄与している。上場企業でも前身が国有企業で，上場後発行総株式に占める国有非流通株のウエイトが高く，流通株が少ないため株式市場における投機活動が助長されやすかった。経営効率も国有企業の方が他の所有制より比較的に悪いことがデータから読み取れる。企業統治の視点から経営幹部における緊張感の欠如，所有者である国有資産管理機構や国有持株支配の法人大株主による経営干渉がしばしば伝えられ，経営活性化につながらないことが知られている。したがって，所有構造の改善，少数株主の利益保障ができるような法制度の強化が求められている。

　2001年9月11日，中国証券監督委員会によって公表された『中国上場公司治理準則』は，企業統治の基本目標が株主権益の保護であると明記し，会社に対して持株支配株主からの人事・資産・財務管理の独立性の維持を要求している。上場会社の取締役に1名以上の会計専門家，2002年6月30日までに，取締役会に2名以上の社外取締役，2003年6月30日までに社外取締役の比重が3分の1

以上，との規範化指針が公表され，施行されてきた。

　現地調査によって，取締役制度の改善が急ピッチで進められ，いわゆる社外取締役制度の義務付けが明示され，監査人の権限強化も求められるようになったことがうかがえた。特に，ヒアリング対象企業に社外取締役を雇い入れている事実も確認することができた[8]。

3） 民営企業の企業統治

　民営企業の急成長が注目を集める中，その経営制度の規範化，いわゆる企業統治制度の健全化問題がクローズアップされている。絶対多数の民営企業は個人創業，個人経営から出発しており，体制改革の進展に伴う国有企業の衰退からビジネスチャンスを掴んできたが，事業拡大のテンポに管理制度，組織の再編が追いつかないため，倒産も急増している。社会科学院の調査によれば，民営企業のうち約78％が有限責任制を採っていながら，62％の企業が本質的に同族企業であること，所有権ベースでは90％超の株式が創業者とその同族企業のメンバーに握られていると認めた企業は全体の73％に及んでいる。

　海外華人系企業（香港・マカオ・台湾を含む）のほとんど全数が同族企業経営を維持してきており，その企業統治構造を形作ったのは儒教文化の価値観（同族・血縁重視，上下秩序の尊重など）と彼らがおかれてきた特殊な政治社会環境である[9]。中国本土では社会主義計画経済時代に私有財産の所有，私的資本による事業が全面的に禁じられ，儒教文化も徹底的に否定されたため，企業経営制度をめぐる中国企業と海外華人系企業の類似性を議論する余地が全くなかった。しかし，1980年代末期から儒教の復権が進み，宗族団結の重視・祖先崇拝の風潮が日増しに強まってきた，私有財産の保護が憲法によって明文化されたこともあって，改革開放政策実施後誕生した民営企業に同族経営様式が定着しやすくなったことは，容易に想像できる。前近代的資本主義企業の遅れた企業制度（所有と経営の未分離）として安易に否定してしまうのではなく，その誕生，存在の背景や必然性，効果的・合理的一面を認識する必要がある。現に競争力が強い企業の多くはこうした民営企業である。

3　経営システムの特徴

1）経営目標

　経済改革実施前の計画経済時代，企業の経営目標は与えられた計画値（生産高）を達成することにほかなく，利益誘導型のインセンティブ・システムが存在しなかった。改革政策実施後，国有企業に対して請負責任制，株式制が経営活性化のための改革措置として取られ，いわゆる現代企業制度の導入は投資効率の向上，利益追求を目指し，その結果，投資（資本）利益率重視，利益追求型の経営に変わってきている。経営者階層の若年化，欧米留学経験者の増加，国内におけるＭＢＡ取得者の急増によって，経営意思決定に反映される価値観の変化，特に米国型経営理念の受容傾向が強まっている。利益重視と成長重視は必ずしも相反するものではなく，歴史が浅い企業，事業急成長企業の経営者は明白に成長性または市場シェア重視と主張している。

　かつての経営比較研究で米国企業は投資利益率重視，日本企業は成長性重視，と明白な違いがあることが確認された[10]。日本企業はバブル経済崩壊後の長い不況を経験し，資本の効率性，収益性をより重視するようになったとの見方が定着しているが，ストレートに利益重視を前面に出さず，社会貢献や社員福祉の向上を特に強調する傾向が依然として根強い。それと比べて，中国企業の場合，改革開放後の第二世代経営者は利潤追求を臆せず正当化している。かつての社会主義計画経済に対する一種の反動的な動きとして見ることができる。

2）戦略特性

　市場経済体制が定着する中，内外企業間競争が日増しに強まり，中国企業にとって経営戦略の制定と実施はその経営の成敗を左右する意味を持つようになった。

　中国企業連合会＆企業家協会が実施した企業経営者アンケート調査によれば，経営戦略を制定し，正常に実施に移している企業が全体の62.82％，大企業の83.98％に及んでいる。具体的に採用される競争戦略パターン３分類の中で，

第2章　中国企業の経営システム

図表2−11　経営戦略の有無と実施状況（％）

	全体	大企業	中企業	小企業
有・正常に実施	62.82	83.98	62.36	31.34
有・実施効果低	14.74	7.28	18.25	20.15
制定準備中	15.71	7.77	14.07	29.85
無	6.73	0.97	5.32	18.66

注）　中国企業連合会＆企業家協会による会員企業アンケート調査（2004年1月），送付部数10,000，有効回答1,270，有効回答率12.7％。規模別では，大企業34.2％，中企業43％，小企業22.8％；集団4.89％，外資系3.75％と分類されている。
出所）　『中国企業発展報告2004』，pp.36−57。

図表2−12　採用される競争戦略の種類（％）

	全体	大企業	中企業	小企業
低コスト・低価格戦略	38.33	45.59	35.18	34.92
製品・サービスの差別化戦略	24.67	17.65	26.09	33.33
目標集中戦略	36.83	36.27	38.74	31.75

出所）　同上表。

　大企業に特に低コスト・低価格戦略に重きをおくものが多く（45.59％），それに次ぐ目標集中戦略の採用率が36.27％，製品サービス差別化戦略が意外と少ない（17.65％），中企業と小企業による3者の採用率の差は小さい。大半の企業経営者が経営環境の変化と戦略の実施状況に応じて適時に戦略計画の調整を行うようになっている[11]。

　2003年2月に北京でヒアリングした企業6社のうち5社はメーカーで，製薬を除くいずれも歴史が若い企業であり，一部共通の戦略特性が確認することができた。まず事業拡大を遂行するにあたって，経営資源の蓄積にあたって，外部調達で特にM＆Aを積極的に活用するケースが増加している。外資系企業による国有企業のM＆Aは多くの制約を受けるが，規制緩和が進みつつある。1990年代前半香港の中策公司による多数の地方管轄国有企業に対するM＆Aが行われたことを考えれば，グレーゾーンの性質が強い[12]。事業の多角化は関連事業型が広く見られ，非関連事業型も見られるようになった。

第Ⅰ部　日中韓企業の経営システム比較

　ただ国際経営志向が弱く，国内重視型が支配的である。ヒアリング対象企業はいずれも中規模の上場企業または準上場企業で，国内における外資系企業との提携や合弁の経験を有しても，まだ海外に販売拠点を設けて本格的に国際進出を検討する企業が少ない。このことは中国の対外開放政策実施の歴史が浅く，厳しい為替管理制度が敷かれ，企業の対外投資に多くの制限が課されていることと深くかかわっている。長い間，香港に拠点を設け，資本調達や海外投資を行う中国系企業が多数あり，大半は中央省庁直轄か，地方政府出資の政策会社である。WTO加盟後，投資と貿易に関する規制緩和や国内市場における競争の激化に伴い，外国企業と提携する形で，または海外株式市場での上場を契機に，海外市場を狙い，海外法人を設ける中国企業が今後増えていくことが予想される。

　近年，海外進出，国際戦略的提携を積極的に進め，国内外で知名度をあげた海尔（ハイアール），聯想集団（レノボ）はともに明確な経営戦略を持ち，中核的競争力を育てあげたモデルケースである。

　レノボ社はIBMのPC部門を買収したことでその事業戦略の成敗が注目を集めている。当該企業は1984年に中国科学院計算機研究所の技術者出身で現総裁の柳傳志をはじめ，11人のスタッフによって始められた[13]。

　1989年から本格的な企業発展戦略を制定し始めた。第一歩としてゴーイング・コンサン，世界上位500社の仲間入り，先端技術領域の開拓者になることを目標に掲げ，第二歩では中長期戦略目標（マイルストン）を定め，第三歩としてこれらの戦略目標をブレイクダウンして実現するための戦術手順を制定していった。家電・電子機器業種では中国企業は，OEMまたはEMSの担い手としてアウトソーシングを活用した「モジュラー型」生産，成果主義的な報酬制度，短期雇用契約等に代表されるIT産業に適合したビジネスモデルを開発し，事業ノウハウを習得した。低価格，低付加価値の受託生産に徹すれば，国際ブランドを持たなくても良いが，中国企業はこれに満足していないため，M&A手法によって潰れかかった先発企業から経営資源，ブランドを入手することで競争力を向上させていくことをねらっている。レノボのIBMのPC部門買収

は，まさにIBMのブランドと市場をねらったものである。買収先を経営しながら一部技術を学び，ブランドと市場を活用していく。欧米企業による買収ころがし，切り売りとは一線を画すものである。

最近における上海自動車による韓国双龍自動車や英国ローバーの買収，上海電気集団による日本のアキヤマ・インタナショナル，池貝の買収のいずれも類例である。

事業撤退については，精密計測器メーカーのように，不採算であれば積極的に選好しているケースもあるが，主管部門または親企業からの干渉が強いため，特に失業対策問題の敏感さから，既存事業がうまく経営できなくても，容易に撤退できない企業が少なくない（製薬メーカーをはじめ，複数のメーカーが回答）。

3） 組織特性

中央集権型の計画経済体制の下では，企業は国家機関の一部に過ぎず，その縦割組織構造の延長線にある性質上，その組織自体も，ピラミッド型の多層構造を成していた。欧米諸国を始め，世界的に企業組織のフラット化再編策が大きな流れとなっている中，前身が公有制であった中国の大多数の企業組織は依然としてピラミッド型の集権的経営の特色を濃く持っている。

管理組織の公式化については，一般従業員から管理職まで自分の責任と権限に対する認識は比較的に明確である。人材の養成もスペシャリスト志向が根強く，ゼネラリスト向きのものではない。

意思決定様式は一般的にトップダウン型である。取締役会長と総経理とが同一人格であるケースが少なくなく，権限の集中が広く見られる。

ヒアリング対象の電子，製薬，自動車各メーカーのいずれも，各部門管理者の発言権の強弱については，マーケティング部門の突出を共通にあげていた。高成長戦略を取るにあたっての，市場開拓担当部署の重要性をうかがわせている。

4） 管理特性────インセンティブ・システム

　管理特性については特に昇進，昇給システムの特徴に焦点を絞りたい。中間管理職以上は公開招聘，中途任用が広く定着してきており，その昇進，昇級に成果主義（能力主義）基準が一般的に採用され，上下の収入格差も開きつつある。

　中国企業連合会＆企業家協会の前掲調査報告（2004年1月）から雇用契約制度の採用度，伸縮性を持った人事労務管理制度が広く採用されている様子がうかがえる（図表2−13と2−14）。大中小を問わず絶対多数の企業が雇用契約を普及させていることがわかる。管理職，現場従業員の「昇進・降格許容制度」，「昇給・減給許容制度」の採用も浸透しつつある。欧米型のストック・オプションに代表される長期的インセンティブ採用も一部企業によって始められ，今後増えていくと予想される。

図表2−13　雇用契約制度の採用状況

	50%以下	50〜80%	80〜90%	95%〜
全体	4.53	5.18	9.39	80.91
大型	0.98	0.98	4.88	93.17
中型	3.44	5.73	10.31	80.53
小型	12.78	9.02	15.79	62.41

出所）『中国企業発展報告2004』。

図表2−14　人事労務管理制度の採用状況

	採用済%	初歩的採用%	未採用%
管理職の自由任用	44.23	43.27	12.50
現場従業員の自由雇用	47.68	37.92	14.40
伸縮自由な給与制度	44.94	41.25	13.80

出所）図表2−13に同じ。

　図表2−15が上層管理職の給与構成を示している。大きくは3つのグループに分けることができる。①「基本給」に相当する部分：学歴，知識技能の水準，業務熟練度，職務の複雑さ，責任の程度によって付与される職務給，年功給，技能給等はこれにあたるが，業務条件，環境に対応する各種手当も含まれる。

図表2－15　トップ管理層の給与構成（複数回答）

	職位給	職務給	年功制	技能給	各種手当	ボーナス	長期的モチベーション
全体	83.03	62.64	44.37	34.26	54.81	72.59	14.52
大型企業	87.62	56.44	54.46	40.59	59.9	80.69	15.84
中型企業	82.88	69.26	41.25	34.24	54.47	71.21	15.18
小型企業	74.88	58.52	34.81	26.67	50.97	61.48	11.85

出所）　図表2－13に同じ。

図表2－16　年俸制の導入状況（％）

	全体	大型企業	中型企業	小型企業
採用済	33.76	41.75	37.55	14.18
採用準備中	19.87	20.87	19.54	19.4
未着手	46.37	37.38	42.91	66.42

出所）　図表2－13に同じ。

②「ボーナス」の部分：当期の業績，成果に応じて支給される報賞金。③「長期的モチベーション」の部分：通常自社持株，ストック・オプション権の賦与。中国では，業種，業務ごとの差があるにせよ，能力，実績が評価され，その報酬に反映させる，より公平なインセンティブ・システムが定着している。

「長期的モチベーション」のストック・オプション採用は上場企業や大手外資系企業が中心に見られる。法人化改革で株式会社制度に移行した企業や株式制民営企業に，経営者による自社買収（ＭＢＯ）を取り入れているところも少なくない。

図表2－17はトップ経営層と下部従業員との間の収入格差を示すもので，国有性質が依然強い企業が大半を占めると思われる中，収入格差が広がりつつあることが確認できる。現実には給与・報酬に反映されない大きな役得の部分が管理者層によって享受されていることを考慮に入れれば，実質所得の格差がさらに大きい。

最近公表された上場企業の上級管理職層の給与分布の研究調査結果によれば，上級管理者の給与・報酬（年収）の平均値は年々大幅増の趨勢を見せており，

第 1 部　日中韓企業の経営システム比較

図表 2 −17　トップ管理層と末端従業員の給与格差

	50倍以上	50〜25倍	25〜15倍	15〜8倍	8〜3倍	3倍以下
全　　体	1.24	2.30	4.77	7.24	35.51	48.94
大　企　業	2.70	3.24	7.03	7.03	36.22	43.78
中　企　業	0.41	2.06	4.53	8.64	39.51	44.86
小　企　業	0.83	1.67	1.67	4.17	35.83	65.83

出所）　図表 2 −13に同じ。

　上位 3 名の取締役，上位 3 名の執行役員（共に 3 人の合計値），社外取締役の給与・報酬も同様に高く，それぞれの最高値，最低値，平均値の間の開きは非常に大きい（図表 2 −18と 2 −19）。また 4 つの指標とも前年度を上回っている[14]。

　業種別では，金融業は 4 指標とも突出しており，不動産，ＩＴが社外取締役トップ給与を除く 3 指標で 2，3 位を分けあっている。最高給与個別企業レベルで上位を占める 3 業種の企業がむしろ少なく，管理者の給与基準値が高く設定されていることがうかがえる。金融トップの民生銀行は 6 位，ＩＴトップの用友軟件は 4 位，不動産業トップの深深房Ａが 5 位，上位30位入りできたのもそれぞれ 4 社，3 社，2 社に過ぎない。上位グループに民営企業が中心を占め

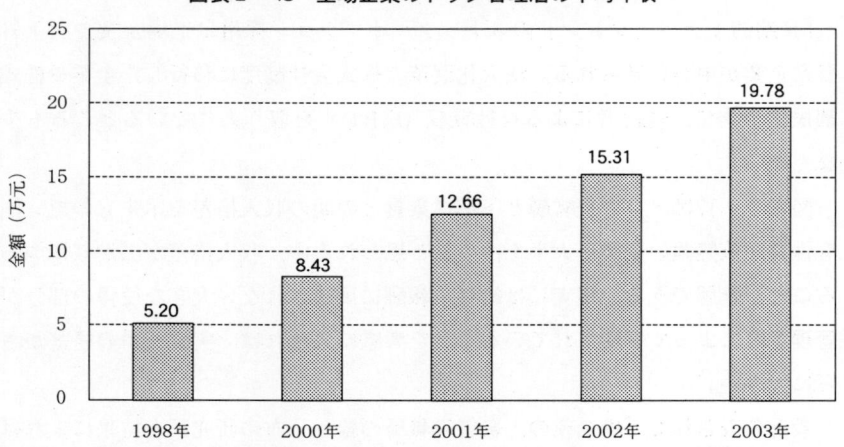

図表 2 −18　上場企業のトップ管理層の平均年収

年	金額（万元）
1998年	5.20
2000年	8.43
2001年	12.66
2002年	15.31
2003年	19.78

出所）　『中国上市企業高層薪酬排行』（中国金融出版社，2004年）より筆者が加筆作成。

図表2－19　2003年度上場企業上級管理層給与の格差

	最高給与者	上位3名取締役計	上位3名執行役員計	社外取締役
サンプル数	1,294社	1,228社	1,290社	1,256社
最高額(万元)	600	960	744	68.9
最低額(万元)	1.5	1.2	2.3	0.2
平均値(万元)	19.78	47.46	52.08	4.31

出所）　図表2－18に同じ。

図表2－20　業種別上級管理層の平均給与比較　（単位：万元）

	最高給与者	上位3名取締役計	上位3名執行役員計	社外取締役
農林漁業	11.69	28.44	28.39	3.32
資源採掘	17.77	39.42	41.94	3.56
製造	20.36	44.07	46.52	3.35
電気・ガス・水道	24.32	45.21	62.79	4.05
建築	21.03	45.17	52.15	3.88
輸送・倉庫	20.95	46.86	51.05	4.06
ＩＴ	27.25	54.34	70.21	3.80
流通	20.03	47.93	50.87	3.53
金融	57.08	69.93	132.05	6.59
不動産	28.91	59.87	74.16	3.84
社会サービス	24.06	47.18	63.04	3.45
放送	16.62	35.01	43.74	4.10
総合	22.00	48.36	57.32	3.43

出所）　図表2－18に同じ。

ている。国有持株の割合が上場会社の上級管理職の給与総額に及ぼす影響は顕著ではない。

　2002年1月公表の『上場企業のガバナンス準則』が，管理者層の給与決定手順について，①取締役会管下の報酬委員会による提案，②株主大会による審議，

認可，との２段階決定との条件を盛り込んでいるが，他に何ら具体的な規定を与えていない。すなわち，上記手順さえ踏まえていればいかなる給与・報酬水準でも合法的で有効なものとなる。証券監督委員会規定に沿って管理層報酬を公表した90％の上場企業について（上場企業年報が示すように）給与・報酬水準の決定にあたっての主要根拠として以下のようなものが確認されている。「会社の経営業績と管理者貢献度評価値」が最も広く採用され（43.84％），「自社諸制度」（28.38％），「職務，職位等級」（18.59％）がそれに次いでいる。

上場企業の上層管理職の給与水準がそれぞれの経営成果との間に明確な正の相関を有していることも分析で判明されている。

4　移行期にある中国型企業経営システム
　　　──むすびにかえて──

中国型の経営様式，経営システムが何かについては，必ずしも明白に回答できないという悩みを常に抱いている。中国経済・社会全体が大きな変革期にあり，計画経済期の旧体制から市場経済システムへの移行を目指して改革を進めているため，新旧制度またはシステムが混在している側面が強い。

国有企業が抱える伝統的な課題として，通常以下のものがあげられてきた。(1)過去から蓄積してきた負の資産としての過剰雇用，過剰設備，過剰債務問題，(2)企業が「小社会」であるといわれてきた重い社会負担の問題（退職者，現役社員の医療，福祉，子弟教育サービスの提供）。(3)組織運営メカニズムや生産・流通など各側面の市場経済化への順応の遅れ，など。これらの多くは企業自身の努力では解決できない社会制度の矛盾に起因する側面が大きく，システム転換を図るための環境整備が求められてきた。法人化改組ができた多くの企業，上場企業がこのようなしがらみから開放されつつある[15]。国有企業，国有持株支配企業に上述のような経営システムへの転換に成功するケースが増えてきている。

かつては社会主義諸国に共通に見られる国有企業の経営システム（主管当局による一元的管理統制が貫徹されているもの）広く紹介されてきた。改革前段階において，独立採算制に変わっても，経営管理者層の人事面で大きな束縛があっ

図表2−21 中国企業の経営システムの変遷

	現在（所有制改革以降）	改革初期まで
経営目標	成長・利益の重視	計画目標（生産高，供給量）達成の重視
	規模の拡大からの利益	生産性重視
	経営における短期的視野	時間軸の軽視
戦略特性	分析・直感・実験志向の混在	行政の延長線上の決定
	関連多角化と非関連多角化の混在	単一製品（企業）への特化
	資金・技術の外部調達プラス内部調達	資金・技術の外部調達
	非収益事業撤退の難しさ	既存事業領域内に限定した経営
	国内志向から国際志向への転換期	国内志向
組織特性	ピラミッド型多層組織	ピラミッド型多層組織
	トップダウン型の経営意思決定	トップダウン型の経営意思決定
	取締役会の経営意思決定への強い影響力	意思決定に対する主管官庁の強い影響力
	事業ユニットの限定的な独立性	事業ユニットの非独立性
管理特性	終身雇用保障の崩壊，短期雇用契約制度の定着	「三鉄」と称された人事管理制度（終身雇用）
	成果主義の積極導入	年功的基本給中心の賃金制度
	ＯＪＴを基本としながら，Ｏｆｆ−ＪＴも重視	ＯＪＴ重視の人材育成
	スペシャリスト志向	低い流動性，専門重視
	限定的な情報開示	情報非公開

出所）筆者作成。

た。試行錯誤的な改革の深化によって，効果的なインセンティブ・システムが模索され，制度が流動化し始めた。さらに，幅広い直接投資の受け入れによって海外企業が持ち込んだシステム（資本主義企業の制度化された管理様式），海外留学帰国組が持ち込んだもの（資本主義企業の経営理論や実践的経験を学び取り，中国における事業運営に持ち込んでいるという現実）もある。中国自身がＭＢＡ

第 1 部　日中韓企業の経営システム比較

コースを急拡張させてきた影響の大きさ（キャリアアップのため，現役中間層以上の管理職がＭＢＡ資格の取得に熱を上げており，ＭＢＡコースのカリキュラム設置が米国の影響が強いが，最近中国型成功企業のケーススタディが多く取り入れられている）も無視できない。これらがミックスされた形で，多様性または未熟さを包み込んだ経営システムとなっている。

　具体的に，計画経済時代から改革初期まで見られる官僚主義的，非効率的な管理システムが変革し始め，上表が示すような経営目標，戦略，組織，管理の各側面における現在の特徴を確認することができる。公有制企業からのシステム転換を経験した企業が多く，改革の段階別の違いを見ることができるが，新設された純民営企業や外資系との合弁企業にあっては，当初から現在の特徴が備わっている。

　ベンチャー企業を起こす層が一定の厚みを有する反面，国有の色彩が強い業種では旧有のシステムに囚われている企業も依然として存在しており，ビジネス教育現場では米国型の経営理論，経営システムについて広く教えられ，将来起こるべく変化に米国型経営の影響が強くなっていくことは否定できない。中国で事業展開する日系，韓国系企業が，パートナーの違いによってビジネスの効率性が大きく異なることを経験してきたことを複数回のヒアリング調査で判明している。

（注）
1） ランキング主催機構が，企業側の自主申告（政府の公式統計ではない）を基に，専門家による厳しい審査を経て選出されたもので，全産業をカバーする，中国史上初の本格的な企業ランキングであると説明している。
　　ランキング基準について以下のような説明が付されている。
　　ａ．データは公認会計士事務所によって公式に監査済みのもの，総売上が19億元以上の中国国内で登録されている企業が対象
　　ｂ．財務諸表は本社（通常集団公司と称されるが）と連結できるならば，本社のみランキング参加を認められること
　　ｃ．総売上については経常と特別収入の両方を含み，商業銀行は利子収入と非利子収益を合算されたもの

d．業種分類（コード）は国家統計局の標準を採用
2) 2002年のデータに，合名会社が少なく（1社），有限会社と株式会社の大半は，国有企業制度改革の法人化措置によって生まれ，大多数は国有持株支配の性質を有するもので，一部私有企業からの衣替えも含まれるが，そのウエイトが相対的に小さい。混合形態から国有と私営への再分類の内訳が不明なため，比較表では2002年のデータについてその分を省略して記入した。
3) 王　克勤・曹　培・王　亮「国有企業公司治理冷淡」《中国科技財富》2004年12月号。
4) 2003年1月1日「中小企業促進法」の施行。
5) 姜　汝祥『差距』機械工業出版社，2003年。
　　郎　咸平「中国企業若要作大作強只能造成悲劇」BUSINESS SOHU, 2004年1月8日。
6) 李　維安『中国のコーポレートガバナンス』税務経理協会，1998年。
7) Ng Sek Hong & Malcolm Warner, *Strategic Convergence or Divergence: Comparing Structural Reforms in Chinese Enterprises,* Working Paper：CMC2001－001－01, The University of Hong Kong, Jan. 1, 2000.
8) 2003年2月，2004年9月の現地企業調査。
9) 王　効平『華人系資本の企業経営』日本経済評論社，2001年。
10) 加護野忠男他著『日米企業の経営比較』日本経済新聞社，1993年，24頁。
11) 『中国企業発展報告2004』企業管理出版社，36－57頁。
12) 王　効平「中国企業の国際化戦略」『地域企業のグローバル経営戦略』（塩次喜代明編著）九州大学出版会，1998年，105－121頁。
13) 黄　泰岩他編著『与企業家談経論道』経済科学出版社（中国），2002年，1－21頁。「6世紀ぶりの大規模世界進出，吹き荒れる中国企業のM＆A旋風」『エコノミスト』（臨時増刊号）2005年3月14日号，90－93頁。
14) 『中国上市企業高層薪酬排行』中国金融出版社，2004年，p.83。
15) 林　毅夫他著・関　志雄監訳『中国の国有企業改革』日本評論社，1999年。
　　Shaomin Li & David K. Tse, *Market Forces vs. Planned Economy : Legacies on Firm Performance in China,* Working Paper：CMC1998－009－01, The University of Hong Kong, May, 1998.

第3章　韓国企業の経営システム

　先進国の一員となることを意味するOECD（経済協力開発機構）に韓国が加盟したのは，1996年10月である。当時の韓国政権が，OECD加入によって「1人当たり年間所得2万ドルの実現もそう遠くない」と盛んに宣伝し始めていただけに，翌年の1997年11月に発生した通貨危機（金融危機）による経済破綻は，多くの韓国国民にとっては青天の霹靂であった。わずか1カ月あまりで自国の通貨価値がドルに対して半分以下の水準（−54.6％）にまで暴落するなど，通貨危機は韓国の経済・政治・社会に大きな混乱を巻き起こした。

　韓国の現代史に残るこの大事件は，政治・社会システムだけではなく，韓国企業の経営のあり方にも抜本的な改革を迫る出来事であった。韓国企業の特徴である「グループ経営」（船団式経営），「オーナー経営者中心の企業統治構造」，「大馬不死」（大企業は潰れない）の神話に立脚した「拡張経営」などの経営慣行が金融危機を招いた主原因であるということが明らかになるつれ，それまでの経営慣行の変革を韓国企業は強く迫られるようになったのである。

　通貨危機後の韓国企業は，系列を超えた統廃合，事業売却（中核事業を中心とした事業再編成），海外事業からの撤退，分社化，外資の受け入れ，大々的な人員削減（リストラ）などの「構造調整」（経営改革）を行ってきた。これらの一連の構造改革の必然的な帰結として，韓国企業の経営方式も大きく変わった。

　この章では，まず最初に，韓国の代表的な大企業のランキング資料を手掛りに，韓国企業の特徴を概観する。それから現地調査[1]を通じて確認できた韓国企業経営の主な変化とその意味について考察を行い，韓国企業経営の特徴を明らかにしたい。

第Ⅰ部　日中韓企業の経営システム比較

1　売上高上位100社の経営概況

　まず，韓国企業の経営システムの特徴について述べる前に，韓国の売上高上位100社の業種構成や企業規模，従業員規模，利益水準などを概観してみよう。100社という数字が韓国企業の全体像をとらえる上で妥当なサンプル数かどうかについては，異論があるかもしれない。ただ，これらの100社には韓国の主要な企業がほぼ網羅されているので，韓国企業の経営動向をとらえるには有用と考えられる。

1）　上位100社の業種別内訳

　韓国の売上高上位100社の業種を分類したのが，下の図表3－1である。上位100社が属している業種のうち，社数ベースで最も大きな比率を占めているのは「製造業」(40%)である。製造業の主要なセクターとしては，石油・化学関連分野が14社，電気・電子分野が9社，自動車関連分野が9社の順となって

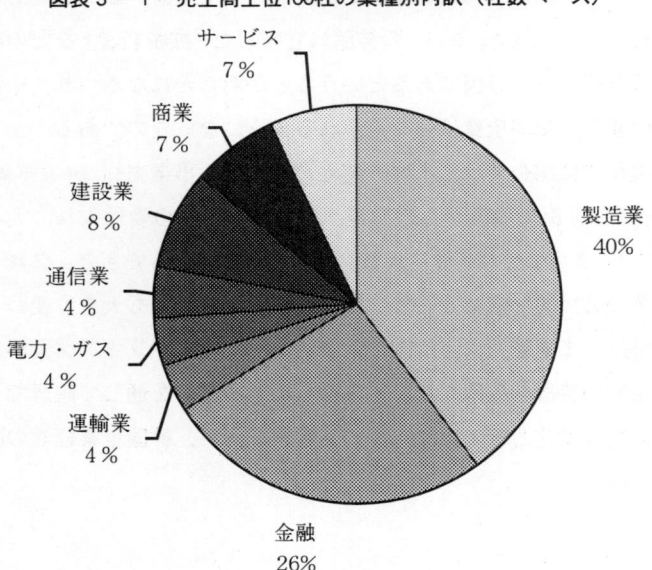

図表3－1　売上高上位100社の業種別内訳（社数ベース）

- サービス　7%
- 商業　7%
- 建設業　8%
- 通信業　4%
- 電力・ガス　4%
- 運輸業　4%
- 金融　26%
- 製造業　40%

第3章　韓国企業の経営システム

いる。

とくに目を引くのは，「金融業」関連企業が多いことである（26社）。これは，通貨危機以降，金融機関の統合などで売上規模が増えたことによるものと考えられる（金融業の場合は売上高の指標として「営業収益」を用いた）。

2）　従業員規模

売上高上位100社の従業員規模については，まず100社に雇用されている全従業員数は567,427人（1社あたりの平均は5,674人）である。日本企業売上高上位100社の1社あたりの従業員数（14,946人）と比較してみると，従業員数規模が日本企業の約3分の1と小さいことがわかる。これは，基本的には日韓の経済規模の差が反映されているためと思われるが，少し大胆な仮説を立ててみると，日本企業はまだまだ過剰な人員を抱えており，今後さらなる雇用調整が必要になる，ということを意味するものかもしれない。

全体の70％の企業で従業員数が4,999人以下で，過半数以上の企業（52社）が従業員数1,000～4,999人の間に分布している。従業員数3万人を超える企業は，

図表3-2　売上高上位100社の従業員数

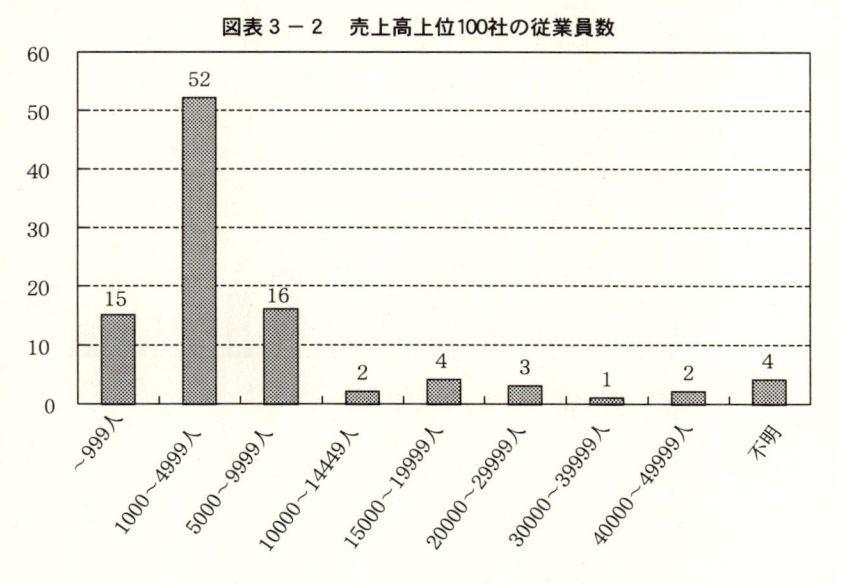

区分	社数
～999人	15
1000～4999人	52
5000～9999人	16
10000～14449人	2
15000～19999人	4
20000～29999人	3
30000～39999人	1
40000～49999人	2
不明	4

55

三星電子（47,024人）・現代自動車（48,963人）・起亜自動車（32,993人）の3社だけである。

3） 売上高規模

韓国企業売上高上位100社の売上高規模の大まかな傾向としては，まず売上高4兆ウォン（約4,000億円）未満の企業が全体の6割（60社）を占めている。30兆ウォンを超える企業は，ともに三星財閥系企業の三星物産と三星電子の2社しかない。

売上高上位10社と下位10社の売上高規模を比較してみると，上位10社の平均売上高は約22兆6,510億ウォンで，下位10社の場合は約1兆6,683億ウォンであり，下位10社の平均売上高は上位10社の平均売上高の7.4％に過ぎない。日本企業以上に，韓国企業においては売上高規模の二極化現象が進んでいる。

この二極化現象は，少数の大企業（上位企業）の経営動向によっては国全体

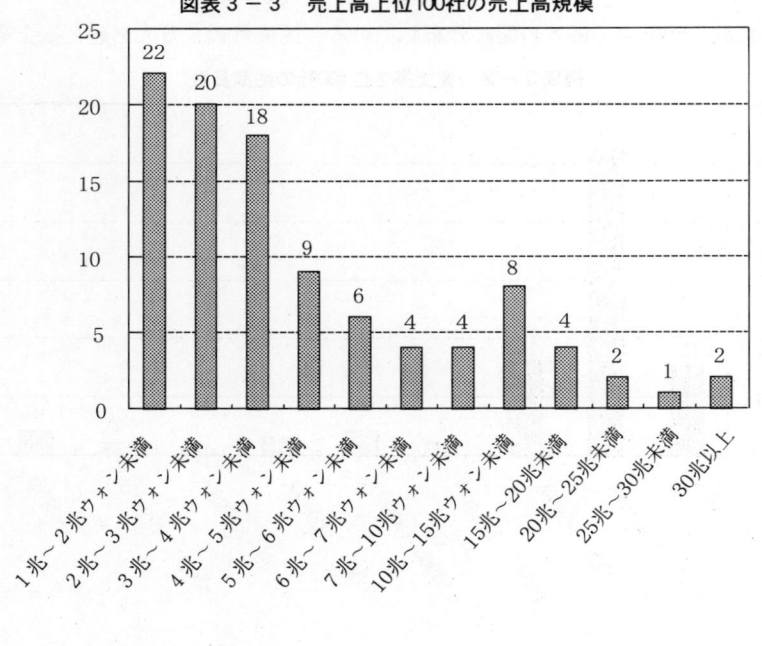

図表3－3　売上高上位100社の売上高規模

の経済・産業が大きく影響されかねないということを意味する。たとえば，4大財閥グループの売上高合計が韓国企業全体の売上高に占める割合は約3割弱にも上っている（図表3－7，図表3－12）。もっと具体的な例をあげてみると，三星電子1社で全上場企業利益の約3割を占め，その突出ぶりが際立っている。三星電子1社が占める韓国経済におけるウエイトはそれだけ大きいのである。

売上高規模を日本企業と比較してみると，日本企業売上高100位の企業でも6,000億円以上となっているが，韓国企業100社には，売上高6,000億円（6兆ウォン）を超える企業はわずか25社にとどまっている（図表3－3）。日韓企業間の事業規模の差は，明らかである。

4) 利益水準

利益水準については，100社の売上高に対する利益率は約6.2%である。2002年度において，全体の3割の企業が赤字決算となった日本企業とは違い，赤字を出している韓国企業は1社もない。大規模なリストラや収益性のある事業を中心に構造改革を行った成果が現れていると見てよいだろう。

5) 韓国経済に占める財閥企業の存在

一方，韓国企業の経営動向を把握するには，売上高ランキング100社だけではなく，30大財閥企業（その中でも特に上位4大財閥企業）のデータに注目する必要がある。ここでは，韓国の公正取引委員会が大規模企業集団として指定した30大企業グループ（財閥）の財務データに注目しながら，とりわけその中でも上位4大財閥が韓国経済・産業に占める比重について触れてみたい。

図表3－4から図表3－12は，30大財閥が韓国経済においてどれほど重要な位置を占めているのかを端的に示している。特に，上位4大財閥（三星，現代，LG，SK）はすべての指標において高い比率を占めている（図表3－12）。

図表3-4　経済全体に占める30大グループの比率（資産）

(単位：百万ウォン，%)

年度	30大合計	経済全体	比率
1995	276,034,940	615,260,920	44.86
1996	332,397,950	713,101,889	46.61
1997	420,850,811	910,044,115	46.25
1998	453,657,629	949,312,606	47.79
1999	402,844,325	1,033,764,267	38.97
2000	413,220,198	989,394,413	41.76

出所）自由企業院，企業集団データベース，韓国銀行，統計庁ほか。
　　　Choi, Sung-no『2001年韓国の大規模企業集団』にまとめられているものから再掲載（図表3-12まで同様）。

図表3-5　経済全体に占める30大グループの比率
（付加価値＝GDP）

(単位：百万ウォン，%)

年度	30大合計	経済全体	比率
1990	22,585,743	178,796,800	12.63
1991	27,918,940	216,510,900	12.89
1992	32,293,970	245,699,600	13.14
1993	35,984,530	277,496,500	12.97
1994	43,187,266	323,407,100	13.35
1995	56,515,250	377,349,800	14.98
1996	56,951,599	418,479,000	13.61
1997	54,272,606	453,276,400	11.97
1998	53,062,910	444,366,500	11.94
1999	49,289,699	482,744,200	10.21
2000	66,518,133	517,096,600	12.86

第3章　韓国企業の経営システム

図表3-6　経済全体に占める30大グループの比率（負債）

（単位：百万ウォン，％）

年度	30大合計	経済全体	比率
1995	214,523,133	463,570,246	46.28
1996	264,163,576	549,401,243	48.08
1997	353,138,217	736,583,716	47.94
1998	355,597,514	731,785,528	48.59
1999	276,580,072	725,300,129	38.13
2000	260,641,823	681,324,181	38.26

図表3-7　経済全体に占める30大グループの比率（売上高）

（単位：百万ウォン，％）

年度	30大合計	経済全体	比率
1995	293,253,110	637,275,034	46.02
1996	349,695,536	729,764,206	47.92
1997	401,633,572	875,155,509	45.86
1998	427,633,572	918,022,430	46.54
1999	399,181,873	942,022,430	42.39
2000	453,181,873	1,036,694,494	43.71

図表3-8　経済全体に占める30大グループの比率（当期純利益）

（単位：百万ウォン，％）

年度	30大合計	経済全体	比率
1995	5,899,191	12,798,987	46.09
1996	762,512	3,838,613	19.86
1997	-3,389,602	-7,253,666	46.73
1998	-18,006,341	-26,173,354	68.80
1999	-13,776,563	-15,679,165	87.87
2000	2,306,959	-8,011,178	－

図表3－9　経済全体に占める30大グループの比率（輸出額）

（単位：百万ウォン，％）

年度	30大合計	経済全体	比率
1996	79,774,001	104,394,632	76.42
1997	90,638,419	129,505,580	69.99
1998	132,124,637	185,090,009	71.38
1999	117,804,128	170,910,434	68.93
2000	138,889,964	194,767,358	71.31

図表3－10　経済全体に占める30大グループの比率（時価総額）

（単位：百万ウォン，％）

年度	30大合計	経済全体	比率
1992	31,720,400	82,417,100	38.49
1993	45,835,100	109,022,000	42.04
1994	58,574,700	140,950,000	41.56
1995	62,770,700	135,769,000	46.23
1996	47,893,300	117,370,000	40.81
1997	30,228,500	70,988,900	42.58
1998	59,474,100	137,745,000	43.18
1999	181,061,099	349,419,290	51.82
2000	97,032,321	186,206,073	52.11

図表3－11　経済全体に占める30大グループの比率（従業員数）

(単位：人，％)

年度	30大合計	経済全体	比率
1990	770,747	18,085,000	4.26
1991	804,784	18,677,000	4.31
1992	789,071	19,033,000	4.15
1993	796,206	19,328,000	4.12
1994	835,954	19,905,000	4.20
1995	899,274	20,432,000	4.40
1996	949,369	20,817,000	4.56
1997	873,159	21,106,000	4.14
1998	731,136	19,994,000	3.66
1999	585,775	20,281,000	2.89
2000	629,524	21,061,000	2.99

注）非正規従業員（契約社員，パート社員）を含む。

図表3－12　30大グループに占める4大グループ（三星・現代・LG・SK）の比率

(単位：十億ウォン，人)

		付加価値	資産総計	負債総計	売上高	当期純利益	時価総額	従業員数
合計額	1－4位	36,068	208,168	128,721	290,661	3,458	74,007	303,593
	5－30位	30,450	205,052	131,921	162,521	－1,151	23,026	325,931
	1－30位	66,518	413,220	260,642	453,182	2,307	97,033	629,524
30大	1－4位	54.22	50.38	49.39	64.14	149.88	76.27	48.23
	5－30位	45.78	49.62	50.61	35.86	－49.88	23.73	51.77
	合計	100.00	100.00	100.00	100.00	100.00	100.00	100.00
経済全体に対する30大比重	1－4位	6.98	21.04	18.89	28.04	－43.16	39.74	1.44
	5－30位	5.89	20.72	19.36	15.68	14.36	12.37	1.55
	合計	12.86	41.76	38.26	43.71	－28.80	52.11	2.99

図表3－12では，上位4大財閥が「付加価値」「資産」「負債」「従業員数」について5～30位までの財閥全体とさほど変わらない規模をもっていること，「売上高」では約2倍弱，「時価総額」では3倍をはるかに超える企業価値を持っていることがわかる。このように，韓国経済・産業においては4大財閥の持つ比重がきわめて大きく，集中化現象が見られる。金融危機発生後，この傾向はますます強まっている。

図表3－13は，韓国4大財閥系列上場企業の純利益に関するデータである（2002年12月決算）。全上場企業の利益の6割以上を三星（12社），ＬＧ（14社），ＳＫ（8社），現代自動車（6社）の財閥系列企業が稼ぎ出している。

図表3－13　韓国4大財閥系列上場企業の純利益
(単位：億ウォン，％)

三星（12社）	83,337（35.8）
ＬＧ（14社）	16,235（ 7.0）
ＳＫ（8社）	19,279（ 8.3）
現代自動車（6社）	27,243（11.7）
4大財閥合計	146,094（62.8）

注）　韓国銀行より。

2　経営システムの特徴

1）　経営目標；成長重視から利益重視へ

通貨危機が発生する以前の韓国企業は，規模拡大や成長を重要な経営目標としていた。主な資金調達源であった金融機関（銀行）からの融資が企業規模や担保資産の大きさに応じて決められていたこともあって，「規模拡大→金融機関からの融資枠の拡大→さらなる規模拡大」という成長のサイクルを求め，非関連事業への多角化を積極的に展開していたのが，韓国企業経営の大きな特徴であった。重要なのは，収益よりも，企業規模であったのである。

80年代から90年代前半にかけて韓国企業が積極的に導入した様々な経営手法（たとえば「顧客満足経営」（顧客満足測定，顧客層の細分化，顧客関係経営（ＣＲＭ））

第3章 韓国企業の経営システム

や「リーエンジニアリング」「ベンチマーキング」「成長戦略」など）を見ても，韓国企業は収益性よりも成長（規模拡大）に重きをおいた経営を展開してきたことがわかる。その他にも，多くの韓国企業が標榜していた「攻撃経営」「超優良経営」「世界経営」などの経営スローガンは，新規事業の推進による事業領域の拡大，海外などの未開拓市場への積極的な進出をその主要な目標とするものであった。つまり，韓国企業は成長を主要な経営目標としてきたのである。

しかし金融危機後は，企業の資金調達先が金融機関から資本市場（マーケット）にシフトした[2]ことによって，韓国企業は以前のように企業規模や成長だけを追い求めることができなくなった。事業資金を銀行などから調達していたときとは違い，株式市場を中心とする直接金融がメーンとなった現在においては，一定の利益確保が不可欠となってきたのである。収益性を確保できなければ，資本市場（株式市場）での資金調達が困難になるだけではなく，株価の低下によるテイクオーバーの脅威が発生するからである。

成長目標を最優先しながらも多少なりとも多元的な目標（技術開発，人材育成など）を追求してきた韓国企業であったが，通貨危機後は，収益確保が支配的な経営目標となってきている。

図表3－14は，韓国の代表的な企業と世界主要企業間の収益性（2003年度）を

図表3－14　韓国企業の収益性（2003年度；製造業）

（売上高比，%）

	韓国主要企業（A）	世界主要企業（B）	A－B
営業利益	9.1	5.5	3.6
営業外損益	－0.5	－0.1	0.5
経常利益	8.6	4.5	4.1

出所）　韓国銀行（2005年3月17日の報道資料より）。
注1）　韓国の代表的な企業：製造業5業種（繊維，化学，鉄鋼，電気電子，自動車）の15社。これら15社は韓国製造業全体の売上高の27.4％を占めている。
注2）　世界の主要企業：2003年12月現在，Dow Jones Sector Titans に公示された企業より製造業5業種（同上）の売上高上位3位企業（15社）。

比較したものである。韓国の代表的な企業の経常利益率は8.6%となっており，世界主要企業の4.5%を大きく上回っている。韓国企業の経常利益が，1995年の3%台をピークとして，通貨危機の混乱期の間にはマイナス（赤字）台に落ち込んでいたことを考えると，8.6%の経常利益率というのは，通貨危機後，韓国企業が収益性を重視する経営を行ってきたことをうかがわせる数字といえよう。

われわれのインタビュー調査でも，ほぼすべての企業が収益重視を最優先の経営目標として答えている。たとえば，韓国最大の自動車メーカーの「現代自動車」の系列社でもあるI社は，「通貨危機前後においてもっと大きな経営上の変化は何か」というわれわれの質問に対して，「キャッシュ・フロー重視（借入金の削減，非中核事業・資産の売却）」と答えるとともに，「キャッシュ・フロー重視」は最重要経営目標でもある，と答えている。また，大手食品メーカーのD社やガス器具メーカーR社の担当者も異口同音に「現金の流れ（キャッシュ・フロー）の伴う収益創出」が最重要の経営目標になっていると答えている。

2）戦略特性

通貨危機後，資本市場を中心としたマーケットの台頭という環境変化によって，韓国企業は収益目標を重視する経営に大きく舵をとらざるをえなくなった。多くの企業が収益性のない事業を売却・統廃合して規模縮小を行う一方で，将来に収益性が見込める事業には経営資源を思い切り傾斜配分するといった，いわゆる「選択と集中」[3]を進めている。

図表3-15は，「選択と集中」の戦略に沿って大幅な構造調整を断行したA社のケースである。発酵事業分野で世界3位のシェアを持つA社は，「低収益事業」（ホテル，金融，養鶏，建設，製薬）については売却・合併・分社化などでそれぞれの事業分野から撤退し，「中核事業」（発酵，食品，澱粉）及び今後の「戦略的な事業」（健康食品）分野には積極的に資源配分を行っている。

韓国の多くの企業は，この「選択と集中」戦略による事業構造の再構築を通じて系列会社数と事業内容の絞り込みが行われ，たとえば現代63社→30社，三星65社→40社，LG53社→30社，SK42社→20社など，各財閥は系列会社数を

第3章 韓国企業の経営システム

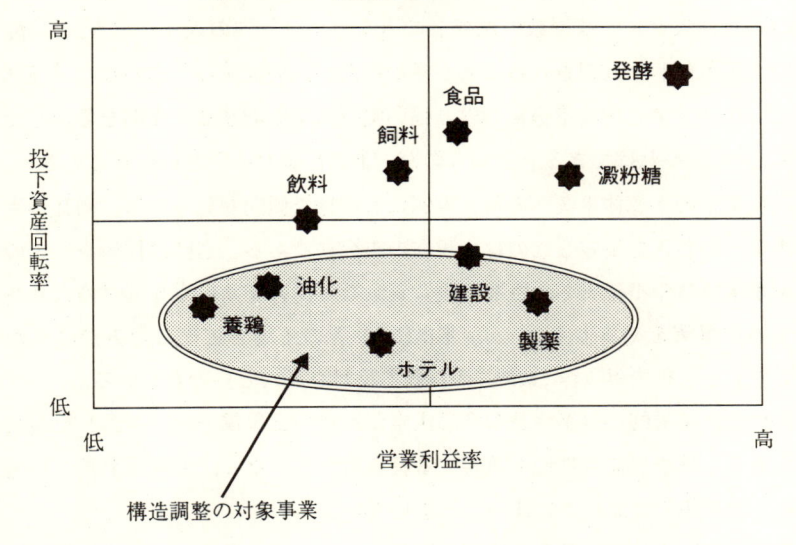

図表3-15 「構造調整」のケース（A社）

（縦軸）投下資産回転率　高〜低
（横軸）営業利益率　低〜高

プロット：発酵、食品、飼料、澱粉糖、飲料、油化、建設、養鶏、ホテル、製薬

構造調整の対象事業：養鶏、油化、建設、ホテル、製薬（楕円で囲まれた領域）

出所）A社の提供。

大幅に減らした[4]。

　ただ，戦略の策定にあたってのトップの役割については，以前と比べて大きな変化は見られない。トップ主導によって戦略策定が行われる傾向は，通貨危機後，多くの韓国企業が「選択と集中」戦略を遂行していく過程で，むしろ強まった感さえある。

　韓国企業のトップ経営者[5]（オーナー経営者）の権限がいかに強いかについては，すでに広く知られている事実であろう。トップ経営者によって進むべき方向が示されると，その後は，たとえば「構造調整本部」と呼ばれるオーナー経営者直属のスタッフ組織によって精緻な分析・調査が行われ，トップ経営者が提示した方向（意思決定）の正しさや合理性の追求が行われていく。その場合，トップ経営者による判断（意思決定）は，必ずしも事前合理性に基づいたものとは限らない。むしろ，その逆の場合が多い。

　たとえば，現代財閥の創業者，鄭　周永氏がその好例である。彼が取り上げ

た数々の事業プロジェクトに共通することは，発想や妥当性が突拍子もなく，当時の専門家グループや政府関係者のみならず，社内の人々からも，「馬鹿げていて不可能」と批判されることが多かったが，失敗すると思われた「狂気じみた」アイデアを彼は不退転の粘り強い実行力で成功させ，周囲を驚かしたのである[6]。「やればできる」というのが，彼の口癖だったといわれている。

　三星電子の半導体事業への参入事例にも同様な傾向が見られる。同社の半導体事業への参入を決定したのは，現在の李会長である。当時の技術レベルの低さや事業成功の不確実さ，巨額の投資資金など，あまりにもリスクの大きさに，「半導体事業をやるよりは（外貨獲得には）靴の工場を拡充した方がはるかにましだ」と，社内外（特に政府）から強く反対されたといわれている。

　しかし，結果的には李会長の意思決定が現在の三星電子の「神話」を作ったのである。彼が事前合理性を重視する経営者であったら，半導体事業への進出という意思決定は思いとどまったに違いない。

　事後合理性の追求に重要な役割を演じるのは，構造調整本部[7]という組織である。構造調整本部は，事前合理性の希薄なトップの「直観」による意思決定について緻密な分析と調査を行い，「やればできる！（We can do it！）」という価値判断をテコとした実践（action）を通じて事後合理性を追求していく役割を担っている。

　韓国企業特有の組織であるこの構造調整本部は，グループ（財閥）傘下の系列各社を通じて市場環境や新事業に関する各種情報を収集したり，系列各社の経営状況を常時チェックし，グループ全体の経営状況を把握するなどの業務を行っている。

　構造調整本部は，トップ経営者（オーナー経営者）が意思決定を行うのに必要な情報を収集し，トップ経営者の補佐機能を遂行するとともに，グループ企業の事業整理や企業間の重複事業の調整などの業務も担当している。

　以前は，財閥企業によっては「会長秘書室」，「総合調整室」，「経営調整室」などの名前で呼ばれていたが，通貨危機直後は「構造調整本部」という名称が用いられるようになった。各財閥企業で，今後も常時構造調整を行うというス

タンスを堅持していく趣旨から，この構造調整本部の名称は現在も変わらぬままとなっている。

一方では，オーナー経営者がグループ全体をこの構造調整本部を通じてコントロール（経営）していることから，オーナー経営者（「総帥」）1人の支配をバックアップする組織だという批判が根強いことも事実である。

3）組織特性

韓国企業の組織特性に関しては，とりわけ集権化程度が高いというのが大きな特徴である。「強いトップ」，「強い本社」（構造調整本部）という言葉で表すことができる。

典型的には，トップダウン式の意思決定パターンにその傾向が現れている。特に戦略的に重要な意思決定ではトップ経営者の経験や判断が何よりも重視される。もちろん案件の重要度によっては，トップ経営者は基本的な方向を示し，具体的な実行策は担当部門に任せるという場面もないわけではないが，トップ経営者が実行プロセスにおいても，構造調整本部のようなスタッフ組織を通じて，間接的に関与する度合いは決して小さくない。

4）管理特性

通貨危機後における韓国企業経営の最も大きな変化の1つは，従業員の人事・労務制度の変化である。「大馬不死」（大企業は潰れない）の神話が崩れ，韓国を代表するいくつかの財閥が倒産する中で，韓国企業は生き残りをかけて大々的な改革を断行した。借金経営で規模を大きくしてきた韓国企業は，膨らんでいた負債を削減するために中核事業以外の事業を売却するなど，かなり思いきった事業の再編成を行うプロセスの中で，多くの従業員が企業から解雇され，それまでの「平生職場」（終身雇用）という暗黙の雇用慣行が崩れてしまったのである。

「平生職場」，つまり雇用保障がなくなったことによって，従業員の会社に対するロイヤリティは極端に低くなり，特に40代半ばの中間管理職（課長・部長

第Ⅰ部 日中韓企業の経営システム比較

レベル)の人々の会社に対する不信感は深刻な状況にある。昇進できる少数の人を除けば，40代後半になると「服を脱ぐ」(辞職する)ように「肩をたたかれる」ことが一般的になりつつある。若い年齢層の従業員とは違い，転職できる可能性が低く，しかも教育費や住宅ローンなどで最も出費のかさむ年齢に達した中間管理職の人々に対するリストラは，企業に対する従業員のコミットメントを大きく低下させた。

図表3-16からは，韓国の大企業(30大財閥企業)が従業員を一貫して減らしてきたことがわかる。韓国経済全体に占める財閥系大企業の従業員数の比率は，1990年の4.26%から2000年には2.99%にまで低下している。特に金融危機が発生した1997年から2000年かけての減少ぶりはかなり急で，約25万人が減少している。大企業で広範囲な人減らしが行われたのである。

三星経済研究所のレポート(CEO Information 272号)によれば，韓国企業全体において，従業員数の減少と同時に正規従業員の比率も大きく下がっている。金融危機以前には81%だった正規従業員比率が，2000年(5月現在)には47%まで大きく低下している。

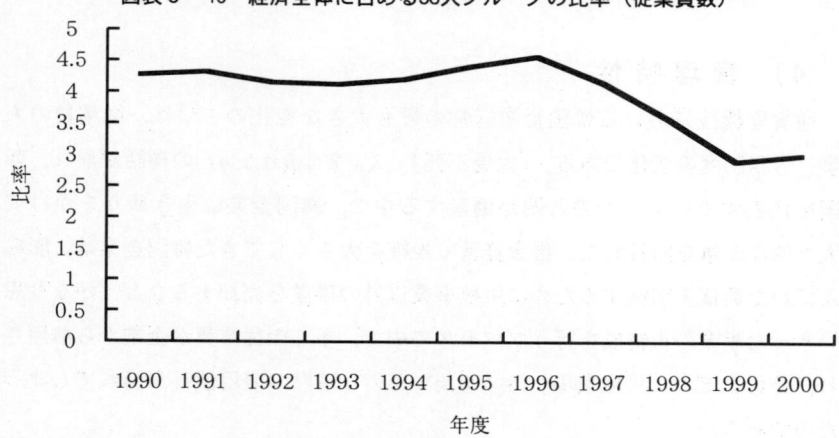

図表3-16 経済全体に占める30大グループの比率(従業員数)

出所) Choi, Sung-no, 前掲書より作成。
注) 非正規従業員(契約社員，パート社員)を含む。

また，90年代から再び競争力を回復したアメリカ企業経営の影響もあって，従業員の評価に成果（業績）主義が導入され，個々人の業績に応じた昇進・給料システムが定着している。個人の成果（業績）がシビアに問われる仕組みの中で，多様な職種を経験しながらゼネラリストになることを目指すよりも，特定の分野で専門家になることを志向する傾向がますます強くなっている。企業側の人材育成もスペシャリスト育成に力を入れている。ただ，上級管理者には「生え抜き」社員が多い。ネットなどを通じて中途社員を常時募集する企業も

図表3－17　韓国企業の経営システムの変容と特徴

	現在		従来（金融危機以前）
経営目標	利益重視	←	規模・成長重視
	短期利益確保が優先	←	成長の結果としての利益
	経営における短中期的視野	←	経営における長期的視野
戦略特性	直観と分析のスパイラル	←	直観と分析のスパイラル
	経営資源の内部開発重視	←	資金・技術の外部調達
	選択と集中	←	非関連多角化
	非収益事業からの機敏な撤退	←	既存事業からの撤退は稀
	国際化志向	←	国際化志向
組織特性	トップダウン経営	←	トップダウン経営
	意思決定に対するオーナー経営者直属のスタッフ部門の強い影響力	←	意思決定に対するオーナー経営者直属のスタッフ部門の強い影響力
	事業ユニットの限定的な独立性	←	事業ユニットの非独立性
管理特性	「平生職場」（終身雇用）保障の崩壊	←	「平生職場」（終身雇用）を重視
	成果主義賃金制度の徹底	←	年功的要素の賃金制度
	ＯＪＴを基本としながら，Off－ＪＴも重視	←	ＯＪＴ重視の人材育成
	スペシャリスト志向	←	ゼネラリスト志向
	非公式的な情報交換	←	非公式的な情報交換
	社内外への積極的な情報開示	←	情報開示には閉鎖的

あるが，専門職に限られ，上級管理者は基本的に内部昇進が主流を占めている。

この節では韓国企業の経営が通貨危機を境にしてどのように変化してきたのかについて述べたが，図表3－17は，本章で議論できなかったその他の変化を含めて，韓国企業の変化を簡略にまとめたものである。

3　韓国企業の強み

韓国企業経営の大きな特徴であり，強みでもあるのは，トップ（オーナー）経営者の意思決定スタイルである。失敗のリスクを恐れず，大胆な意思決定を行い，不退転の集中力で決定したことをアグレッシブに実行していく，というスタイルである。判断を間違うととんでもない失敗につながるが，しかし結果的にうまくいったときは大きな成功を手にすることができる。「博打的な経営スタイル」と揶揄されることもあるが，韓国の造船，鉄鋼，自動車，半導体や液晶に代表されるエレクトロニクス産業における投資行動には，このようなトップ経営者の意思決定スタイルが顕著に見られる。

図表3－18に示したように，合理性には，判断の段階での合理性を意味する「事前合理性」と，結果としての合理性である「事後合理性」，2種類がある（加護野，2002）[8]。意図としての合理性はあっても，選択の結果が意図どおり

図表3－18　事前合理性と事後合理性

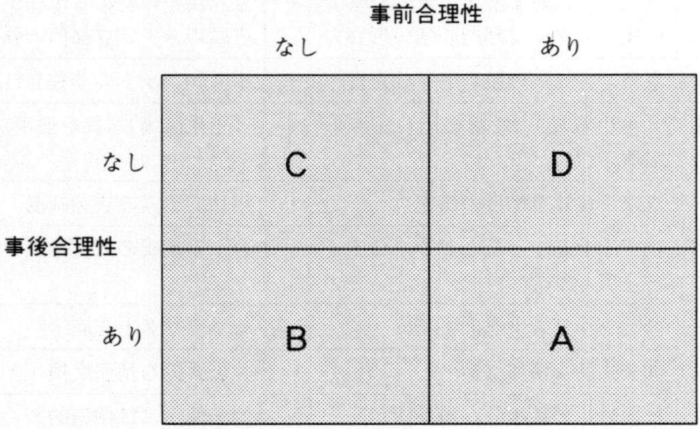

	事前合理性	
	なし	あり
事後合理性　なし	C	D
事後合理性　あり	B	A

に理にかなったという場合（A）と，意図に反する結果になってしまったという場合（D）がある。

Aの場合は，意図としても結果としてもうまくいったケースである。Dは，理にかなっている（つまり合理性がある）と判断したにもかかわらず，結果的には失敗に終わったケースである。Cは，論外であろう。完全な失敗のケースである。

ここで注目したいのは，Bのケースである。合理性のないことをあえてやってみたが，結果として理屈が成り立ったというケースで，大きなイノベーションや成功をもたらすケースである。常識的に考えると非合理的で，成功する確率も低いため，事前合理性を重んじる組織ではなかなか見られない判断のケースである。

しかし，大きな成功を手にするためには事前には理屈が成り立たないことをあえて選択する必要がある。合理的であろうとすると，結果が確実に予測できる無難な意思決定になりやすく，結局，大きな成功につながる機会を失ってしまう。

アメリカの3M社では，15％のルール[9]のもとに，部下がやりたいと思うプロジェクトが失敗であると明白に証明できない限り，上司でもそのプロジェクトをやめさせることはできないという。事前合理性より事後合理性を重視する典型的なケースである。もし3M社が事前合理性を重視する企業であったならば，ポスト・イットのような商品は日の目を見ることができなかったかもしれない。「まずやってみる」ということが新製品開発やイノベーションにとっていかに重要な意味を持つかを物語るケースといえる。

目的にかなった結果を得るためには，合理的な判断，つまり事前合理性に基づいた意思決定を重視するようになる。緻密な分析を通じて確実に利益（成功）に結び付く経営行動がとられる。しかし判断の段階での合理性があっても，結果が予期しない失敗に終わってしまうことも少なくない。むしろ現実のビジネス世界では，このような失敗のケースのほうが多いかもしれない。

重要なのは，大きな成功やイノベーションは，むしろ事前合理性のないこと

をあえて選択する意思決定から生まれることが多いということである。「うまくいくわけがない」などと誰からも反対され，しかもリスクの高い（事前合理性の低い）意思決定が結果としてうまくいったときには，大きな成功を手にすることができる。皆が賛成し納得するような意思決定からは，おそらく平凡な結果しか得られないだろう。

　宅急便は全国どこにでも荷物を翌日配達してくれるサービスである。ヤマト運輸の元社長，小倉昌男氏によってはじめられたビジネスである。大きな市場として成長し，いまではわれわれの日常生活に欠かせないほどの便利なサービスを提供している。しかし小倉氏が宅急便事業を新規事業として提案したときは，「とても事業として成り立つとは思えない」と社内役員全員から反対され，社外（業界や行政）からも「無茶」と揶揄されたと，小倉氏は著書で回想している[10]。

　イトーヨーカドーの鈴木敏文氏によって始められたコンビニストアー事業も，宅急便と似たようなケースである。社内の上司（社長を含め）からの反対はもちろん，広い店舗と多数の品揃えのスーパーマーケットが主流を占めていた当時，「あんな小さい店舗に客が来るはずがない」と，鈴木敏文氏が提案したコンビニストアー事業には誰も賛成しなかったといわれている。

　どちらのケースも，判断の段階における合理性は乏しく，むしろ「無茶」なほど非合理性に満ちた意思決定の典型である。成功の可能性がないと思われたため，誰も手を出さなかった分野に進出し，そこで成功できたときは大きな成功を独り占めすることができるということを示唆するケースでもある。

　小倉昌男氏と鈴木敏文氏が事前合理性に拘る経営者だったとしたら，おそらく日本で宅急便やコンビニの事業がここまで成長することはなかっただろうし，現在のヤマト運輸やセブン・イレブンの成功もありえなかっただろう。

　韓国企業のトップ経営者の意思決定は，事前合理性よりも，結果的に合理性を確保していくことを重視する傾向が強い。事前合理性はなかったが事後合理性のあった意思決定の例が，実に多い。今後，韓国企業がグローバル市場で競争していくためには，韓国企業の強み（独自性）を生かしていく必要がある。

他の国，たとえば中国の企業と同じことをやっていたのでは，おそらくコストの競争で勝てない。韓国企業ならではの独自性を競争の源泉として活用していくことが重要である。「そこで勝てば大きな成功が見込まれる」分野を選択し，経営資源を傾斜配分しながらスピードと粘り強さで事後合理性を追求していく，というのが韓国企業の強みである。

ただ，通貨危機後，経営の効率性や収益（利益）を重視し始めた韓国企業経営の変化は，長期的に考えた場合，大きな問題を発生させる可能性がある。つまり，確実に利益（効率）があげられる経営を優先するようになると，かえって非効率的な結果を招いてしまう可能性があるからである。予測できる確実な利益を優先し過ぎると，韓国企業経営の従来の良さが失われてしまう可能性がある。

効率一辺倒の経営では，結果の予測がはっきりしないもの，長期間を待たないと効果が出てこないようなもの，あるいは実際やってみないとうまくいくかどうかはっきりしないものは考慮の対象から除外されやすく，将来を考えた長期的な視点での経営ができなくなる可能性がある。

「事前合理性」の確保を迫る市場（マーケット）からの圧力と，「事後合理性」の追求を目指してきたいままでの韓国型経営の良さとのバランスをどう維持していけるのかが，韓国企業の今後の大きな課題である。

(参考文献)

1　王　効平・米山茂美・尹　大栄『「日中韓」企業の経営比較に関する調査報告書』（財）国際金融情報センター，2003年。
2　加護野忠男・山田幸三・（財）関西生産性本部編『日本企業の新事業開発体制』有斐閣，1999年。
3　小倉昌男『経営学』日経ＢＰ社，1999年。
4　深川由紀子「東アジアの構造調整とコーポレート・ガバナンス形成：韓国の事例を中心に」『青山経済論集』第51巻第1・2・3・号，1999年。
5　朴　正雄『韓国経済を作った人－現代グループの祖，鄭　周永－』（本田　務・青木謙介訳）日経ＢＰ，2004年。

第 I 部　日中韓企業の経営システム比較

(注)
1)　2003年から2004年にかけて3回の現地調査を実施している。現地調査では，主に「経営目標」「戦略特性」「組織特性」「管理特性」を中心に，企業経営者だけではなく，政府系・民間シンクタンク及び大学の研究者にもヒアリングを行った。とくに，通貨危機後，韓国企業の経営システムや人々の考え方（企業観・仕事観）にどのような変化がみられるのかという視点でヒアリングを行ったが，韓国企業の経営が予想以上に大きく変化していることが確認できた。
2)　韓国企業の直接金融による資金調達の推移については，1997年に約37兆ウォンだった直接金融の規模が2001年には約92兆ウォンにまで大きく拡大している。韓国銀行の統計より。
3)　たとえば，三星電子は半導体と携帯電話，液晶の3事業に経営資源を集中させ，これら3つの事業で世界的な競争力確保に成功している。
4)　深川由紀子（1999年）を参照。
5)　ここでいうトップ経営者とは，いわゆる財閥グループの「総帥」と呼ばれるオーナー経営者（創業者）や後継経営者であり，グループ傘下企業の「雇われ経営者」（サラリーマン経営者）を意味するものではない。
6)　荒れ果てた砂丘の航空写真1枚と設計図だけで，当時のイギリスの銀行から巨額の造船所建設資金を借り出すことに成功したエピソードはあまりも有名である。彼の「狂気じみた」意思決定にまつわるエピソードについては，朴　正雄（2004年）に詳しい。
7)　企業によってはその名称が異なる場合があるが，韓国企業にこのような組織が登場したのは三星の「秘書室」設置以降のことといわれている。グループ各系列社の優秀な人材によって組織され，主にグループ全体の人事や財務，企画，投資計画などの戦略策定機能を担当している。
8)　加護野忠男「合理性万能論の経営者がはまる罠」『PRESIDENT』（2002年7月15日）。
9)　つい最近まで3M社では，労働時間の15％を自分自身の興味ある研究に当てることが認められていた。
10)　小倉昌男(1999年)。宅配便事業の開発をめぐって行政（運輸省，郵政省）と闘ったことは有名である。

第4章　日中韓企業の比較分析

　この章では，第1章から第3章で明らかにされた日本・中国・韓国のそれぞれの国における企業経営の現状と経営システムの特徴を踏まえて，それらの日中韓企業の間での異同を比較論的に整理する。

　まず，前半では売上高ランキング企業の各種の経営指標を相互に比較し，経営規模，収益性，資本構造および生産性における違いを見てみよう。後半では，ヒアリング調査から浮き彫りにされた経営システムの同質性や異質性を，経営目標や戦略特性，組織特性，管理特性といったサブ・システムごとに検討する。このような考察を通じて，第5章で日本・中国・韓国企業が協働・連携していく際のマネジメント上の課題を整理しよう。

1　企業ランキング資料による経営状況比較

1）　ランキング資料に基づく比較分析の限界

　大企業ランキングなどの公開財務資料は，各国主要企業の規模，業種分布，経営業績，財務体質の全体的な特徴を掴むことを可能とする。しかし，3カ国比較にあたって次のような問題点と限界があることを指摘しておかなければならない。

(1)　同一基準での財務データの不備。特に中国企業に関しては，『中国企業発展報告』によって初めて上位500社のランキングが試みられ，日韓企業の場合は単独ベースであるのに対して，中国企業は連結ベースのものである。ランキング開始後の2002，2003年のデータには自己資本や負債，付加価値などの重要な指標が含まれていない。

(2)　会計制度の相異の存在。各国とも大きなシステム転換，制度改革を経験したかその最中にあり，これらランキングデータの背後にある会計制度，

諸法規の相異が存在しているため，それらを分析に反映させることに十分な配慮をしていない。
(3) タイムシリーズのデータ蓄積が必要。単年度の比較はある時点での状況に焦点を絞っており，構造変化が読み取れないため，この点で大きな限界を持つ時系列のデータベースの構築が求められる。

2）ランキング入り企業の業種分布

まず，各国における2002年の売上ベースの上位100社ランキングの業種グループ別分布を整理してみる。日本，中国，韓国のいずれも製造業関係が最も多く，それぞれ48，59，40社を占めているが，それに次ぐ業種では，日本が商業22社，中国が商業と金融各10社，韓国が金融26社と相異を見せている。さらには各国の上位を占める単一業種では大きな相違が見てとれる。日本は総合商社15社，電気機器13社，中国は電子・通信設備13社，自動車，鉄鋼，運輸それぞれ同数10社，韓国は石油・化学14社，保険12社となっている。

売上高を基準にしているため，トップ10企業の顔ぶれ（構成）を見れば，日系，韓国系のいずれも総合商社が突出し（それぞれ6社と4社），他は，総合電気メーカー，自動車，電力によって占められる特徴は今までと大きく違わない。対して，中国企業の上位10社に，銀行，石油化学各3社，通信2社，電力と貿易各1社であることから，今まで政策的に独占色が強い業種が上位をキープしてきていることがわかる。日韓は企業集団または財閥の系列別に総合商社を育て，系列内取引の中に占める総合商社の役割が，一定程度低下したにせよ，依然として大きいことを示唆している。中国の場合，加工貿易で急成長する業種として電子・通信設備製造が企業数で増えているが（上位500社中68社，最多のグループ），石油採掘と精製業種における整理統合によりできた巨大石化企業集団，商業銀行への衣替えを済ませつつ，依然として政策金融機能を担わされてきている巨大銀行が上位の座を占めている。

3) 規模比較

図表4−1に見るとおり，上位100社の総売上合計値では，日本企業が突出しているが（中国の2.86倍，韓国の3.21倍に相当し），従業員数では中国企業が圧倒的な存在となっている（日本の8.74倍，韓国の23倍）。総資産ベースでも，中国企業が日韓を超えている（日本の1.19倍，韓国の2.92倍）。

図表4−1　売上ベース上位100社の日中韓企業の総規模差比較

国別	総売上（億円）	総資産（億円）	純益（億円）	従業員数（人）
日本	1,879,826	2,945,232	−8,324	1,494,631
中国	656,899	3,507,848	35,318	13,058,700
韓国	586,030	1,200,961	36,476	567,427

注）いずれも2002年ランキング資料，適用為替レート：1人民元＝15円，1ウォン＝0.1円。

中国企業に関しては，主要産業に寡占的地位にある国有企業が上位100社の中で大きなウエイトを占めており，これらの企業が社会全体の雇用に果たす役割は容易に変わらないことを示している（市場メカニズムの導入，経済原理の重視が大きな流れになっているが，リストラが思うようにできない構造的な課題を抱えてきた）。WTO加盟後の世界規模での競争激化を予想し，国内企業間の合併統合による巨大企業集団の形成を促進する戦略を取ってきた中国は，「規模が大きい故に，競争力が弱い」，いわゆる「規模の不経済」の課題を抱いてきており，それをいかに克服するかが問われ続けている。すなわち，形式的統合はイノベーションの進展，コアコンピタンスの創出に直結せず，組織規模の肥大化，機動性の欠如を結果する多くのケースを生みだしたわけである。中国国内で広く見られる企業統治の欠陥，研究開発投資の不足，ブランド力の弱さなどの諸課題がクローズアップされ，その解決の緊急性も認識され始めていることを，第2章後半でも取り上げた。こうした課題を解決するための漸進的な制度の改革を緩慢と進める傍ら，その市場潜在力への期待から中国投資にシフトしてくる巨大多国籍資本を積極果敢に招き入れる（外資と合弁事業や戦略的提携関係を構築する企業が増えてきている）アンバランスは，中国経済または経営システムに対

第Ⅰ部　日中韓企業の経営システム比較

図表4－2　トップと末尾企業の規模差比較

	国　名	総売上 (億円)	総資産 (億円)	純益 (億円)	従業員数 (人)	所属業種
トップ	日本	95,628.42	77,392.31	−110.11	6,567	商　社
	中国	60,059.32	201,949.81	1,218.87	1,319,000	電　力
	韓国	32,741.05	7,807.99	28.46	4,322	商　社
末尾	日本	6,541.84	7,484.63	555.11	5,774	化　学
	中国	1,638.92	1,358.18	119.58	13,000	電子機器
	韓国	1,569.21	3,195.09	120.72	956	サービス

注）日本と韓国は単独，中国は連結ベース。為替レートは図表4－1に同じ。

する外部からの評価を揺れさせてきた。

　図表4－2を見ると，売上上位100社中，トップ企業同士の売上規模比較では，日韓ともに総合商社が首位であるため，世界を市場とし，あらゆる商品を扱う商社の優位性がクローズアップされている。日中韓の順では3：2：1の規模差となっている。他方，総資産，従業員数ベースでは，中国の方が抜きん出ている。

　最下位（末尾）企業は，日中韓企業がそれぞれ異なる業種（化学，電子機器製造，サービス）に属し，総売上ベースでも，総資産ベースでも日系企業が突出し，従業員数では中国企業が特に高い。

4）　経営業績指標比較

　経営業績指標を見れば，3カ国間に規模差とは別の相異を見せていることがわかる（図表4－3参照）。まず，各国景気の良し悪しも背景にあろうが，2002年ランキングでは日系企業上位100社のうち赤字企業が33社，その赤字合計額が黒字企業を上回り，100社の純益合計が8,324億円の赤字となっている。韓国企業は赤字企業がゼロで（ただしデータなし企業3社），中国は7社，（データなし企業1社）である。バブル崩壊を契機とする日本国内景気の低迷，規制緩和に伴う国内外資本間競争の激化が影響していると思われるが，韓国については，アジア金融危機に見舞われ，「ＩＭＦ体制下」における思いきった改革，企業

第4章　日中韓企業の比較分析

図表4－3　日中韓企業の経営業績指標の相異

国別	赤字企業数	売上利益率%	資本利益率%	1人当たり売上(万円)	1人当たり利潤(万円)	総資本回転率
日本	33	－0.44	－0.28	12,577	－56	0.64(0.67)
中国	7	5.38	1.01	503	27	0.19(0.45)
韓国	0	6.22	3.04	10,328	643	0.49(0.70)

注1）　韓国についてはデータなし3社，中国同1社。
　2）　資本回転率は倍数，括弧つき数字は金融系企業のデータを除いたもの。

体質改善の成果が現れたと評価できよう。中国の場合，国民経済が持続的成長をとげており，上位企業も高い成長をキープしてきているが，業種間に常に大きなばらつきが見られ，上記赤字企業は航空宇宙・兵器産業（3社）や運輸業（2社）が中心で，また情報機器産業も1社含まれている。経営制度の改革が遅れている（民営化または株式制が適さない）代表的な国有企業に集中している。情報機器メーカーは競争が激しい業種である。

　収益指標を見れば，2002年度時点では日系企業の損益合計が赤字であるため，売上利益率，資本利益率のいずれもマイナスであるが，韓国系と中国系企業は共に5％を超す売上利益率を上げている。しかし，中国企業，特に金融系（銀行）は総資産面で日本と韓国企業を凌いでいるため，総資本利益率が押し下げられている。中国企業上位100社の従業員数が日本の8.74倍，韓国の23倍に当たる大きさで，総売上で日本を大幅に下回り（約3分の1），純益は韓国と変わらないことから，その生産性の低さがクローズアップされている。1人あたり売上では韓国の20分の1，日本の25分の1に過ぎず，1人あたり純益は韓国企業の24分の1にとどまっている。資本の効率性指標の1つである総資本回転率については，金融系を含むものと金融系を除外したものの両方を試算して掲示したが，銀行資産の大きさから，金融系企業を含む場合，特に中国企業の同指標は日韓企業の半分以下となっている。韓国企業も金融系が大きなウエイトを占めているため，同様の傾向を見せている。これに対し，日本企業には銀行が1社も入っていないため（保険4社は入っている），金融系企業を除外するかどうかは大きな影響を与えない。

第Ⅰ部　日中韓企業の経営システム比較

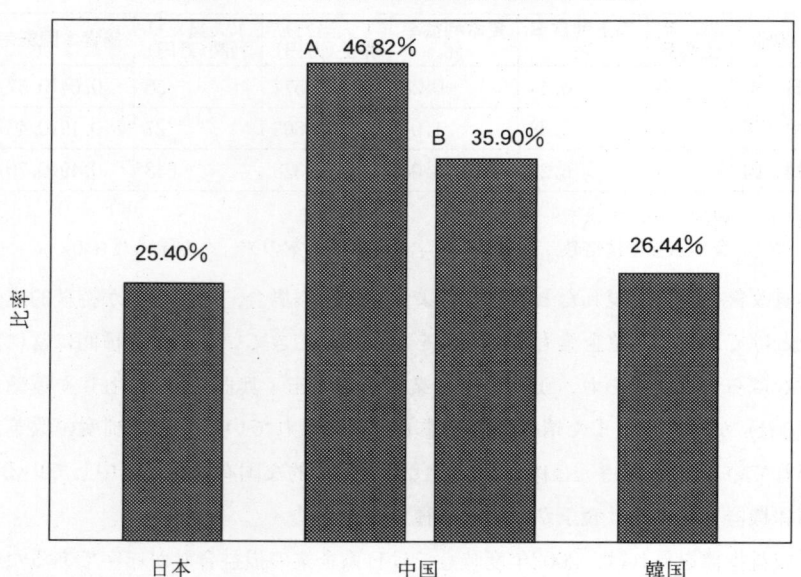

図表4－4　日中韓上位企業の自己資本比率比較

```
              A  46.82%
                        B  35.90%
     25.40%                          26.44%
比
率

      日本        中国         韓国
```

注）　いずれも金融系を除くデータ。中国のデータAは株式時価総額ベースランキング上位100社のもの。Bは売上高ベースのもの。2002年ランキングでは自己資本のデータがないため，2004年のデータで算出した同指標で代用した。

　財務構造を示す主要指標として自己資本比率（総資産に占める自己資本の比率，韓国企業については負債自己資本比より同比率を導き出したもの）を算出してみた（図表4－4参照）。いずれも銀行を除外しているが，これは銀行に対してＢＩＳ基準という別の指標が適用されているためである。数値だけを見れば，中国企業が高いものとなっているが，通常指摘されている財務体質の脆弱さ，資本効率の悪さとかけ離れている印象を受ける（総資本利益率は決して高くはないが）。資本構成を示すデータは中国側が公表している2種類（株式時価総額上位100社と総売上上位500社）のランキングの上位100社を対象に該当データを補充し，算出したが，株式時価総額ベースと売上高ベースの両ランキングとも，中国企業の自己資本比率指標が相対的に高い。

2 3カ国企業の経営システムの異同

　次に，経営目標や経営戦略・経営組織・経営管理などの企業の経営システムの中身について，日中韓企業の間の同質性と異質性を比較検討する。

　図表4－5は，第1～3章で明らかにされたそれぞれの国ごとの経営システムの特徴を整理したものである。この図表に示されるように，同じアジア系企業とはいえ，各国企業の経営システムは様々な点で違いが目立つ。以下では，このような違いを中心に，日本企業と中国企業，日本企業と韓国企業のそれぞれの特徴を現地系企業と合弁企業へのヒアリング調査の結果も踏まえてより詳しく比較していこう。

図表4-5 日中韓企業の経営システムの比較

		日 本 企 業	中 国 企 業	韓 国 企 業
経営目標		利益志向	成長と利益志向	利益志向
		長期の安定利益	規模の拡大からの利益	短期利益確保が優先
		経営における長期的視野	経営における短期的視野	経営における短中期的視野
戦略特性		分析志向	分析・直感・実験志向が混在	直感と分析のスパイラル
		コア技術の内部開発	合弁や提携による技術導入	経営資源の内部開発
		関連多角化	関連多角化と非関連多角化が混在	「選択と集中」（関連多角化）
		問題事業からの撤退の機動性	非収益性事業から撤退の困難さ	非収益性事業からの機敏な撤退
		国際化志向	国内志向と国際志向への転換期	国際化志向
組織特性		職務規定・役割の弾力的運用	明確な職務規定・役割と厳格な運用	―
		伸縮分業	分業	―
		ミドル・アップダウン経営	トップダウン経営が中心	トップダウン経営
		意思決定における財務・会計部門の影響の拡大	意思決定への取締役会の強い影響力	意思決定におけるスタッフ部門の影響
		事業ユニットの独立性	事業ユニットの限定的独立性	事業ユニットの限定的な独立性
管理特性		終身雇用（長期雇用）	契約制（短期雇用）	「平生職場」（終身雇用）保障の崩壊
		成果主義賃金制度	職務給制・成果給制のミックス	成果主義賃金制度の徹底
		OJT重視の人材育成	Off-JTを重視	OJTを基本としながら、Off-JTも重視
		スペシャリスト志向へ	スペシャリスト志向	スペシャリスト志向
		内部昇進	外部弁済	内部昇進
		非公式的な情報交換	―	非公式的な情報交換
		社内外への積極的な情報開示	情報開示は不十分	社内外への積極的な情報開示
		管理における自己統制	規則と上司による厳格な外部統制	

1) 日中企業間の比較

　日本企業と中国企業の経営システムは，日韓企業間以上に大きな違いがある。まず，経営目標について，日本企業が基本的に利益志向であるのに対して，中国企業の多くは売上や市場占有率の増加など成長を志向している。このことは，たとえば設備投資の意思決定などの際に両者の考え方の違いが現出する。「投資については，中国の方が積極的であるのに対して，日本側は（投資からの収益を考えて）及び腰になる」（合弁企業A社でのコメント）ことがある。

　中国企業はこのように成長志向を取る一方で，利益については短期的な回収を意識する。「日本側としては長期的な視野で事業の基礎固めをし，そこから安定的な利益の確保を考えていくが，中国側は短期的な利益回収を意識している」（合弁企業B社）。このことは，日本企業が確固たる事業基盤の形成に基づく組織能力からの持続的な利益を強調するのに対して，中国企業は事業規模を急速に拡大させ，規模の経済から生まれる短期的な利益を追求するという違いと見ることができる。このような利益についての考え方の違いのために，ヒアリングでも指摘されるように，たとえば意思決定の場である董事会で「早く利益をあげて配当を出してほしいという中国側からのクレームが出てくる」（合弁企業C社）ことも少なくない。

　こうした経営目標の取り方における利益志向と成長志向，長期的志向と短期的志向などの違いは，多くの場合，協働体制の開始時に完全に把握することは難しい。「ちょうど結婚と同じで，いくら良いと思って結婚しても根本的な価値観がずれていることが後でわかるのと同じように，企業の目標や価値観の違いを最初にすべて知ることはできない」（合弁企業B社）のが現実である。

　経営戦略の特性については，特に戦略の策定モードと多角化に対する考え方の相違が重要である。企業が置かれた業種や経営者のリーダーシップによっても異なるが，日本企業では戦略立案において分析志向が取られる傾向があるのに対して，中国企業では分析志向と直感志向が混在していることが多い。たとえば，「それまで生産していた製品をやめて新しい製品に転換する際に，中国側からこれまでの分析の結果とかかわりなく，時として直感的な提案がもたら

されることがある」(合弁企業D社)。こうした背景には，後でも見るような特定の個人によるトップダウン的な意思決定のあり方が密接に関わっていると考えられる。

多角化(製品・事業ラインの追加)の決定においても，日中企業間では若干の違いが見られる。つまり，日本企業はほぼ例外なくコア技術を梃子にした関連多角化を志向している一方で，中国企業は関連多角化と非関連多角化が混在している。そのため，やはり戦略的な意思決定の場において意見の違いが表面化することがある。実際，ヒアリングを行った金属製品の生産を行う合弁企業では，「新規事業として不動産業はどうか，旅館を経営しないかなどの非関連分野への進出の提案があり，1年近くいわれてきたが，結局断った経緯がある」(合弁企業E社)という。

また，組織特性については，まず職務や役割に対する考え方の違いがあげられる。日本企業では，仮に職務・役割の規定があるにせよ，業務の中では自らの職務・役割を超えて相互に弾力的に協力していくのが一般的であるのに対して，中国企業ではそれぞれの職務・役割意識が強く，その職務・役割規定の範囲で仕事を進めていくという傾向がある。中国企業に見られるこうした特徴は，米国企業においても見られるものであり，その意味では日本企業が特殊なのかもしれない。いずれにせよ，このような違いは，仕事の進め方を設計する上で考慮する必要があり，日中企業間で入念な調整が図られなければならない。

組織特性における日中企業間の最も大きな相違点は，集権化の程度にある。中国企業ではトップ(董事長・総経理)が絶対的な権限を持ち，そこで決定したことを下へと伝達していくトップダウン経営が支配的であるが，日本企業ではトップが示した方針に沿って，ミドルがロワーの持つ情報を吸い上げ，集約して，具体的な解決策をトップに諮っていくというミドル・アップダウン経営(全員参加型経営)が取られることが多い。こうした相違は，たとえば合弁事業などの協働体制の運営において難しさを生む。合弁企業B社の日本人総経理は，この点について次のように指摘する。「中国人のワーカーは，トップダウンに慣れているためにいわゆる『指示待ち社員』が多い。何か問題が起こると，自

らの判断で進んで解決しようとはしない」。合弁企業では，こうした違いに直面して，無理に日本的な経営を導入せずに，トップダウン型の経営を試みているところが多い。

　最後に，管理特性について見てみると，まず日中企業間の共通点としての成果主義が浮かび上がる。近年，日本企業はそれまでの年功序列型賃金・昇進システムを成果主義に大きく変化させているが，この成果主義は「中国企業にはなじみやすい」（合弁企業C社）という。中国では，給料が高い安いということ以上に，「公平性が重要であり，不公平が大きな問題になる。そのため，アカウンタビリティ（説明可能性）が求められる」（合弁企業E社）。成果主義に沿った明確な基準は，このアカウンタビリティを確保する上で重要な意味を持つ。

　管理特性については，こうした共通性の一方で，人材育成の方針や統制に対する考え方での違いがある。人材育成について，日本企業はＯＪＴを基本とするが，中国側はOff-JTに対する期待が大きい。たとえば，「われわれが一緒に仕事をしている中国側のパートナーからは，もっとOff-JTを入れてほしい，特に技術者のレベルアップを図ってほしいという声が強い」（合弁企業E社），「日系の合弁企業に入る中国人は，そこで体系的な教育訓練を受けられることを期待しており，そこで得た知識・ノウハウを将来のキャリア・アップの手段と考えるものが多い。その意味では，日本的なＯＪＴにはがっかりしているという社員もいるようだ」（合弁企業B社）などの指摘が，このことを端的に表している。

　また，統制タイプの違いについて，ヒアリングを行った合弁企業A社の日本人総経理は次のように説明する。「日本的に日本は性善説，中国は性悪説という価値観に基づいて管理・統制が行われているという印象である。たとえば，自宅で水道の故障があって業者を呼ぶと，3人がやってきて，そのうち2人が作業員，1人が監督者となって監視するというスタイルを取る。このような現実を見ると，従業員に権限を委譲して，自己管理的に仕事をさせるというのは難しいのではないかと思えてくる。中国では，管理は『監視』に近い」。もちろん，日本企業でも，工場の現場では規則と上司による厳格な管理・統制が行

われているが,そこでも改善提案など主体的・自発的な関わりを重視する。しかし,中国において,こうした自己管理・統制の体制を作ることは必ずしも容易ではないようである。

以上のような日中企業間での経営システムの違いを,要約的に整理すると次のようになる。こうした違いが,日中企業の協働・連携の際の管理上の課題(葛藤要因)となると考えられる。

① 経営目標における「長期安定利益」vs.「規模の拡大と短期的利益」
② 戦略策定における「分析志向」vs.「分析・直感志向の混在」
③ 戦略展開における「関連多角化志向」vs.「関連・非関連多角化志向の混在」
④ 分業における「曖昧な職務規定と弾力的運用」vs.「明確な職務規定・役割意識」
⑤ 意思決定における「ミドル・アップダウン志向」vs.「トップダウン志向」
⑥ 人材育成における「OJT志向」vs.「Off-JT志向」
⑦ 統制における「自己統制重視」vs.「規則と監視による外部統制重視」

2)日韓企業間の比較

日本と韓国は,地理的にも文化的にも非常に近い。両国民の行動パターンもどこか似ている。ビジネス世界においても,両国の企業には類似点が多い。様々な企業制度(雇用制度,企業間取引関係など)や組織形態,企業行動などが似ている。

たとえば,「総合商社」という日本語がそのまま英語(Sogo-Shousha)として使われるほど総合商社は日本的な企業形態といわれているが,じつは韓国にも総合商社(ゾンハップサンサ)がある。ビジネスの内容も日本とほとんど変わらない。このような総合商社の企業形態が存在するのは,世界で韓国と日本だけなのである。日韓企業間で類似点が多く存在しているのは,戦後の復興期において後発者の韓国企業が日本企業の制度を多く取り入れたことが多分に影響している。

第 4 章 日中韓企業の比較分析

しかし逆説的ではあるが，よく似ている日韓企業ではあるが，いままで日韓合弁企業が成功したという話はあまり聞かない。むしろその逆のケースが多い（尹，1995）[1]。

日韓合弁事業がうまくいかないのは，実は，互いに類似しているということに原因がある。つまり，自分たちと全く違う文化圏の企業であれば，仕事の進め方や考え方などが最初から違っていて当然であり，その違いをどうコーディネートしていくかについて相手と話し合う必要性も許容できるだろう。

しかし，自分たちとさほど変わらないと思っていた相手との些細な違いに対しては，感情的な反発が先行してしまい，互いに理解を示さなくなる傾向がある。自分たちと同質のはずの相手が「なぜ違う行動をとるのか」という不信感によって，深刻な対立に発展するケースがよくある。

一般的に，対立は自分と考え方やものの見方（文化）が異なる相手との間に生じやすいと思われがちだが，同質の相手との些細な違いによるコンフリクトの解消のほうが，むしろかえって厄介な場合がある。そもそも異質な相手であれば，互いに理解や合意を目指して努力しようとする余地が生まれるが，同質同士の場合はわずかな違いをめぐって激しく争う傾向がある。もちろん，日韓企業システムの間にも非なる側面が少なくない。具体的にどのような共通点と相違点があるのかについて考えてみよう。

まず，経営目標については，日本企業も韓国企業も，基本的には利益志向の点では同じである。だた，金融危機（通貨危機）を経験した韓国企業では「利益を出さないと死ぬ（倒産する）しかない（韓国E社）」，「通貨危機後，マーケット中心主義が支配的になっていて，市場が納得できる収益を上げられない企業は淘汰されかねない（韓国G社）」といったような切迫感があり，日本企業が長期の安定利益を志向しているのに比べて，韓国企業の場合はより短いスパンでの利益確保を志向する傾向がかなり強い。

韓国企業は，特に金融危機後，利益確保の経営目標に沿って収益性のある中核事業を中心に思いきった事業構造の再編を行ったり，収益性の低い事業部門を積極的に外注（アウトソーシング）へ転換したりするなどの改革を行ってきて

いる。

　ただ，韓国企業Ａ社に見られるように，競争力のある中核事業については（短期の）利益志向を堅持しながら，これからの戦略的な事業に対しては一定のシェア確保のために経営資源を傾斜的に配分するなど，必ずしも短期的な利益向上だけを追い求めているわけではない。日本企業に比べると，どちらかといえば，韓国企業はより短期的な利益をきっちり確保しようとする傾向が強い，ということであろう。

　戦略特性については，戦略策定におけるトップの役割に大きな違いがみられる。韓国企業では，トップが重要な役割を演じる。トップの判断が戦略策定のトリガーとなることが多く，トップによって示された方向に沿って具体的な戦略内容が確定されていく，という形が取られることが多い。

　トップの個人的な経験や「直感」に基づく判断は，必ずしも緻密な分析や統計的なデータに裏付けられた結果によるものではない場合が多い。したがって，日本企業のように分析志向の戦略策定が「事前合理性」を重視するスタンスだとすれば，トップ主導による韓国企業の戦略策定は「事後合理性」の追求にその大きな特徴がある。トップによって方向付けられた戦略の正当化・合理性（事後合理性）を分析的に追求していくのは，トップ直属のスタッフ部門（「構造調整本部」）である。

　いくつかの産業分野（ＤＲＡＭ半導体，液晶，携帯電話など）で韓国企業が世界的な成功を収めることができたのは，トップによる「非合理性」に満ちた判断があったからである。三星電子は，事前合理性がないと思われたため誰も手をつけようとしなかった分野（半導体事業）にあえて進出し，大きな成功を独占することができた。

　組織特性については，日中企業間に見られる「集権化の程度」の違いが，日韓企業間にも見られる。集権化の程度の違いは，特に意思決定のスタイルの違いとして現れる。スピードを要する戦略的な意思決定の場面では，ミドル・アップダウン式の日本企業がトップダウン式の韓国企業に遅れをとる場合が多い，とよくいわれる。

以前，中国の青島で，ある国営企業での取材で聞いた話がある。その企業が推進する新規プロジェクト（生産設備導入）をめぐる取引先選定の場面で，日韓企業がバッティングするような状況となったが，結局その中国企業がパートナーとして選んだのは韓国企業だった。日本企業の意思決定の遅さが理由とのことであった。日本企業との交渉において，日本側が「延々と議論しても何も決まらない」ということだったらしい。

　日本企業が韓国企業と戦略的提携や合弁事業を推進していく場合，意思決定スタイルの違いがネックとなる可能性がある。日本企業は，交渉担当者に決定の権限を委ねるような工夫が必要である。日本の本社にうかがいを立てなければ意思決定ができないようでは，韓国企業との交渉はうまくいかない可能性がある。韓国企業の交渉担当者は，いわば「トップの代理」としてすでに意思決定権をもって交渉に臨むことが多いからである。

　管理特性については，企業と従業員との関係のあり方の面で，特に韓国企業に大きな変化が見られる。雇用保障の崩壊と能力（業績）主義人事制度の徹底である。この点に関しては，日本企業も基本的には同様の変化が現在進行中といえるが，韓国企業ではより徹底している。会社に対する一体感は希薄となり，従業員はますます個人主義の傾向を強めている。

　シビアな能力主義評価制度の導入と特定分野におけるスペシャリストの人材を重視している韓国企業では，組織集団に対する協調を促しながらも，個人のイニシアティブが強調されている。これに対して，いい意味にしろ，悪い意味にしろ，日本企業では集団主義的なチームワークがより重視される傾向がみられる。

（注）
1）　尹　大栄「国際合弁事業；なぜ日韓合弁事業はうまくいかないのか」『経営学部紀要』（東亜大学）1995年。

第5章　日中韓企業の事業提携の課題と対応

　日中韓企業は，互いに競争関係にありながらも，ライセンス供与や共同開発，合弁事業などの多様な形で事業提携を行う動きが活発になっている。特に最近は，限定的・部分的な提携にとどまらず，事業提携の最も踏み込んだ形態である合弁事業を立ち上げるケースが増えている。たとえば，三洋電機とハイアールが提携して日本に設立した三洋ハイアールや，液晶事業をめぐる三星電子とソニーの合弁事業などは，その典型的なケースである。

　この章では，最近増大している日中韓企業間の事業提携に注目し，これらの事業提携に見られる課題点やその解決策を探り，日中韓企業間の事業提携をうまく展開していく上で必要な留意点は何かについて検討してみることにしよう。

1　海外事業展開の方法の選択

　海外現地に子会社を設立して事業を展開していく場合，大きく「独資での展開」と「合弁での展開」の2つの方法が考えられる。どちらの方法を用いるかは，進出国・地域の対内直接投資政策（cf., 出資比率制限）や現地企業の要求などの要因に加えて，進出する側の海外事業戦略によって決定される。

　独資と合弁には，それぞれ次のようなメリットがある。

1）独資のメリット
① 意思決定を自律的にできる。つまり，本社のグローバル戦略に沿った現地子会社の戦略策定とその実行が担保できるというメリットである。海外事業の独資展開のもっとも本質的なメリットといえる。
② 事業利益をすべて自分のものにすることができる。
③ 企業秘密やノウハウ流出のリスク回避ができる。

2） 合弁のメリット

① 事業リスクが大きい場合，合弁相手とリスク・シェアできる（リスクの分散）。
② 現地での事業展開に不可欠な経営資源を合弁相手（パートナー企業）から調達できる。たとえば，流通チャネルや取引先・顧客情報など。
③ 進出先の法制度や労働慣行，市場特性，文化などをパートナー企業を通じて学習できる。
④ 現地政府認可，現地通貨調達，税制上の優遇措置などが期待できる。

2　独資による海外事業展開

　事業活動のグローバル化が急速に進む中で，自社の経営戦略（グローバル戦略）を海外子会社を通じて実現するために，国内本社によって現地子会社の経営コントロールが可能な独資か，あるいは合弁であっても過半数以上の所有形態を優先する企業が多い。アジアに進出している日本企業の場合も，独資の形態をとる企業が多く，合弁の場合でも経営権コントロールを確保するために出資比率の過半数を保持しているケースが多いといわれている（岡本他，1998）。

　独資による海外事業の方がメリットが大きいということは，多くの国際経営研究者が強調するところでもある (cf., Killing, 1982; Stopford & Wells, 1972)[1]。つまり，経営判断を行う意思決定者が複数存在すると，意思決定のスピードが遅くなり，適切な経営判断の時期を逃しやすい。ましてやパートナー企業間で意見対立が生じたりした場合は，意思決定そのものができなくなることも考えられる。この点において，自分たちの戦略を貫徹できる独資のメリットは大きな意味を持つ，ということである。

　しかし，海外進出の主なねらいが進出先の現地市場志向の場合は，独資は必ずしも適切な進出方法とはならない。現地市場に参入し，現地でビジネスを展開することが進出の主要な目的であれば，現地企業の協力は必要であろう。合弁形態を取らないにしても，現地企業との戦略的な提携は必要になるかもしれない。現地企業と協力関係を結び，相互補完的な経営資源を基礎としたシナ

ジー実現が可能になれば，他社に対する競争力の優位性を生み出すことができる。

3　合弁事業による海外事業展開における留意点

1）　資本出資比率は必ずしも重要ではない

一般に，国際的な事業展開における合弁事業の設立にあたっては，資本出資の比率が大きな問題とされることが多い。資本出資の比率は，取締役会メンバーの人数比率に直結し，意思決定や管理上の容易さ・迅速さを確保するために，過半数を占めることが重要であると考えられている。

しかし，実際には，この資本出資の比率が合弁事業の経営の成否を左右するということは稀である。たとえば，中国の「合弁事業法」では，董事会（取締役会）での意思決定は全会一致を原則としており，たとえ過半数の賛成を得ることができたとしても，一部に反対があれば決定に至らないというのが現実である。そのため，出資比率が過半数を超え，董事会メンバーの多くを進出企業側で押さえることができたとしても，意思決定が直ちに容易かつ迅速になされるとは限らない。

2）　信頼できるパートナーの選択

上の点を考えると，合弁事業の経営においてより重要なことは，いかに経営目標や価値観に親和性があり，信頼できる相手先とパートナーを組むことができるかということになるだろう。そのようなパートナーと協働体制を組むことができれば，出資比率の不利を克服することも可能となるかもしれない。このためには，合弁の相手先企業の候補についての詳細な分析が必要となる。日本とは異なる経営システムを持つ中国や韓国の企業といっても，企業によっては日本的な経営システムに対する理解が高い企業も存在する。そのような企業をいかに発見できるかが重要な鍵になる。

しかしながら，企業は，そうしたパートナーの分析を通じて常に確実に把握できるわけではない。ある日中合弁企業のケースに見られるように，合弁相手

の探索は，人間の結婚と同じで，良いと思って結婚しても根本的な価値観がずれていることが後でわかるのと同じように，企業の目標や価値観の違いを最初にすべて知ることはできないのが現実である。実際に，相手先の綿密な分析に基づいて合弁事業を開始したにもかかわらず，実際の経営で多くのコンフリクトに直面するというケースが多いことは，このことが密接に関係している。

3） パートナーとの協働体験の累積的蓄積（信頼関係の構築）

合弁事業が良好に運営されているケースには，過去に相手先パートナーと何らかの協働体験の蓄積を持つものが多い。つまり，いきなり合弁という形を取るのではなく，その前に生産や販売の委託を行うなど協働関係を蓄積し，その中で相手先の理解を図り，信頼関係を構築している。合弁事業の成否は，こうした過去の協働体験の累積的蓄積によって大きく左右されると考えられる。信頼できるパートナーの選択は，こうした蓄積の上ではじめて可能となるものと考えられる。

ただ，国際的な合弁事業では，矛盾・コンフリクトの発生を完全に抑えることはできない。つまり，違う文化をもつ人々が1つの組織の中で仕事をすることになるわけだから，考え方や仕事の進め方をめぐって様々なコンフリクトが発生しやすい。このような矛盾・コンフリクトをパートナー企業との関係を乱すものとして捉えるのか，あるいはそれらの矛盾・コンフリクトを単になくそうとするのではなく，むしろうまく活用しようとするかによって，対応の仕方は全く違ってくる。

国際合弁事業をうまく展開している企業では，矛盾やコンフリクトを抑えるのではなく，むしろ表面化・顕著化させ，「喧嘩」（徹底的な議論）をしながら，互いに相互理解を深めていくという特徴が見られる。矛盾があるということは，決して「協調の不在」を意味するものではない。矛盾をなくしてコンフリクトを抑えれば協調が自然に生み出されるわけではないのである。大事なのは，コンフリクトを上回る協調を生み出し，それを維持・拡大していくことである。コンフリクト発生を忌避し，安易な妥協による協調を志向することは，問題の

第5章 日中韓企業の事業提携の課題と対応

先送りに過ぎない。

「喧嘩を通じて仲良くなる」という韓国のことわざがある。ある種のコンフリクトは，相互理解を深める機会を提供してくれるだけではなく，信頼を築くきっかけにもなる。暗黙知のかたまりである異文化に対する完全な理解は，所詮不可能である。だから国際合弁においては，パートナーに対する「理解」よりも「信頼」が重要なのである。そして，その信頼は，コンフリクトのポジティブな活用によって蓄積できるのである。

4） 経営のサブ・システムごとの志向性の使い分け

経営戦略や経営組織，管理面での実際の運営において，合弁事業開始から一定の年数が経ったケースでは，それぞれの側面ごとに日本的な志向性と相手先の志向性を使い分けている。たとえば，戦略立案や開発や生産などについては日本的な志向性を尊重し，一方で組織・管理面では相手先の志向性に合わせるといった対応が見られる。特に，中国における日中合弁では，人事・労務管理については日本側は一切口を出さず，中国側に管理を委ねるというケースが多い。

逆にいえば，戦略・組織・管理など経営システムのサブ・システムごとに，常に日本的な志向と相手先側の志向をミックスさせるという対応は取られていない。こうした対応は，合弁事業の運営をかえって複雑にし，混乱をもたらすことにもなろう。日本的な志向を通す部分と，現地の志向を通す部分とを切り分けて，全体としてミックスさせるという経営スタイルが合弁事業では適切な経営のあり方なのであろう。

4　経営現地化の問題

近年，中国に進出する韓国・日本企業が急増している。安価な生産コストをねらった生産拠点づくりを目的とする進出にとどまらず，自社の製品やサービスを提供する巨大市場として中国を位置づける戦略的な進出行動が，最近の韓国・日本企業に顕著に見られる。われわれが北京でインタビューした韓国のあ

る大手財閥企業のトップは「中国ビジネスのウエイトと将来性を考えると，本社を（韓国）国内から中国に移しても一向に構わない」と真剣な表情で語っていた。中国市場に対する韓国企業の意気込みを感じるエピソードである。日本企業にとっても，今後のグローバルな事業展開において中国市場を重視せざるをえない状況であることには，韓国企業と変わらない。韓国・日本企業の中国進出は今後も続くだろうし，逆に，日本で三洋電機との間で合弁会社を設立したハイアールのように，中国企業の韓国・日本市場への進出もそう遠くない将来に出てくることは間違いない。

中国で事業展開を行っている韓国・日本企業が抱えている経営課題の１つに，経営現地化の問題がある。とりわけヒトの面での現地化，つまり現地の従業員を経営者に登用し，マネジメントの権限を委譲していく，という面で韓国・日本企業では必ずしも十分な現地化が進んでいない。以下では，ヒトの現地化に関するわれわれの調査データをベースにして，中国における日本企業の現地化問題に焦点を当てて考えてみることにしよう。

海外に進出している日本企業の経営現地化の遅れについては，以前から日本企業の国際経営の課題としてしばしば指摘されてきた。日本の本社から派遣される日本人管理者がいつまでも経営の中枢を占め，現地従業員の登用が遅れている，という問題である。様々なデータからも，ヒトの面で日本企業の現地化が遅れていることは明らかである[2]。中国に進出している日本企業を対象として行ったわれわれ調査[3]の場合，最高経営責任者（社長）を意味する総経理の80.1％，副総経理（副社長）の43.9％，各部門長の32.8％が日本人となっており，現地企業のマネジメントが日本人によって行われている事実が容易に推測できる[4]。とりわけ欧米企業との違いが最も際立つのは，トップ経営者の現地化の遅れである。在日外資系企業を調査した吉原の研究（1997）によれば，現地人（つまり日本人）を社長として登用している外資系企業は調査対象の3分2（63％）にも上り，日本人トップが8割を占めている海外日系企業とはちょうど反対の状況となっている。

第5章　日中韓企業の事業提携の課題と対応

図表5－1　職階別の日本人・現地人従業員の比率

単位：人（％）

	日　本　人	中　国　人	合　　計
総　経　理	242(80.1)	60(19.9)	302(100)
副　総　経　理	150(43.9)	192(56.1)	342(100)
各　部　門　長	441(32.8)	903(67.2)	1,344(100)
そ　の　他	258(0.5)	48,866(99.5)	49,124(100)
計	1,091(2.1)	50,021(97.9)	51,112(100)

出所）　尹　大栄「中小企業に学ぶ経営の現地化」青山英男・大坪
　　　檀『情報社会と経営』文眞堂，1998年，p.60より。
　　・サンプル数：中国に進出している日本企業171社（1998年調査）。
　　・トップ経営者数が企業数を上回っているのは,複数の現地子会
　　　社を有する企業が含まれているため。

　ヒトの面での現地化を進めることによって得られるメリットは，少なくないはずである。コストの面でいえば，派遣国によっては，日本人社員1人に払う賃金で何十人も現地人を雇うことができる。そして，現地人の登用（昇進）や権限委譲が進めば，現地人従業員の士気や企業へのコミットメントを高めることにつながるだろうし，現地の優秀な人材を引きつけることができるだろう。また，いくつかの研究では現地化程度と企業業績との間に統計的にプラスの相関関係がみられることが報告されている。しかし，日本企業のヒトの現地化は遅々として進まない。

　中国に進出している韓国企業の現地化については，2極化現象がみられる。企業によっては，かなり積極的に現地化を進めているパターンと，反対に，きわめて現地化が遅れているパターンに分けられる。このような現地化の2極化現象は，おそらく韓国企業が財閥企業であるところにその原因がある。絶大な権限をもつオーナー経営者によって経営される韓国財閥企業だけに，そのトップの考え方や経営方針が，現地化を進める方向であればそれこそ徹底的な現地化が志向されるし，本社（オーナー経営者）主導を固守するタイプ経営者であれば，一向に現地化は進展しない。

第Ⅰ部　日中韓企業の経営システム比較

　短期的に考えるならば，ヒトの現地化の遅れはそれほどクリティカルな問題を生み出すことはないかもしれない。むしろ，日本人（あるいは韓国人）中心で仕事を進めるほうが様々な面で効率がよいだろう。しかし長期的には，現地従業員の昇進や責任あるポストへの登用が制限されれば，現地の人々の士気や企業へのコミットメントの低下は避けられず，その結果として現地の優秀な人材を引き付けることができなくなるなど，将来にわたって深刻な問題を生み出す可能性がある。

　現地化を「善」とするドグマ論に陥ってはいけないが，現地化を進めていくための戦略的な方針や，日韓中企業の経営がそれぞれの進出先の国でも通用するにはどのような具体的な現地化策が必要になるかについて，今後真剣に考えなければならないだろう。

（注）
1）　Killing, J. P (1982)；Stopford, J. M and Wells, L. T (1972).
2）　通産省の統計調査データ（『海外投資統計総覧』）や吉原の一連の研究などに詳しい。
3）　尹　大栄（1988）。
4）　ただ，最近の中国現地訪問調査では，副総経理および中間管理職（部門長；課・部長クラス）においてはここ10年間でかなりの現地化が進展していることが認められた。しかしながら，最高経営者の総経理者については現地化の進展があまり見られず，日本人がトップを勤めているケースがほとんどであった。

（参考文献）
1　Killing, J. P (1982) "How to Make a Global Joint Venture Work", Harvard Business Review, 61(3). May-June：120－127.
2　Stopford, J. M and Wells, L. T (1972), Managing the Multinational Enterprises, Basic Books.（山崎　清訳，『多国籍企業の組織と所有政策』ダイヤモンド社，1976年）
3　尹　大栄「中小企業に学ぶ経営の現地化」青山英男・大坪　檀『情報社会と経営』文眞堂，1998年。
4　岡本康雄編『日系企業 in 東アジア』有斐閣，1998年。
5　吉原英樹『国際経営』有斐閣アルマ，1997年。
6　吉原英樹『未熟な国際経営』白桃書房，1996年。
7　吉原英樹編『日本企業の国際経営』同文館，1992年。

第Ⅱ部

日中韓企業の資金調達様式の比較

日中韓企業の資金調達方式の比較

第1章　資金調達様式に関する分析枠組み

1　企業経営における資金調達の位置付け

　市場経済システムにおいては，企業はヒト・モノ・カネ・情報等の経営資源を結合して，製品やサービスを生産し，市場に供給することによって利潤を獲得し，企業価値の最大化を目指す事業体としてとらえられる。

　企業活動の遂行に用いる経営資源を獲得するためには，まず資金が必要となる。その意味で資金調達は，企業活動の中でも中核を成すものの1つであると同時に，企業全体に影響を及ぼす行動であると理解することができる。

　したがって，必要な資金をどのように調達するかは，単に財務担当部門のルーチン的業務にとどまらず，最高経営者が自ら関与すべき高い戦略性をもった意思決定活動となる。

　図表1－1は，資金調達の基本構造を示すものである。企業が調達する資金は，大きく長期資金と短期資金に分けられる。長期資金の源泉は，会社の内部および外部に分かれ，内部は減価償却累計額と利益留保，外部は株式と長期借入からなる。短期資金は社外からのもので，短期借入と商業信用からなる。それぞれに細かい区分があるが，ここではおおまかにとらえ，細部には立ち入らない。一般的な企業の資金調達問題は，長期の資金についての自己資本（株式等）と他人資本（負債）[1]をどのように組み合わせて調達するかという資本構造の問題と，それに短期資金の調達問題をも含めた企業全体としての企業金融構造の問題とに分けることができる。

2　個別資金調達方法の概説

　細かい議論はおくと，企業の外部資金調達方法は，株式と負債に大別される。

第Ⅱ部　日中韓企業の資金調達様式の比較

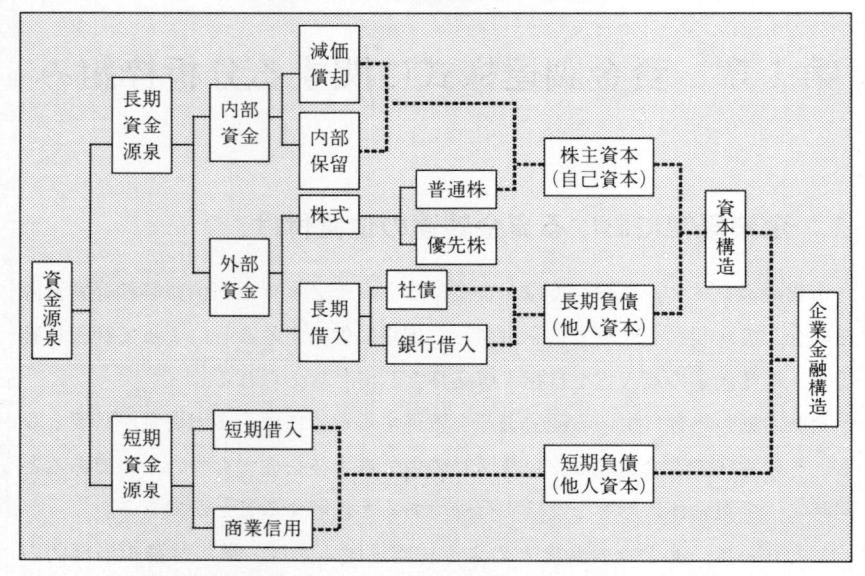

図表1－1　資金調達の基本構造

```
                    ┌──減価償却┄┄┄┄┄┐
          ┌─内部資金┤                  │
          │        └──内部保留┄┄┄┄┄┤
          │                            │    ┌─株主資本─┐
┌─長期資金源泉┤        ┌──株式┬─普通株┄┄┄┄┤    │(自己資本)│
│         │        │      └─優先株┄┄┄┄┤    │          │─┐
│         └─外部資金┤                          │          │ │
資金源泉                │        ┌─社債┄┄┄┄┄┤    ┌─長期負債┤ │資本構造
│                     └─長期借入┤              │    │(他人資本)│ │
│                              └─銀行借入┄┄┄┄┘                │企業金融構造
│                                                                │
│         ┌──短期借入┄┄┄┄┄┄┄┄┄┄┐    ┌─短期負債─┘
└─短期資金源泉┤                            │    │(他人資本)
          └──商業信用┄┄┄┄┄┄┄┄┄┘
```

注)　───は資金源泉としての区分，┄┄┄┄は企業会計および企業金融における位置付けを示す。

出所)　筆者が作成。

　株式による資金調達は，「元本」の返済義務はなく，利益の中から配当を支払う。一方，負債による資金調達の代表的なものは，銀行からの借り入れに代表される借入金や各種の社債である。最終的に元本を含めて返済する必要があり，それまでの間，資金提供者に当該資金の利子を支払う。

　一般に，企業と企業に対する資金の出し手である個人など(投資家)との間で，資金がどのような方法でやりとりされるかに着目すると，直接金融と間接金融に分類することができる。直接金融は，株式や債券など，資本市場を通して投資家から直接資金を集めるものを指す。一方，間接金融は，投資家が銀行など金融機関に預金として預け入れた資金を，企業が金融機関を通して調達することを指す。

　以下，企業の資金調達手段を，財務省「法人企業統計年報」の定義によって

確認する。

1） 外部資金調達

企業の資金調達において，外部の資金提供者から提供される資金が外部資金である。

(1) 増　　　資

当該企業が株式会社である場合，株式を発行することによって株主資本を調達することが可能である。これが増資である。増資には，資金調達の目的を持って行われる有償増資と，株式分割などにより外部資金調達をともなわない無償増資がある。有償増資の方法には，(イ)株主割当増資，(ロ)第三者割当増資，(ハ)公募増資の3つの方法がある。

(2) 社　　　債

社債は，一般的に設備投資資金のような多額の資金を長期間にわたって必要とする場合に（特定目的のために）発行されるものである。社債の債権者には，株主のような議決権はない一方，原則として確定利子を受け取ることができ，社債償還日には元本が返還される。社債は，付与された権利の違いによって様々に分類される。代表的な例としては，(イ)普通社債，(ロ)転換社債，(ハ)新株引受権付社債などがある。このうち転換社債と新株引受権付社債は，債券ではあるが潜在的に株式の発行をともなう資金調達である。このため，増資とともにエクイティ・ファイナンス（equity finance）として分類される。

(3) 2001年の商法改正にともなう変化

日本では，2001年12月の商法改正で，新たに新株予約権という制度が導入された。新株予約権は，従来の転換社債権，新株引受権，ストックオプションの総称で，これまでの新株引受権の制限を緩和してできた新しい用語である。新株予約権は，発行先を限定せずに新株予約権として単独発行が可能であり，有償で発行しても無償で発行しても良いとされている。役職員への報酬の目的をもって無償で発行され，役職員などに与えられる新株予約権が，いわゆるストックオプションである。

(4) 借 入 金

銀行借入を中心とする借入金は、おおまかにいって次の4つの形態に分類される。

(イ) 商業手形割引

企業が取引先等から受け取った受取手形を銀行で割り引いて借り入れを行う形態。

(ロ) 手形借入

自己振り出しの手形を差し入れて借り入れる形態。

(ハ) 証書借入

金融機関との間で金銭消費貸借契約書を取り交わすことによって借り入れる形態。

(ニ) 当座貸越

当座貯金口座に対して、契約に定められた一定金額まで貸越が認められる形態。オーバードラフトと通称される。

2) 内部資金調達

企業が必要な資金を社内から調達する場合、その源泉は主に以下の2つである。

(1) 内部留保

企業が企業内部に蓄積する利益が内部留保であり、それは企業の留保政策によって決定される。内部留保は、「当期純利益-(配当+中間配当+役員賞与)」によって導かれるため、配当政策と表裏一体の関係になる。内部留保率の水準は、配当政策と資本収益性に依存する。

(2) 減価償却

特に設備資本などの長期資金を考える上で減価償却の効果は重要な意味を持つ。減価償却費は、支出はともなわないものの会計上の費用であり、利益をその分だけ減らすため、節税効果を持つ。このことは、会計的に見れば、固定資産に投下された資金がやがて流動資産に転化し、社内に留保されることを意味

する。これを「減価償却の自己金融効果」と呼ぶこともある。

3 資金調達方法の選択についての基本的な考え方[2]

上記のとおり，企業の資金調達方法は，株式など資本市場から直接調達する直接金融と，借り入れなど金融機関を介して調達する間接金融に分けられる。本研究が主な対象とする中堅・中小企業にとって社債の利用は事実上困難であることを勘案して単純化すれば，問題は株式発行か借り入れかの選択を意味すると考えてよい[3]。この2つの資金調達方法は，リスク・リターン特性，企業リスクの一次的負担者，及び企業に対するモニタリングなどにおいて差がある。企業の資金調達は，企業の側から見れば効率性（いかに効率的に必要な資金を調達できるか）の問題であり，資金提供者から見れば，ガバナンス（いかに資金提供者の意に沿った経営が行われるようにできるか）の問題である。また，資金提供者である株主と金融機関の間にも，企業の将来キャッシュフローに影響を与える経営内容に関して利害の対立が生じうる。企業の資金調達手法選択は，こうした一般的な特性のほか，歴史的な経緯の影響を受けるため，その企業の属する国・地域によっても影響を受ける。

以下，企業の資金調達手法選択に関する基本的な考え方を整理しておく。

1） 企業にとっての資金調達方法の選択

企業にとっての資金調達の問題は，市場環境が整っていれば，資本構成選択の問題である。完全な資本市場においては，企業の資本構成は企業価値及び資本コストに影響を与えない。Modigliani and Miller (1958) が示した「MM理論」として知られるこの命題は，以下のようなものである。

MMの第一命題：企業の資本構成は，その総価値に影響を与えない。
MMの第二命題：資本構成が変化しても加重平均資本コストは一定である。

これは，一定の仮定の下で，企業の価値が貸借対照表でいう負債・資本サイド（貸方）ではなく資産サイド（借方）によって決定されるものであり，企業活動に必要な資本を株式発行で調達しても借り入れにより調達しても，企業の価

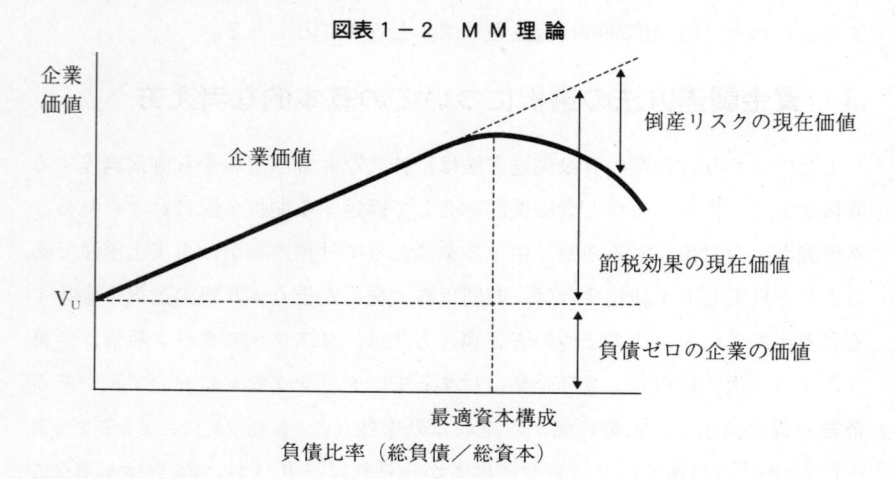

第Ⅱ部　日中韓企業の資金調達様式の比較

図表1－2　ＭＭ理論

縦軸：企業価値
横軸：負債比率（総負債／総資本）

- 企業価値
- 倒産リスクの現在価値
- 節税効果の現在価値
- 負債ゼロの企業の価値（V_U）
- 最適資本構成

値は変わらないことを証明したものである。いいかえれば，最適な資本構成は存在しないことになる。

　もちろん，実際の企業経営においては，資金調達方法は大きな問題となる。上記の2つの命題の前提とされている主な仮定は，法人税，取引及びモニタリングのコスト，倒産リスク，情報の非対称性などがないとするなど，非現実的なものである。したがって，これらの仮定をより現実に近づければ，異なった結果が導かれる。

　Modigliani and Miller (1963) は，法人税及び倒産リスクを考慮して上記の結果を修正した（図表1－2参照）。企業会計では，借り入れの利子は支払利息として費用計上でき，その分だけ課税所得を減らせるのに対し，株式の配当は利益処分であって費用とならない。したがって，必要な資本のすべてが株式である場合の企業価値をV_Uとすると，借り入れを増やせばその比率に比例して節税効果が生じ，企業価値は高まっていくことになる。しかし一方で，資本構成における借り入れの比率がある水準以上に上がれば，倒産リスクが現実のものとなり，資本コストを引き上げ，結果として企業価値を引き下げる。したがって，ある水準までは，資本構成において負債の比率を増やすほうが税負担を抑えられるため，企業価値にプラスの影響を与えるが，負債への依存度が高まり

第1章　資金調達様式に関する分析枠組み

過ぎれば倒産リスクを引き上げるため，かえって企業価値に悪影響を及ぼす。最適な資本構成は，この2つの要素のトレードオフを考慮したうえで企業価値が最大となる点として求められる。

しかし，企業が実際に資金調達を行う際の状況は，上記とは異なる場合が多い。それは，調達企業側が，情報の非対称性から発生する問題，すなわちモニタリングコストやリスクプレミアムを考慮に入れようとする行動から生まれる。Myers and Majluf (1984) によって唱えられ，「ペッキングオーダー理論」と呼ばれるこの考え方は，企業が資金調達を行う際にまず内部資金でまかなおうとし，次に負債，そして株式を選択するのは最後という傾向があるとしている。これを前提とすれば，企業に最適な資本構成はなく，最適な調達順序があるということになる。内部資金を捨象し，別段の事情がないとすれば，企業は可能な限り借り入れを選択する。その結果得られる資本構成と修正MM理論から導かれる最適資本構成との差は，当該企業の業種的特性や担保の有無，それまでの借り入れの水準などのほか，金融機関や資本市場からの資金調達の容易さ等にも左右されることとなろう。

欧米に比べて資本市場の発達が遅れていた日本においては，戦後の復興期以来，資金調達における借り入れへの依存度がきわめて高く，それがバブル崩壊時の不良債権問題の一因となったことが知られているが，これは上記のペッキングオーダー理論と整合的である。様々な違いにもかかわらず，資本市場の未発達という点で似た状況にあった中国や韓国で，借り入れに強く依存した資金調達が行われていたことも，同様に考えることができるだろう。3国いずれにおいても間接金融への過度の依存が問題とされ，直接金融中心主義への移行を主張する動きが見られる。しかし，企業のディスクロージャーが進んでも情報の非対称性が完全に解消するわけではない。また，Aoki and Patrick (1994) が主張するように，金融システムの「経路依存性」[4]を考慮すれば，急速な変化が実行可能性及びコストの面で必ずしも望ましくないとの主張には一定の説得力がある。

2） 資金提供者側から見た資金調達方法の選択

投資家や金融機関など，資金提供者から見た企業の資金調達は，企業（すなわち経営者）をいかに資金提供者の利益のために行動させるかというガバナンスの問題としてとらえることができる。

比較的最近に至るまで，企業ガバナンスへの関心は，企業の所有者である株主と企業経営者との間の問題に絞られていた。Markowitz (1952) 以来の分散投資を前提とした近代ポートフォリオ理論の発達は，それに先立つ20世紀前半から半ばにかけて企業における所有と経営の分離が成立し，プロ経営者の力が相対的に強くなっていったことと密接な関係がある。ここでは企業の経営内容にかかわらず株式を保有することがリスク分散に必要であると考えるため，株主によるコーポレート・ガバナンスの重要性は意識されにくい状況にあった。しかし，機関投資家の大型化が進み，議決権行使や株式の売買を通じた企業への直接的な影響力が強まるにつれ，株主と経営者との間のエージェンシー問題[5]への関心が高まり，ガバナンスの重要性が認識されるようになっている。

金融機関によるガバナンスが意識されるようになったのは比較的新しい。金融機関は株主と違って企業の意思決定に直接関与することができないが，融資時の審査や企業との日常的な付き合いの中で，企業に関する様々な情報を得る機会があるため，資本市場によるモニタリングと比べて，情報の非対称性に起因するコストを小さくすることができるものと期待される。また Jensen (1986) は，負債が企業に対して利益額にかかわらず所定の利払い及び元本返済を要求することから，企業経営者による企業資産の裁量的な利用に対して一定の歯止めをかけるというガバナンスが期待できるとした。すなわち，資本構成に負債を導入して金融機関の関与を受けることは，レバレッジによる資本効率の向上以外の面でも株主にとって価値があるということである。

Aoki and Patrick (1994) は，日本のメインバンクが企業のモニタリングに果たす役割を積極的に評価している[6]。しかし，広田(1996)やHori and Osano (2002) のように，日本のメインバンクは理論が想定するようなモニタリングを行っていないとの異論もある。また池尾 (1995) は，かつて働いていた『借

金の規律』が企業セクターの資金余剰発生とともに働かなくなったと指摘している。しかしこれらは，企業に対する債権者たる金融機関のガバナンス機能を否定するものではなく，むしろそれをより充実させる必要性を示しているものと考えるべきである。これまで日本の金融機関のモニタリングは完全なものではなく，有効に働いていなかったのは確かかもしれない。しかし，今後企業のディスクロージャーがさらに進んだとしても，資本市場では情報の非対称性を解消することはできず，金融機関による（適切に行われた）モニタリングを完全に代替することは期待できない。双方があいまって有効なガバナンスが達成されるのである。

　このことは，中国や韓国についても同様にいえるのではないだろうか。たとえば，我々が実施した現地ヒアリング調査においては，中国及び韓国の双方で，中堅・中小企業の資金調達が困難な状況におかれていることが改めて確認された。両国においては，直接金融化を指向する動きが見られ，資本市場が発達しつつあるが，その恩恵は中堅・中小企業には及んでいない。結果として，資金調達ルートに制約を受ける中堅・中小企業は自己資金や地下金融への依存度が高くなり，十分な資金を調達できないケースが少なくない。このため中堅・中小企業セクターの発達が遅れ，それらの企業が国全体の経済発展に対して果たす役割は，日本と比べて低くなっているように思われる。中堅・中小企業の場合，企業規模が小さく，モニタリングコストが相対的に高くつくうえ，同族経営が少なくないことから，情報の非対称性は高い。こうした場合，投資家にとって，銀行によるモニタリングを受けていることは，その経営内容の健全さに関するシグナルの役割を果たし，投資判断の重要な指標の1つとなる。両国の現状は，銀行のモニタリングが持つこうした機能が果たされておらず，中堅・中小企業向けの間接金融機能の発達が遅れていることの反映と考えるべきである。

3）　企業の資金調達に関する株主と債権者の利害対立

　企業に対し資金を提供する株主と債権者は，そのリスク・リターン特性や企業の意思決定への関与の違いから，利害が対立しうる関係にある。Jensen and

Meckling (1976) は，企業が株式と負債で資本調達するとき，株式のみで調達する場合と比べ，株主の負うべきリスクが一部債権者に移転されるため，リスクの高い投資を行うインセンティブが生じることを指摘した。一方，Stulz (1990) は，負債があると，利子や元本の支払いのため，投資がむしろ制限されると主張している。

一見矛盾するこの2つの主張は，図表1－3に見るように，そのときの企業の財政状況が違う場合を考えれば整合的である。企業が財政面で危機にあるとき，株主にとって下方リスクは有限責任により制限されているが，上方ポテンシャルは開かれているため，リスクの高い投資を採択するインセンティブがある。これに対し，企業の財政状況が良好で倒産リスクが現実のものでないときは，負債の存在が企業のフリーキャッシュフローを減らすとともに，負債が全額返済されないリスクを高めるため，経営者の恣意的な投資に制限をかける効果をもたらすのである。すなわち，企業がどのように資金調達を行うべきかは，それまでその企業がどのように資金調達を行ってきたかという状況にも左右される。

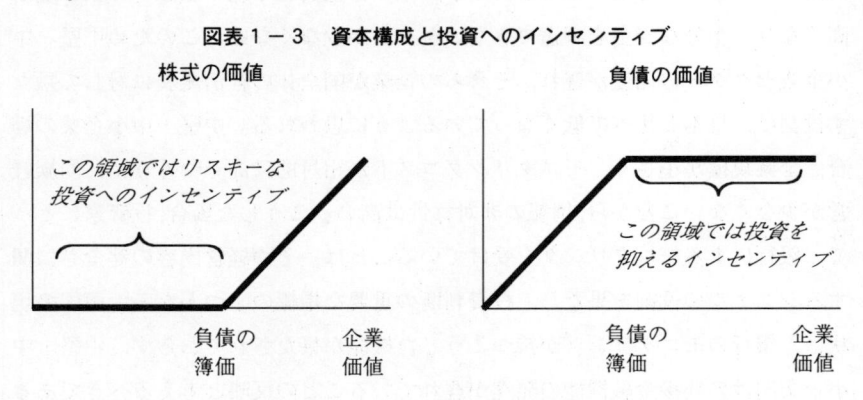

図表1－3　資本構成と投資へのインセンティブ

株式の価値　　　　　　　　　　　　　負債の価値

4）中堅・中小企業にとっての資金調達

これまでの議論は，一般論ではあるが暗黙裡に大企業を念頭においたものであり，中堅・中小企業の資金調達に必ずしもそのままあてはまるとは限らない。

第1章 資金調達様式に関する分析枠組み

　中堅・中小企業の場合，調達される資金の規模に比べてモニタリングコストが相対的に高くつくことが多い。このため，まず社外から資金を調達すること自体に困難を伴うケースが多いのが現状である。また，資金調達が可能であったとしても，モニタリングコストの点で直接金融は間接金融に比べてさらに不利であることから，負債への依存度が高くなる傾向が強い。したがって，中堅・中小企業の資金調達の現場においては，あるべき資本構成を論ずるよりも，まず必要な資金をいかに調達するかが実際上は重要となる。本研究においては，このような観点から，一般的な企業財務理論に基づく分析よりも，企業が実際にどのような資金調達行動を行っているか，またどのようにすれば必要な資金を円滑に調達できるかに着目した。

　中堅・中小企業にとって資本市場はアクセスが難しいことから，資金調達の中心的な手段は金融機関からの借り入れとならざるを得ない。また，これらの企業は経営基盤が必ずしも磐石ではなく，資金調達時の担保として十分な資産を持っていないケースが少なくないため，融資する側の金融機関は，所定の基準を一律にあてはめて融資するよりも，当該企業との長期的なつきあいの中から経営者の人格や経営姿勢，事業の将来性などを見極める必要がある。こうしたいわゆる「リレーションシップ・バンキング」は，日本では地域金融機関が中心となって提供してきた経緯があり，地域の産業基盤育成に効果を発揮してきた。しかし，中堅・中小企業の資金調達手段としての融資の利用可能性は，バブル崩壊以降大きく低下している。中小企業白書（2003年版）に見るとおり，中小企業向けの信用供与は，大企業に対する信用供与を上回るペースで縮小する傾向にある。

　1つの方向性は，間接金融から直接金融へと資金調達手段の軸足を転換することであろう。このような論調は，状況の差はあるが，日本と同様に間接金融の比重が高い中国や韓国においても共通している。しかし，上記のとおり，金融システムの経路依存性やモニタリングコストなどの点からそのような転換は容易ではなく，また必ずしも望ましいとはいえない。したがって，リレーションシップ・バンキングの機能をいかに強化するかが各金融機関及び政府系金融

第Ⅱ部　日中韓企業の資金調達様式の比較

政策部門にとって大きな課題であるといえる。

(注)
1) 一般に企業会計では，外部への返済義務を負うものを他人資本，負わないものを自己資本という。
2) 本節につき，(財) 国際金融情報センターの山口審議役より多くのコメントを得た。
3) 社債は資本市場を通じて投資家から直接調達するため，モニタリングなどの面では株式と似ているが，リスク・リターン特性や企業経営に対する関与においては借り入れと類似している。
4) 将来の進路が，現在の状態だけでなく，過去どのような道筋をたどったかによって左右されること。ここでの主張は，一国の金融システムのあり方はその国の社会，経済，文化などの諸条件によってかたち作られたものであるため，海外で成功した手法をそのまま適用しても，同じようにうまくいくわけではない，という意味である。
5) 企業経営者は，株主に委任され，株主の利益のために企業の経営を行う「代理人（エージェンシー）」である。しかし実際には経営者が企業のためでなく，自らの利益のために行動することがあり，このため企業の利益が損なわれることがある。これがエージェンシー問題である。
6) 日本のメインバンクは融資における最大シェアをもつと同時に主要株主でもあることが多い。広田 (1996) などにみるとおり，メインバンクによる企業へのモニタリングが融資を通じたものか株式保有を通じたものかについては議論の余地がある。しかしここでは，メインバンクが企業の株式を保有するのは突き詰めれば融資関係を維持することを目的とするものであると考え，債権者によるガバナンスであるとして論じる。

(参考文献)
1　Aoki, M. and H. Patrick eds. (1994). *The Japanese Main Bank System-Its Relevance for Developing and Transforming Economies.* Oxford University Press.
2　Hori, K. and H. Osano (2002). "Financial Relations between Banks and Firms: New Evidence from Japanese Data." Working Paper, Ritsumeikan University.
3　Jensen, M. C. (1986). "Agency Costs and Free Cash Flow, Corporate Finance and Takeovers." *American Economic Review,* 76, 659−665.
4　Jensen, M. C. and W. H. Meckling (1976). "Theory of the Firm : Managerial Behavior, Agency Costs, and Ownership Structure," *Journal of Financial Economics* 3 : 305−360.
5　Markowitz, H. (1952). "Portfolio Selection." *Journal of Finance* 7 : 77−91.
6　Modigliani, F., and M. H. Miller (1958). "The Cost of Capital, Corporation

Finance and the Theory of Investment," *American Economic Review* 48:261−297.
7   Modigliani, F., and M. H. Miller (1963). "Corporate Income Taxes and the Cost of Capital: A Correction," *American Economic Review* 53:433−443.
8   Myers, S. C. and N. Majluf (1984). "Corporate Financing and Investment Decisions When Firms Have Information that Investors Do Not Have," *Journal of Financial Economics* 13, 187−221.
9   Stulz, R. (1990). "Managerial Discretion and Optimal Financing Policies," *Journal of Financial Economics* 26: 3 −27.
10 池尾和人「金融産業への警告」,東洋経済新報社,1995年。
11 広田真一「日本の金融・証券市場とコーポレート・ガバナンス」,橘木俊詔・筒井義郎編『日本の資本市場』,日本評論社,1996年。

第2章　日本企業の資金調達様式

1　資金調達行動の変遷

　日本企業の資金調達行動は，時代によって大きく変化してきた。第二次世界大戦後の復興期から1970年代前半までの高度成長期には，銀行からの借入金が資産調達の中心であった。しかし，1970年代半ば以降，経済の低成長時代に入ると借入金への依存度が低下し，代わりに内部資金の比重が増加していった。そして，1980年代には，エクイティ・ファイナンスが一般化し，90年代に入ると普通社債など有価証券発行による資金調達が行われるようになるとともに，海外証券市場での資金調達も活発に行われるようになり，資金調達方法が多様化した。

　このような日本企業の資金調達方法の変化，多様化は，経済環境の変化による資金需要の変化や，規制緩和，資本市場のグローバル化の進展などに起因している。

1）　高度成長期（1970年代前半まで）の資金調達行動

　はじめに，1970年代前半までの高度成長期における資金調達行動を詳しく見てみよう。図表2－1に見られるように，1970年代前半までの日本企業の資金調達は，銀行からの借り入れに強く依存していた。1975年以前には外部資金（借入金＋有価証券）がおおむね5割以上を占めており，借入金だけで4割以上という水準で推移してきた。特に，1960年代から70年代前半の時期には，借入金が外部調達資金の8割を超える時期もあった。

第Ⅱ部　日中韓企業の資金調達様式の比較

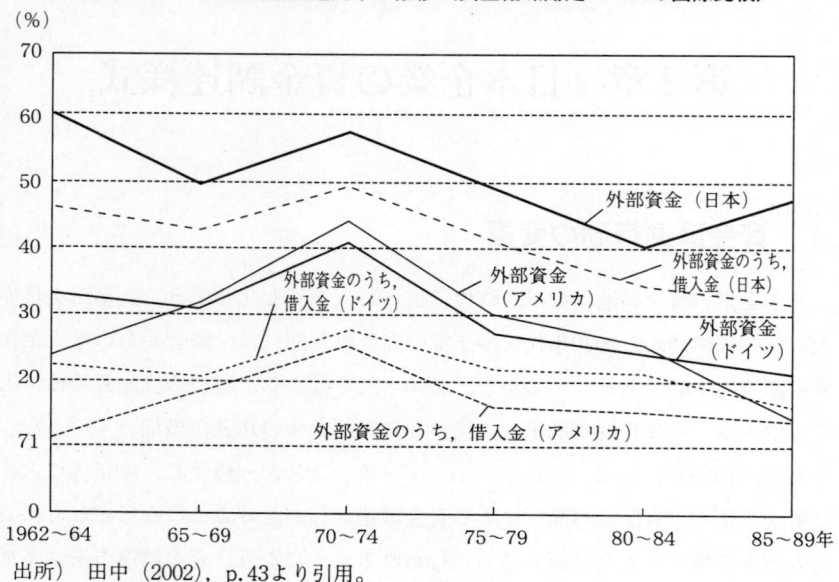

図表2－1　外部資金調達比率の推移（資金循環勘定ベースの国際比較）

出所）田中（2002），p.43より引用。

こうした銀行の借入金依存型の資金調達行動を支えてきたのが，日本独自に発展したメインバンク・システムである。メインバンクは，その企業が取引している銀行の中で最も借入額の多い銀行であり，最大の債権者であるとともに，主要株主の一員として名を連ねている場合が多い。メインバンクはその企業の取引決済口座を持ち，資金の出入りについて把握しているとともに，役員を派遣して経営に参画するなど，企業との間で人的関係をも含めた総合的な取引関係を築いてきた。

伝統的なメインバンクの機能として指摘される代表的な要素は次のようなものである[1]。

① 決済口座（当座預金）や役員派遣を通じて企業の内部情報を獲得し，他の債権者を代表して新規融資の審査や債権の管理を行うモニタリング機能。したがって，メインバンクの審査基準は，他の取引銀行が融資する際の判断基準に利用され，他行の信用リスクの管理費用を軽減させる機能を果た

した。
② 企業の経営危機に際してメインバンクがその企業の経営に介入することで，事前的な意味での経営者の規律付けを行うコーポレート・ガバナンス機能。ただし，経営が順調なときには，メインバンクはあまり口を出さないでその企業の経営者に相当程度の委託，信任をしてきたと考えられる。
③ 企業の安定株主として存在することで，企業が敵対的買収にあうことを防ぐ安定株主機能。
④ 景気情勢やM&Aに関する情報を提供するコンサルティング機能。

こうしたメインバンク制度は，旧財閥系（三井・三菱・住友）や銀行系（芙蓉・三和・第一勧銀）の各都市銀行と各同系企業集団のもとで顕著に形成されていった。メインバンクは，企業の旺盛な資金需要に対して貸出を量的に拡大し，それらの経営規模を拡大させると，その見返りとして企業から大口預金を獲得でき，そのことがメインバンク自体の預金量・貸出量を拡大させるという循環を作り出した。この循環によって，高度成長期には系列大企業融資に必要な資金量充足機能を果たすことができた。

同時に，メインバンクと同系企業集団の間で，株式の相互持合いの構造が構築された。この相互持合いの端緒は，1950年代の独占禁止法の緩和による企業集団の形成である。その後，1960年代の資本自由化に際して，企業の敵対的買収を防ぐ安定株主工作として活発に行われるようなり，持合株の増加にともなって，長期的・固定的な取引関係が形成されていった。

メインバンクと企業の間での株式持合は，安定的な資金確保，資金量の拡大を可能にした取引関係の構築，同系企業間での社長会などを通じた経営者間の人間関係の親密化，安定株主を背景とした経営者支配を可能にし，そのことが日本企業の躍進の一因になったと積極的に評価することもできる。一方で，相互持合の結果，経営に対する株主のチェック機能が形骸化したことも事実であり，また資金調達という観点から見れば，相互に株式を持ち合うことは，本質的に「紙の交換」に過ぎず資金調達にならないという点も注意されなければならない。

2） 1970年代～80年代の資金調達行動

1973年の第一次オイルショックを契機として高度成長期は終わりを告げ、日本は低成長時代に入った。この時代は「減量経営」の時代で、企業は固定費削減のために、長期借入金を中心として借入金の圧縮を進めた。借入金が圧縮される一方で、企業の内部資金が資金調達に占める割合が高くなり、外部調達手段としては、資本市場からエクイティ・ファイナンス、特に時価発行公募増資による資金調達比率が高くなった（図表2－2）。

図表2－2　大企業（全産業）の資金調達構造比率の推移（1960～80年代）

	1961－65	1966－70	1971－75	1976－80	1981－85	1986－90
外部資金	59.7	49.9	55	37.6	41.6	46.3
増資	13.8	5.9	6	8.8	13.6	13.7
社債	4.5	3.4	4.2	5.9	9.8	10.8
借入金	41.4	40.6	44.8	22.9	18.1	21.8
長期	18	20.5	21.7	6.5	5.5	12.4
短期	23.4	20.1	23.1	16.4	12.7	9.4
内部資金	40.3	50.1	45	62.4	58.4	53.7
内部留保	17.4	27.2	24.1	29.5	22.7	25.1
減価償却	22.9	23	20.9	32.9	35.8	28.7

出所）田中（2002），p.44より。　原典）『法人企業統計』大蔵省。

日本で最初の公募・時価発行による増資は1969年に日本楽器製造（現ヤマハ）によって行われ、以後着実にその例が増えていった。この時期は、すでに高度成長期を過ぎていたために、設備投資への資金需要が相対的に低下する。そのため、以前のようにプレミアムをつけて既存株主に確実に引き受けてもらう必要性が低下したため、株主割当が減っていった。

また、1970年代から80年代にかけての時期は、日本の金融・資本市場が規制緩和され、国際化した時期である。その結果、企業の資金調達は日本国内の金融資本市場に制約される必要がなくなり、金利や取引コストの安い海外市場での資金調達が増加することになる。その中心となったのがワラント債であった。

第2章　日本企業の資金調達様式

1981年の商法改正で非分離型が認められ，85年11月から分離型ワラント債の発行も認められるようになった。日本企業は80年代中盤からのバブル期にワラント債を海外市場で大量に発行している。

3）　1990年代の資金調達行動

1990年代の資金調達は，バブル経済の崩壊の影響を大きく受けている。まず，90年代中盤以降，資金調達額の伸びが著しく減少した。特に，96年以降においては，企業が，長期借入金，短期借入金を返済する傾向を見せた。

さらに，増資形態として第三者割当増資の増加がある。公募増資は株価が好調に推移する中では効果的であったが，株価が低迷する90年代中期以降はそれが困難になった。不況下での経営再建にあたっては，グループ会社などに出資支援を求め，あるいは別の企業の資本傘下に入ることで出資を仰いだ。いずれの場合も，一部の特定企業に新株の引き受けを求めるものであり，第三者割当による増資形態をとることになる（以上，図表2－3～図表2－5参照）。

図表2－3　近年の企業の資本調達構造比率の推移

	1995	1996	1997	1998	1999	2000	2001	2002
外部資金	7.7	6.0	12.9	7.9	−26.0	−24.3	−23.2	−132.9
増　資	3.8	7.9	4.6	3.5	7.3	10.3	−0.2	−24.1
社　債	−4.4	−2.4	0.1	8.8	−3.0	−7.8	−7.7	−10.3
長期借入金	1.4	−4.6	−1.6	11.4	−7.2	−26.2	−12.7	−60.2
短期借入金	6.9	5.1	9.8	−15.8	−23.1	−0.6	−2.5	−38.3
内部資金	92.3	94.0	87.1	92.1	126.0	124.3	123.2	232.9
留保利益	7.9	9.8	2.1	−9.8	19.4	27.9	−16.7	12.6
減価償却	84.5	84.2	85.0	101.9	106.6	96.4	139.9	220.3

注1）　本表は，隔年の資金調達における調達源の構成比を示したものである。すなわち，各年の数値は合計100％であり，正の数値は調達を，負の数値は返済を示す。
注2）　1．増資＝資本金＋資本準備金。
　　　 2．短期借入金には受取手形割引残高を含む。
　　　 3．留保利益＝利益準備金＋その他の剰余金。
　　　 4．減価償却には特別減価償却を含む。
出所）　『法人企業統計』。

第Ⅱ部　日中韓企業の資金調達様式の比較

図表2-4　90年代後半の企業の資金調達行動

	1995年度	1996年度	1997年度	1998年度	1999年度	2000年度	2001年度	2002年度
資金調達	476,895	483,481	483,189	407,744	377,095	432,093	290,633	117,127
外部資金	36,661	29,237	62,494	32,393	-97,943	-105,163	-67,493	-235,477
増資	17,958	37,942	22,337	14,241	27,629	44,637	-624	-42,755
社債	-20,953	-11,396	434	36,168	-11,337	-33,974	-22,521	-18,297
長期借入金	6,524	-22,119	-7,552	46,322	-27,143	-113,093	-36,993	-106,676
短期借入金	33,132	24,810	47,275	-64,338	-87,092	-2,733	-7,337	-67,749
内部資金	440,234	454,244	420,695	375,351	475,038	537,256	358,126	412,604
留保利益	37,444	47,327	10,156	-40,155	73,110	120,667	-48,556	22,404
減価償却	402,790	406,917	410,539	415,506	401,928	416,589	406,628	390,200

注）本表は，各年の資金調達における正味の調達額を示したものである。すなわち，正の数値は調達を，負の数値は返済を示す。
出所）『法人企業統計』。

図表2-5　1990年代の第三者割当増資の割当先内訳

年度	合計(社)	割当先内訳			
		役員・従業員	国内企業	国外企業	その他
1990	22	1	20	1	3
1991	18	2	17	0	1
1992	19	2	17	1	3
1993	12	0	11	1	3
1994	12	1	11	2	0
1995	19	0	17	2	9
1996	21	0	16	5	5
1997	26	1	23	3	2
1998	78	1	71	8	2

出所）坂本編（2002），p.42より。
原典）『旬刊商事法務臨時増刊　増資白書』各年版。

第2章　日本企業の資金調達様式

　また，1990年代は，金融・資本市場で一層の規制緩和が進み，さらなる資金調達の多様化が進んだ。その代表がコマーシャル・ペーパー（Commercial Paper：CP）とミディアムターム・ノート（Medium-Term Note：MTN）である。

　CPは，企業が短期の資金を調達するために発行する単名の自己あての無担保約束手形である。しかし，1993年4月から一種の有価証券扱いになった。額面は1億円以上で，巨額の短期資金を調達する手段として活用できる。1980年代にはアメリカ，カナダ，ユーロ市場で利用されるようになっていたが，日本では，1987年に大企業で発行が認められて以降，88年12月には証券金融会社，93年6月にはノンバンク，94年4月には保険会社とそれぞれの業界で解禁された。当初日本では，証券会社や銀行と販売人契約や発行条件を決める間接発行であったが，98年には，企業が機関投資家などに直接売り出す「直接発行」も認められた。

　また，MTNは，短期のCPと長期の社債の中間的な資金調達としてアメリカで誕生した。機動的な資金調達に優れ，発行企業やその親会社の財務状況が優良であれば，一般の金利よりも低い金利でMTNの発行ができたことから，さかんに利用された。また，発行額も1億ドルから100億ドルという中核的な資金になりうる額の調達が可能になっている。

　こうした制度をうまく活用することで，これら制度が先行して普及しているユーロ市場で機動的な資金調達が行われている。短期資金・中期資金という従来ならば銀行からの借入金に頼らなければならなかった部分においても，多様な資金調達が可能になったことで，銀行借入金への依存傾向は，大企業を中心に縮小してきている。

2　メインバンクとの関係

　以上のように，日本企業の資本調達方法は，かつてのメインバンクを中心とした銀行借入金中心の構造（そして，そのための株式持合構造）から，証券市場やエクイティ・ファイナンスを活用した直接金融にシフトしてきているという大きなトレンドがあるが，そうしたトレンドから現実をすべて説明できるわけで

はない。2003年6月に財務省財務総合政策研究所によって行われたアンケート調査では、主たる資金調達手段として「メインバンクからの調達」が依然としてきわめて高いことが示されている(図表2－6)。

図表2－6　主たる資金調達手段は何か

主たる資金調達手段は何か？（5つまで選択）	2002年（857社）	1999年（1211社）
メインバンクからの調達	86.9	87.8
メインバンク以外からの調達	62.9	71.3
国内市場での普通社債発行	27	32.6
海外市場での普通社債発行	4.7	7.5
国内市場での仕組み債の発行	4.4	20.8
海外市場での仕組み債の発行	3.2	16.8
国内市場での株式発行	26.7	23.8
海外市場での株式発行	1.1	0.8
国内市場でのＣＰ発行	12.1	13.6
海外市場でのＣＰ発行	0.4	0.9
リース債権・クレジット債権等の証券化	4	6.4
銀行以外の金融機関からの調達	23.2	29.2
その他	10.9	5.8

出所）財務省財務総合政策研究所(2003)、p.34より引用。

メインバンクからの資金調達の背景には、不測の資金需要時や経営危機の際のメインバンクによる救済を期待している企業が多いことがあげられる[2]。つまり、メインバンクのこれまでの機能は依然として必要とされているようである。さらに、ＣＰなど他の外部資金調達手段も、制度としては認められていても、実際の運用においてはまだ十分に機能しているといいがたいことがうかがえる。

また、図表2－7には、株式市場、債券市場の活用が十分にできないというアンケート結果が示されている。株式市場を活用できない理由としては、現在の市況低迷を背景とした吸収能力の問題が多くあげられ、株式市場の低迷が大

図表2-7　株式市場・債券市場は有効に活用できる状況にあるか

	株式市場		債券市場	
	2002年	1999年	2002年	1999年
	856社	1213社	839社	1211社
十分に活用できる状況にある	3.3%	6.2%	4.2%	8.1%
どちらかというと活用できる状況にある	31.9%	49.7%	35.5%	48.1%
どちらかというと活用できない状況にある	33.9%	30.8%	26.3%	27.3%
活用できない状況にある	16.2%	2.8%	7.3%	2.5%
分からない	14.7%	10.5%	26.7%	14.0%

出所）　財務省財務総合政策研究所（2003），p.37より引用。

きな要因になっていることがわかる。一方，債券市場を活用できない理由として，「低格付け債を取り扱う証券会社が存在しない」，「知名度の無い会社は発行しにくい」といった回答を寄せる企業が多く，さらなる規制緩和や債券市場の整備がなされることが必要であることをうかがわせる。

このようなアンケート結果を踏まえると，資金調達のトレンドと実際の「現場」では，一定の乖離があることがうかがえる。その乖離の理由としては，次のようなものが考えられる。まず，もともと日本の多くの産業で企業活動に必要な資金調達が銀行からの借り入れによって行われてきた歴史がある。そして，その中心にいたのがメインバンクであり，すでに述べたように資金の貸し手という機能のほかに，コーポレート・ガバナンス機能や信用リスク管理機能も果たしてきた。日本の経済成長の鈍化にともなう企業の資金需要の減少，直接金融を可能とする資本市場の発達，不良債権問題の顕在化による信用リスク問題などのため，全体として間接金融から直接金融への流れが生じているものの，企業がすべての借入金を返済し，無借金経営をするということは事実上不可能であり，大半の企業において銀行からの借り入れが中心的な資金調達手段であること自体は依然として変わりがない。また，株式市場・債券市場での資金調達は，一部の有力企業以外は十分に活用しがたいというアンケート結果も示さ

れており，銀行からの借り入れをすべて代替するほどの資金規模があるわけではない。

資金調達における「間接金融から直接金融へのシフト」というトレンドは，「社債などによる直接金融手法の多様化」と「借入金依存経営に対する市場からの退場圧力」を背景にして生まれるものであり，このトレンド自体は今後も変わることなく，企業の借入金依存度は今後一定の水準まで下がることになるだろう。しかし，借入金自体がなくなるのではないため，貸し手としての銀行，そして，その中でのメインバンクに対する企業からのニーズは，基本的に変化しないものと考えられる。

3　企業規模と資金調達

日本企業における間接金融から直接金融への資金調達構造のシフトというトレンドは，企業規模の相違によって必ずしも一様ではない。『中小企業白書』からは，中小企業[3]の資金調達はそうしたトレンドではうまくまとめきれないことを示す。以下では，「直接金融へのシフト」というトレンドに反して，中小企業の資金調達が依然として借入金依存であるという事実について検討する。

1）　中小企業の資金調達行動の特徴

まず，中小企業の資金調達構造の特徴が，大企業のそれと比べて大きく異なったものであることを確認しよう。

図表2-8は，2001年度の従業員規模別の資金調達構造を示している。これによると，従業員数20人以下の企業では，自己資本比率が12.2%であるのに対し，借入金比率は66.9%である。そして，従業員数が大きくなるに従って，自己資本比率の上昇と借入金比率の減少が起こり，従業員数301人以上の企業になると自己資本比率は33.2%，借入金比率は24.2%となる。中小企業に分類されるすべての企業で自己資本比率が低いわけではないが，規模が小さい企業は，相対的に資金調達のより大きな部分を借入金に依存しなければならないのが現実である。

第2章 日本企業の資金調達様式

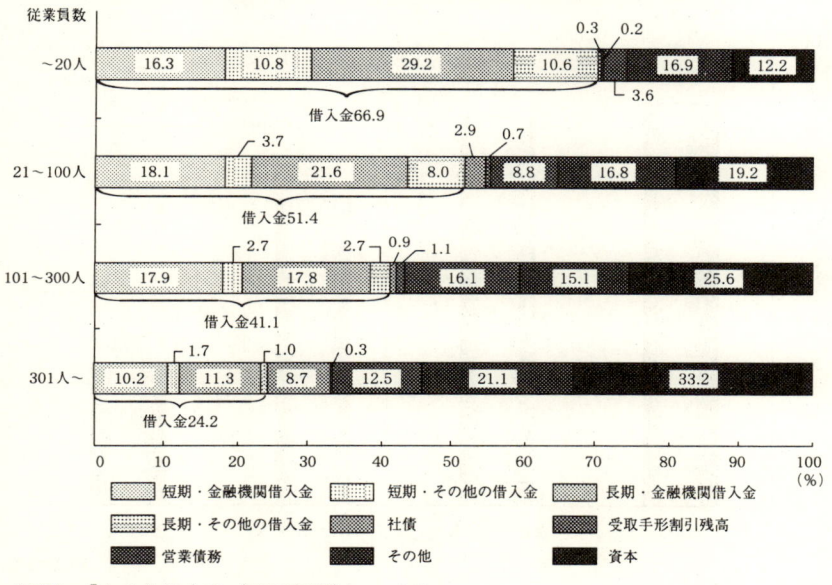

図表2-8 従業員規模別の資金調達行動の資金調達行動（2001年度）

従業員数	短期・金融機関借入金	短期・その他の借入金	長期・金融機関借入金	長期・その他の借入金	社債	受取手形割引残高	営業債務	その他	資本
～20人	16.3	10.8	29.2	10.6	0.3	0.2	3.6	16.9	12.2
21～100人	18.1	3.7	21.6	8.0	2.9	0.7	8.8	16.8	19.2
101～300人	17.9	2.7	17.8	2.7	0.9	1.1	16.1	15.1	25.6
301人～	10.2	1.7	11.3	8.7	1.0	0.3	12.5	21.1	33.2

借入金66.9（～20人）
借入金51.4（21～100人）
借入金41.1（101～300人）
借入金24.2（301人～）

出所）『中小企業白書（2003年版）』，p.140。

　中小企業は資金調達に際し，銀行からの借入金に依存する一方で，その借り入れが困難な状況にもある。中小企業庁の調査によれば，2002年にメインバンクへ借り入れを申し込んだ際，メインバンク側の対応として最も多かったのが拒絶や減額であったと回答した企業の割合が，20人以下の企業で18.2％，100人未満の企業で10.2％，300人未満の企業で5.3％に上った。同時期の301人以上の企業の場合，その割合は2.8％にとどまることから，小さな企業は借りにくい環境にあることがわかる。
　また，借り入れを行う際にも，担保の提供を求められることが多い。そのほとんどは，代表者をはじめとする個人保証であり，大企業に比べて借入条件が厳しいことがわかる（図表2-9，図表2-10）。
　このような中小企業に特有の借入条件の厳しさは，中小企業金融に内在する問題ゆえに発生する。中小企業が必要とする資金量は大企業に比べて小さい。

第Ⅱ部　日中韓企業の資金調達様式の比較

図表2－9　メインバンクへの保証提供割合（従業員規模別）

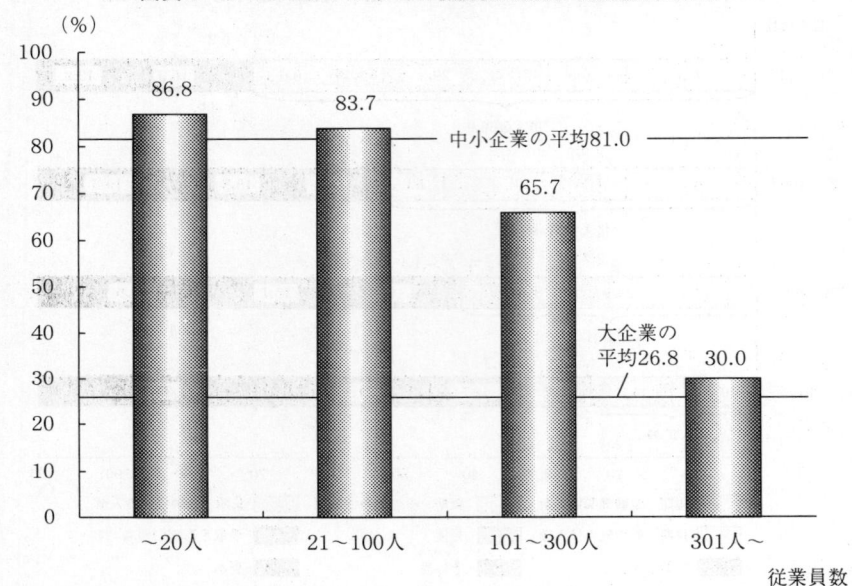

従業員数	割合(%)
～20人	86.8
21～100人	83.7
101～300人	65.7
301人～	30.0

中小企業の平均81.0
大企業の平均26.8

注）1．借り入れがある企業のみ集計した。
　　2．中小企業・大企業の定義については，中小企業基本法に従っている。
出所）　中小企業庁「金融環境実態調査」（2002年11月）。

図表2－10　メインバンクへ提供している保証人の種類（従業員規模別）

	～20人	21～100人	101～300人	301人～
代　表　者	82.2	79.5	62.6	25.8
代表者の親族	35.1	22.8	8.7	3.3
代表者以外の役員	18.1	15.4	9.4	1.6
その他の個人	3.4	1.7	0.3	0.2
資本関係のある法人	4.5	5.4	5.0	3.6
その他の法人	0.7	0.3	0.7	0.2

出所）　『中小企業白書（2003年版）』，p.142。
原典）　中小企業庁「金融環境実態調査」（2002年10月）。

第2章 日本企業の資金調達様式

そのため、資金の貸し手としての金融機関の立場から見ると、小規模な顧客への審査や貸出後のモニタリングに対して費やすことができるコストには限界がある。また、審査を補う格付け機関やアナリストも存在しない。そのため、貸し手の金融機関は、借り手である中小企業の経営状態に関する正確な情報を把握することが難しい。つまり、貸し手（金融機関）と借り手（中小企業）の間に、情報の非対称性が存在し、そのことに起因するリスクを軽減するために、金融

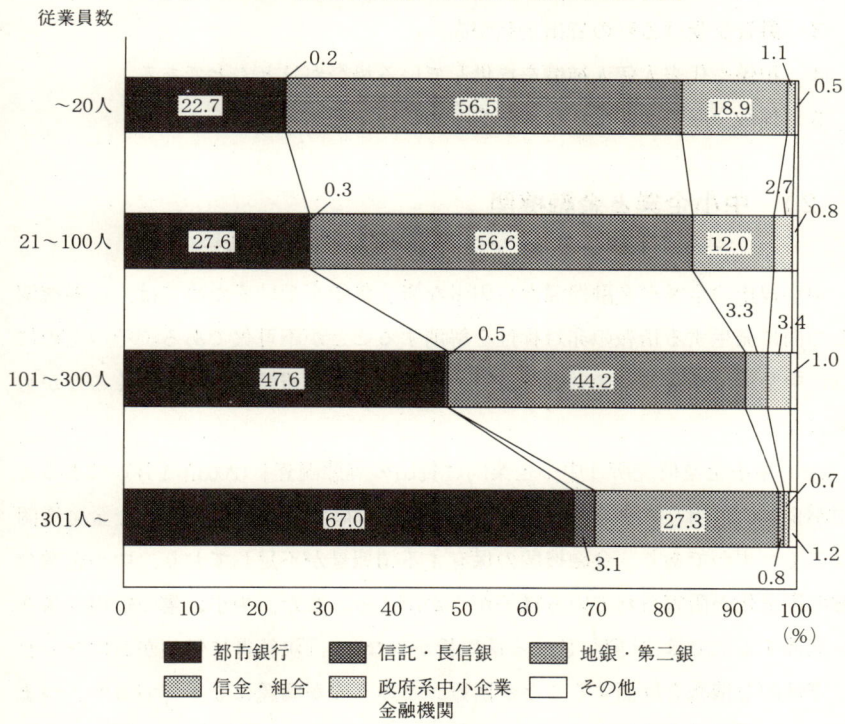

図表2－11 従業員規模別の借入先の内訳（2002年度）

従業員数	都市銀行	信託・長信銀	地銀・第二銀	信金・組合	政府系中小企業金融機関	その他
～20人	22.7	0.2	56.5	18.9	1.1	0.5
21～100人	27.6	0.3	56.6	12.0	2.7	0.8
101～300人	47.6	0.5	44.2	3.3	3.4	1.0
301人～	67.0	3.1	27.3	0.8	0.7	1.2

注）1. ここでは借入残高シェアの大小等にかかわらず、その企業がメインバンクと認識している銀行をメインバンクとした。
   2. 長期信用銀行とは、新生銀行、あおぞら銀行を指す。
   3. 地銀・第二地銀とは地方銀行及び第二地方銀行、信金・信組とは信用金庫、信用組合を指す。
出所）『中小企業白書（2003年版）』、p.145。

機関としては貸出条件を厳しくしていると見ることができる。

中小企業への資金供給者として重要なのが地域金融機関である。図表2－11は，規模の小さい企業ほど地銀や第二地銀，信金や信組からの借り入れが大きくなっていることを示している。

つまり，中小企業の資金調達の特性は以下の5点にまとめられる[4]。
1　借入金への依存度が大きい。
2　必要とする資金を完全に借り入れることができないケースが少なくない。
3　融資を受ける際の貸出金利が高い。
4　担保や代表人個人補償を提供している場合がほとんどである。
5　地域金融機関が重要な地位を占めている。

2）　中小企業と金融機関
────リレーションシップ構築の重要性────

中小規模の企業が金融機関から円滑な資金供給を受けるためには，金融機関との間に発生する情報の非対称性を解消することが不可欠である。そのためには，中堅・中小企業が金融機関に対して積極的な情報開示をしていくことが必要になる。

（社）中小企業研究所「中小企業向け貸出の実態調査」（2003年1月）によると，中小企業の信用リスクを把握する上で「問題は特にない」と回答した金融機関はごくわずかであり，金融機関の保有する情報量が不足しており，中小企業金融の円滑化が阻害されている様子がうかがえる。また，中小企業の信用リスクを把握する上では，「開示される情報量が少ない」「決算書に信頼がおけない」「定性的な情報を評価することが困難」というのが問題になっている[5]。つまり，金融機関で正確に信用リスクを把握できるような信頼性の高い情報開示を実施していくことが，中小企業の資金調達を円滑に行うために不可欠になってきているといえよう。

同時に，金融機関の側にも，取引している中小企業の経営状況を正確に把握するための努力が求められる。中小企業の場合，決算書などの財務データから

だけでは読み取れない性質の企業情報が，経営上大きな意味を持つ場合が多い。たとえば，社長の人柄，保有技術力，取引先との関係などがそうした性質の情報であり，財務データをハード・インフォメーションと呼ぶのに対し，ソフト・インフォメーションと呼ばれる[6]。こうしたソフト・インフォメーションを金融機関が逐次収集し蓄積していくことが，中小企業金融のために重要になる。

ソフト・インフォメーションの収集は，融資担当者が企業に出向いて社長と面談したり，実際の商品を見たりするといった付き合いを長く続けることによって初めて可能になる。このような金融機関と中小企業との間の「リレーションシップ」（関係性）の構築は，両者の間で長期的かつ緊密な取引関係があって実現するものである。そのため，図表2－12及び2－13に示されるよう

図表2－12　貸してもらえなかった企業の割合（メインバンクとの取引年数別）

メインバンクとの取引年数	貸してもらえなかった企業の割合（％）
～10年	14.9
11～20年	14.6
21～30年	11.6
31～50年	8.2
51年～	7.3

出所）『中小企業白書（2003年版）』，p.147より作成。
原典）中小企業庁「金融環境実態調査」（2002年11月）。

図表2－13　平均短期借入金利（メインバンクとの取引年数別）

メインバンクとの取引年数	平均短期借入金利（％）
～10年	2.346
11～20年	2.314
21～30年	2.194
31～50年	1.957
51年～	1.813

出所）『中小企業白書（2003年版）』，p.147より作成。
原典）中小企業庁「金融環境実態調査」（2002年11月）。

な「メインバンクとの取引が長くなればなるほど借入が有利になる」,「メインバンクとの取引が長くなればなるほど平均短期借入金利が低下する」といった実績も,メインバンク側に貸出先の中小企業のソフト・インフォメーションが的確に把握され,信用リスクが軽減している結果であると考えることができる。

中小企業との間に密接なリレーションシップを構築し,その信用リスクを的確に把握しているメインバンクの存在は,中小企業の経営上きわめて重要な存在であることがうかがえる。良好なリレーションシップの構築のためには,中小企業の側もメインバンクに対して正確な情報開示を進めていくことが必要になるし,メインバンクの側にしても,中小企業のソフト・インフォメーションを把握できるような「近さ」を維持していく努力がなされなければならない。

しかし,近年,長引く不況で地域経済が疲弊する中,地域金融機関の体力は大幅に低下している。また,中堅・中小企業の海外進出が進み,そのメインバンクである地銀や第二地銀,信金や信組といった地域金融機関がそれらの地域をカバーしきれないなどの事情もあり,地域金融機関がこれまで築き上げてきたリレーションシップ・バンキングの基盤が揺らぐケースが増えている。地域金融機関が中堅・中小企業のメインバンクとして機能し続けられるかどうかが課題となっているのである。

3） 中小企業における金融機関以外からの資金調達方法

図表2-14は,中小企業における金融機関以外からの借り入れの内訳を示している。この表から,中小企業は代表者や代表者親族からの借り入れが多いことがわかる。

また,図表2-15から,中小企業において,債券発行による直接金融の資金調達が実態として利用できないことがわかる。銀行借入への依存体質から脱却しようとする場合,代表者を中心とした個人依存の資金調達（代表者からの借り入れや,社債・増資の代表者引受など）に頼らざるをえないのが中小企業金融の実態である。

第2章 日本企業の資金調達様式

図表2－14 金融機関以外からの借り入れの内訳（％）

	中小企業	大企業
その他政府系金融機関	18.6	28.3
生命保険・損害保険	20.7	62.3
農林系金融機関	13.1	40.0
協同組合	8.2	6.1
代表者	25.7	0.5
代表者親族	19.9	0.5
代表者以外の役員	4.4	0.5
従業員	1.8	0.5
その他の個人	2.2	0.0
資本関係のある法人	19.2	25.3
資本関係のない販売先	1.4	0.5
資本関係のある仕入先	3.0	1.4
その他の法人	4.8	7.3

注）1．その他借り入れがある企業のみ集計した。
　　2．中小企業，大企業の区分は中小企業基本法の定義に従った。
　　3．複数回答のため，合計は100を超える。
出所）『中小企業白書（2003年版）』，p.168より作成。
原典）中小企業庁「金融環境実態調査」（2002年11月）。

第Ⅱ部　日中韓企業の資金調達様式の比較

図表2－15　借り入れ以外の資金調達

(%)

項目	中小企業	大企業
社債発行（公募）	0.8	11.8
社債発行（私募）	19.2	31.0
増資（公募）	4.5	16.5
増資（私募）	18.8	16.9
資産売却	19.3	25.6
資産の証券化	2.0	13.0
リース	54.8	39.5
割賦	11.8	6.4

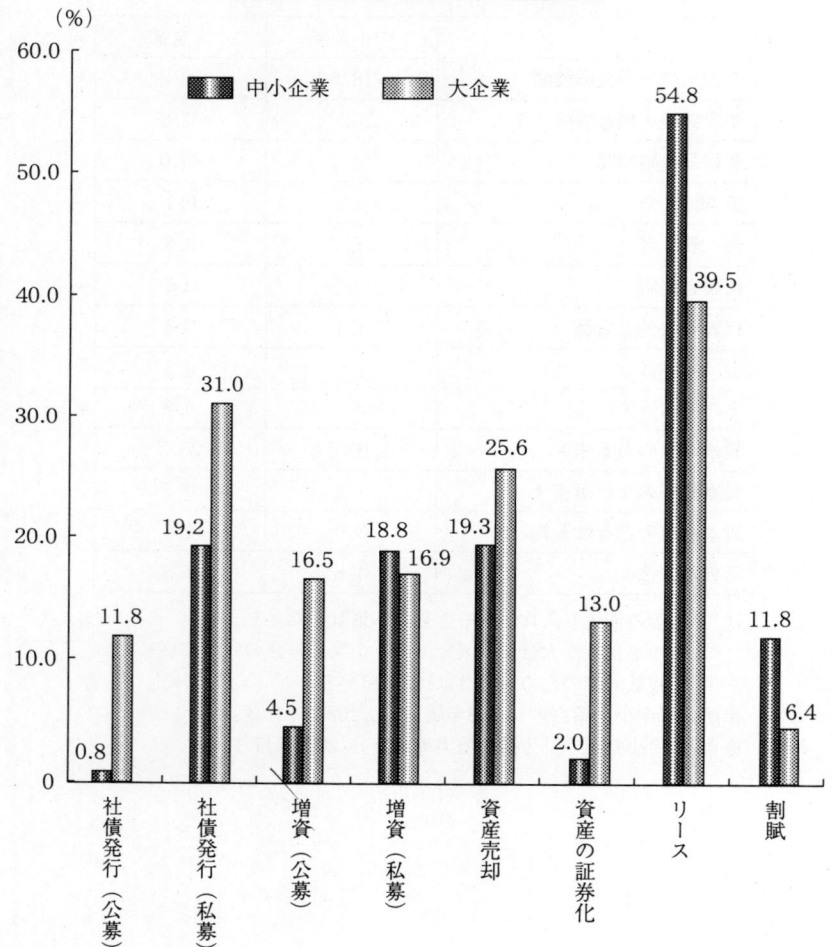

注）1. 1997年以降利用した銀行・その他の金融機関・ノンバンクなどからの借り入れ以外の資金調達手段を指す。
　　2. 中小企業，大企業の定義区分は，中小企業基本法に従った。
　　3. 複数回答のため，合計は100を超える。
出所）『中小企業白書（2003年版）』, p.168より作成。
原典）　中小企業庁「金融環境実態調査」（2002年11月）。

4　日本企業の海外での資金調達

　前節までは，日本企業の国内での資金調達の特徴について見てきたが，次に日本企業の海外，特にアジアにおける資金調達を見てみよう。

1）　現地借入金通貨

　ジェトロ『進出企業実態調査　アジア編2002年版』のデータから，日本企業のアジアにおける借入金（運転資金借入金，設備投資資金借入金）の通貨，貿易決済通貨の特性がうかがえる（図表2－16）。

　まず，借入金通貨について，ジェトロの実態調査アンケートへの有効回答1,283社のうち，49.3％が運転資金の70％以上を現地通貨で調達している。以下，22.8％が米ドル，17.4％が日本円であった。現地通貨での調達が高いのは，台湾88％，インド86.4％，韓国75.0％，シンガポール73.0％，タイ（67.8％），上海（61.2％）である。また，米ドルでの調達が高いのは，ベトナム（71.6％），インドネシア（59.8％）であり，日本円での調達が高いのは大連（54.4％），フィリピン（44.0％），北京（31.3％）であった。

　また，設備投資資金については，有効回答1,162社の36.2％が，全体の70％以上を現地通貨で調達している。米ドルでの調達が27.8％，日本円での調達が24.3％，その他通貨が0.9％であった。現地通貨での調達率が高いのは台湾（84.1％），インド（72.2％），シンガポール（65.2％），韓国（60.0％），タイ（51.0％）である。米ドルでの調達が高いのは，ベトナム（78.2％），インドネシア（60.8％），日本円での調達が高いのは大連（54.5％），フィリピン（45.5％），北京（39.2％）である。

第Ⅱ部 日中韓企業の資金調達様式の比較

図表2-16 進出日本企業の借入金の70%を調達している通貨

(上段:件数, 下段:%)

	運転資金借入金						設備投資資金借入金			
	有効回答	米ドル 70%以上	日本円 70%以上	現地通貨 70%以上	その他通貨 70%以上	有効回答	米ドル 70%以上	日本円 70%以上	現地通貨 70%以上	その他通貨 70%以上
全体	1283	292	223	638	13	1162	323	282	421	11
(%)	100	22.8	17.4	49.3	1	100	27.8	24.3	36.2	0.9
ASEAN	742	216	127	325	4	709	234	172	231	5
(%)	100	29.1	17.1	43.8	0.5	100	33	24.3	32.6	0.7
中国	375	70	87	166	8	311	81	100	83	5
(%)	100	18.7	23.2	44.3	2.1	100	26	32.2	26.7	1.6
韓国	32	2	4	24	n.a	25	2	1	15	n.a
(%)	100	6.3	12.5	75	n.a	100	8	4	60	n.a
台湾	75	3	4	66	1	63	2	4	53	1
(%)	100	4	5.3	88	1.3	100	3.2	6.3	84.1	1.6
インド	59	1	1	51	n.a	54	4	5	39	n.a
(%)	100	1.7	1.7	86.4	n.a	100	7.4	9.3	72.2	n.a

出所)ジェトロ『進出企業実態調査 アジア編2002年』, p.9より引用。

2) 現地貿易決済通貨

次に，現地貿易決済通貨について，同じくジェトロの調査は，有効回答1,710社のうち49.9％の企業が，米ドルで貿易決済の受け取りを行っていることを示している（図表2－17）。以下，日本円が19.9％，現地通貨が14.4％，その他通貨が1.2％である。米ドルでの受け取りが多いのは，ベトナム（77.9％），インドネシア（67.9％），フィリピン（59.6％）である。また，日本円での受け取りが多いのは，大連（51.1％），北京（36.0％），韓国（32.6％），上海（29.0％），フィリピン（26.3％）である。それに対して，インド（42.0％），タイ（25.5％），台湾（21.4％）では現地通貨での受け取りが多い。

貿易決済時の支払通貨に関しては，有効回答1,725社のうち，米ドルで支払っている企業が38.3％，日本円で支払っている企業が24.3％，現地通貨で支払っている企業が15.2％，その他通貨で支払っている企業が0.9％であった。米ドルでの支払いが多いのはベトナム（75.5％），インドネシア（54.9％），フィリピン（46.2％）である。日本円での支払いが多いのは，韓国（54.5％），大連（45.9％），北京（40.0％），上海（34.1％）である。また，現地通貨での支払いが多いのは，インド（31.7％），シンガポール（30.5％），タイ（23.2％）となっている。

第Ⅱ部　日中韓企業の資金調達様式の比較

図表2-17　進出日本企業の貿易決済の70%以上に使用されている通貨

(上段：件数, 下段：%)

		受取通貨				支払通貨			
	有効回答	米ドル 70%以上	日本円 70%以上	現地通貨 70%以上	その他通貨 70%以上	有効回答	米ドル 70%以上	日本円 70%以上	現地通貨 70%以上	その他通貨 70%以上
全体	1710	853	340	247	21	1725	661	419	262	15
(%)	100	49.9	19.9	14.4	1.2	100	38.3	24.3	15.2	0.9
ASEAN	991	506	151	154	7	1008	407	193	154	1
(%)	100	51.1	15.2	15.5	0.7	100	40.4	19.1	15.3	0.1
中国	509	248	153	42	10	495	180	161	65	12
(%)	100	48.7	30.1	8.3	2	100	36.4	32.5	13.1	2.4
韓国	43	21	14	5	1	44	13	24	3	1
(%)	100	48.8	32.6	11.6	2.3	100	29.5	54.5	6.8	2.3
台湾	117	62	15	25	2	118	45	31	21	n.a
(%)	100	53	12.8	21.4	1.7	100	38.1	26.3	17.8	n.a
インド	50	16	7	21	1	60	16	10	19	1
(%)	100	32	14	42	2	100	26.7	16.7	31.7	1.7

出所）ジェトロ『進出企業実態調査　アジア編2002年』, p.9より引用。

3) 日本企業の資金調達先

　海外での活動に際し日本企業が行う資金調達行動は，進出先の違いによってその内容は大きく異なっている。図表2－18は，通商産業省編「平成11年海外事業活動基本調査（第7回）」を資料として，1998年度の北米，欧州，アジア，中国の各地域における製造業の負債性資金がどのように調達されているかという状況を示したものである。

図表2－18　三極及び中国における資金調達比率[7]（製造業，1998年度）

	北米	ヨーロッパ	アジア	中国
社　　　　　債	2.0	5.0	1.1	0.0
日 本 側 出 資 者	18.1	4.4	6.4	3.4
そ の 他 出 資 者	8.5	27.1	4.5	1.3
現 地 邦 銀 借 入	43.1	2.8	11.9	11.4
現地金融機関借入	15.1	3.0	5.6	12.8
そ　　の　　他	13.2	57.6	70.4	71.1
調達合計額（百万円）	534,351	728,956	1,417,003	209,869

　出所）　通商産業省編「平成11年海外事業活動基本調査（第7回）」より作成。

　その図表から，進出地域によって，資金調達方法に大きな違いがあることがわかる。まず，アジア・中国においては，社債による資金調達が北米や欧州に比べて著しく小さい。これは，アジアや中国における資本市場がいまだ発展途上にあり，資本市場からの資金調達という手段が活用しにくいためと思われる。また，図表中の「その他」には，短期借入金も含まれているが，アジア地域ではその大部分が邦銀の香港支店，シンガポール支店からの外貨建借入であるといわれている[8]。日本企業が海外進出した場合，製品の輸入が円建てで行われることが多いという事情があるにせよ，長期借入金を現地地場銀行で調達せずこのようなオフショアローンに多く依存していることは，投資先国の金融市場からの資金調達が容易ではないという事情をうかがわせる。

　現在，アジア諸国および中国は，急速な金融の規制緩和を展開している。それにより，アジア及び中国においても将来は北米や欧州のように直接金融の比

重が増していくものと考えられるが，当面は現在の状態が続くものと推測される。

現在，資金面において，海外現地法人が日本に依存する程度は意外と小さい。これは，海外現地法人が，独自の資金調達や内部留保等に強く依存した資金調達を行っていることによるものと考えられる。

図表2－19は，製造業におけるアジア現地法人の総設備投資と，その中に占める再投資の割合を示している。この図表より，現地設備投資の相当部分を再投資によってまかなっていることがわかる。この傾向は，北米，欧州，アジアの各地域で共通するものである。2000年度の再投資に基づく投資額は，北米が約8,698億円，欧州が約3,072億円，アジアが約7,675億円で，全地域合計では2兆円を上回っている。

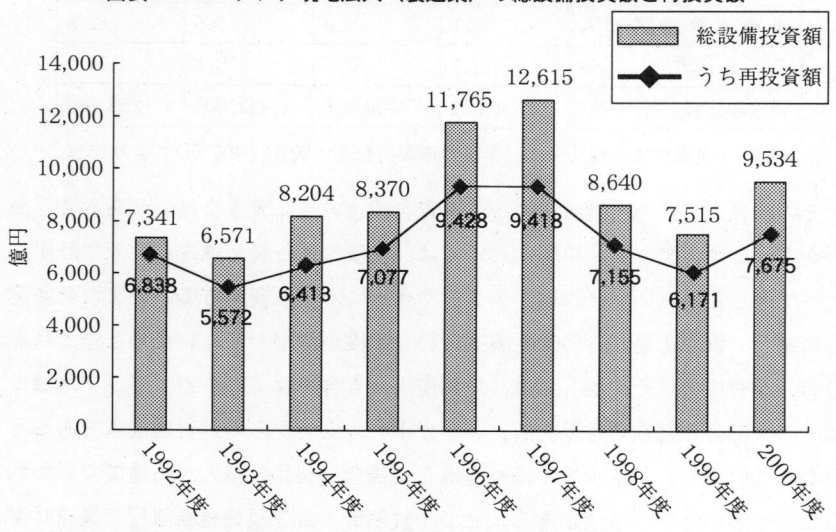

図表2－19 アジア現地法人（製造業）の総設備投資額と再投資額

年度	総設備投資額	うち再投資額
1992年度	7,341	6,838
1993年度	6,571	5,572
1994年度	8,204	6,413
1995年度	8,370	7,077
1996年度	11,765	9,428
1997年度	12,615	9,418
1998年度	8,640	7,155
1999年度	7,515	6,171
2000年度	9,534	7,675

（単位：億円）

出所）経済産業省「海外投資統計総覧」「海外事業活動基本調査」各巻のデータより筆者作成。

第2章　日本企業の資金調達様式

　図表2-20からは，北米，アジア，欧州の各地域で現地設備投資の8割前後が再投資によってまかなわれていることが分かる（残りの部分が日本側出資者の引受分）。ここで，再投資の原資となるのは，進出企業の内部留保と進出企業が独自に調達した資金である。そのため，銀行からの借入とともに進出先企業が健全に業績を伸ばし，次への投資を行える体力を確保していることが資金政策を考えるとき重要な課題になる。

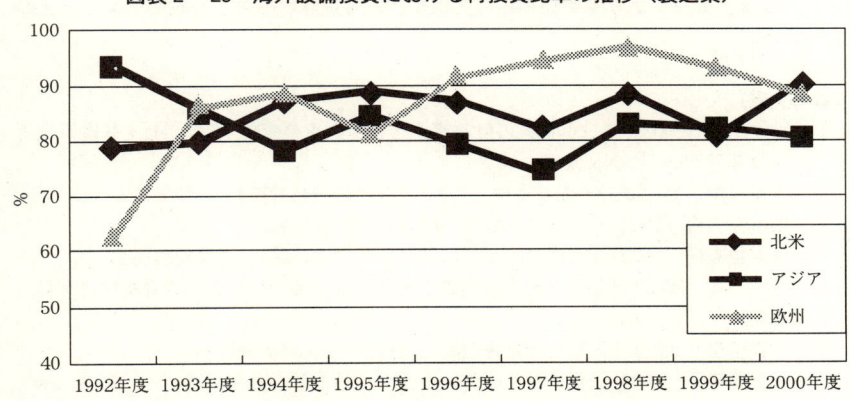

図表2-20　海外設備投資における再投資比率の推移（製造業）

出所）　経済産業省「海外事業活動基本調査」より筆者作成。

（注）
1) 　神戸大学大学院経営学研究室編『経営学大辞典　第2版』，p.888より。
2) 　ただし金融危機以降，経営危機の際のメインバンクによる救済は，それ以前に比べて困難になってきている。
3) 　中小企業基本法において「中小企業」とは，おおむね，資本金3億円以下又は常時雇用する従業員300人以下の会社及び従業員300人以下の個人企業をさしている。ただし，卸売業の場合は，資本金1億円以下又は従業員100人以下，小売業の場合は，資本金5,000万円以下又は従業員50人以下，サービス業の場合は，資本金5,000万円以下又は従業員100人以下のものとしている。また，「小規模企業」には，従業員20人以下の企業が該当する。本章では，便宜上それら企業を一括して中小企業と記述する。
4) 　『中小企業白書（2003年版）』，p.145より。
5) 　『中小企業白書（2003年版）』，p.142より引用。

第Ⅱ部　日中韓企業の資金調達様式の比較

6）『中小企業白書（2003年版）』，p.142より引用。
7）　平成11年海外事業活動基本調査の質問票では，負債性資金調達の総額とその内訳を記入することになっているが，総額のみを記入した回答も多く，それらの回答をそのまま合計しているため，各項目の総額は合計額より少ない。「その他」と表記されているのはこの両者の差である。したがって，「その他」の項目が何であるかは明らかでないが，本来各項目に属すべき部分が多く含まれていることは想像に難くない。ただし，各資金調達手法の相対的な利用度の軽重を把握する上では，支障はないものと判断する。
8）　村上（1998），p.104参照。ただし，中国においては，第3章にも見るとおり，オフショアローンよりも中国国内の邦銀支店から調達するのが一般的であると思われる。

〈参考文献〉

1　小本恵照（2002），"日本企業の財務構造と資金調達の変化，"ニッセイ基礎研究所経済調査レポート，No.2002-04。
2　榊原茂樹・菊池誠一・荒井富雄（2003）『現代の財務管理』，有斐閣アルマ。
3　坂本恒夫編（2002）『テキスト財務管理論』，中央経済社。
4　坂本恒夫編（2002）『現代コーポレートファイナンス論』，税務経理協会。
5　田中一弘（2002）『企業支配力の制御：戦後日本企業の経営者・資金提供者関係』，有斐閣。
6　津森信也（2002）『入門企業財務理論と実践』，東洋経済新報社。
7　村上美智子（1998）"東アジアにおける進出日系企業の資金調達，" FRI Review", Vol.2, No.1。
8　真壁昭夫（2002）"資金調達と資本構成"フィナンシャル・レビュー, June, pp.63-80。
9　財務省財務総合政策研究所（2003）『進化するコーポレート・ガバナンス改革と日本企業の再生』財務省，『法人企業統計』各巻
10　ＪＥＴＲＯ（2002）『進出企業実態調査　アジア編2002年版』。
11　中小企業庁『中小企業白書2003年度版』。

第3章　中国企業の資金調達様式

　中国では，企業の資金調達の手段として，各種金融機関からの借り入れに加えて，直接金融の手段としての株式や債券の発行など，一見，一通りのメニューがそろっているように見受けられる。しかし，各種の規制の存在や，体制変革の歴史的な経緯などのため，企業の資金調達には大きな偏りが見られ，企業の成長にともないそれに沿った形で資金調達の選択肢の幅が広がるといった相関関係は必ずしも明確ではない。

　中国の資金調達構造を全企業ベースで見ると，銀行借入の比重が多く株式による資金の調達の比重が少ないという点で，他のアジア諸国と共通の現象が確認される。また，社債の発行は，きわめて限定的である。しかし，さらに詳細に企業の資金調達の状況を見ていくと，そこには極端な偏りが見られる。中小規模の私営企業については，自己資金や親戚・友人から集められた資金への依存度がきわめて高く，その範囲を超えて，たとえば，地域金融機関などの外部資金の利用に移行するには大きな「ジャンプ」が必要となる。国有企業については，一般的に，国有商業銀行への依存度が非常に高いが，これは，国有商業銀行が国有企業に対する資金供給の役割を担っていたという歴史的な経緯が影響している。ただし，いったん株式市場への上場が認められた企業については，資金調達の大きな部分を株式による調達に依存するようになる。このように見ていくと，中国においては，資金調達のメニューが連続的に並んでいて，企業の成長に応じて，活用可能なメニューの幅が広がっていくというよりは，それぞれの資金調達メニューが規制などにより分断されていて，それぞれのメニューを活用することができる企業がそのメニューに大きく依存して資金調達を行っているというのが実態といえよう[1]。

　しかし中国では，現在，金融セクター改革の大きな波が押し寄せている。こ

の波は，主に，中国銀行，建設銀行，工商銀行，農業銀行の4大国有商業銀行の分野で生じている。これらの銀行は，これまで，主に国有企業に対する資金の供給者として機能してきたが，WTO加盟以降，外資銀行との同一土俵上での競争を求められることで，改革の必要性が最も切実に認識されている。不良債権比率を低下させるよう監督当局から強い要請を受けており，これに対応する形で資産の選別に力を注ぎ始めている。われわれのヒアリングでも，融資の審査に際して，与信リスクを数値化して評価するシステムを導入するなど新たな動きが確認された。しかしリスク評価の能力は一朝一夕に高まるものでもなく，融資の対象が私営企業などに広がる傾向が顕著になっているといった現象はまだ確認されていない。

　中国経済の成長を支える1つの柱となってきている私営企業などの中堅・中小企業の資金調達難問題の解消に向けて，政府は力を入れ始めている。本章後半では，特に私営企業が経済発展の重要な要素となっている地域である浙江省温州市で行われている金融改革の試みや，中堅・中小企業の信用補完手段としての中小企業投資担保公司の役割などを取り上げた。直接金融の手段，たとえば株式市場改革や社債発行対象企業の拡大なども今後進捗していくであろうが，これらの動きが広く中堅・中小企業の資金調達に貢献するようになるまでには，まだ相当の時間が必要であるように思われる。

　WTO加盟により，中国への海外直接投資は増加傾向にあるが，中国で事業を行う外国企業にとって，中国での資金調達における選択肢はそれほど多くない。Fortune 500にランクインするような世界的な大企業は別として，中堅・中小企業については，人民元の兌換が不自由であること，外資銀行の業務がまだ限定的であるといった環境下で，中国の地場銀行がプロジェクトの審査に基づいて貸付判断を行うまでにはなかなかいたっていないこと，現地資産の担保評価が困難であることなど，制約が多い。しかし中国の金融セクターは急速な変貌を遂げており，その流れを見失うことは，中国に進出している企業にとって経営上のリスクにも成りうることであろう。たとえば，中国の金融セクター改革は，すでに4大商業銀行の改革を，これまでの4行一括の「護送船団方式」

第3章　中国企業の資金調達様式

からはっきりと決別し，可能な銀行から改革の歩を進める選別方式へと切り替えている。このような動きのフォローを怠っていると，改革の先頭を走っている建設銀行や中国銀行と取引する企業と，最後尾を走っている農業銀行と取引する企業とでは，今後の資金調達における自由度が変わってきてしまうといったことが起こるかもしれない。

　本章では，中国地場企業の資金調達の現状と構造的課題，特にＷＴＯ加盟前後における企業金融環境の変化を確認し，中国進出外資系企業，特に日系企業の資金調達に持つ意味合いを考察する。なお，分析は，中国側の公開統計，及び実地調査時の金融機関担当者，企業（地場および外資系）経営者へのヒアリングを踏まえている。

1　資金調達の全体構造

1）　主要資金調達方法による調達実績の推移

　この20数年間を見ると，中国企業の資金調達は財政支出依存から国有商業銀行からの借入増へ，さらに1990年代初頭の証券取引所の創設を契機に大型国有商業銀行への過度依存から脱却し，間接金融と直接金融が併存する調達構造へとシフトし始めた。資本市場の発展にともなって，そこからの資本調達は大幅に増加している。2003年末現在，中国深圳，上海両取引所に上場した企業の数は1,372社に達した。調達額が最高を記録したのは2000年で，2,103.08億元の資本が調達された（図表3－1参照）。

　中国の資本市場は急速に発展しているが，歴史がまだ浅いため市場規模が小さく，調達手段も豊富とはいえない。また，制度の不備等の要素も加わるため，直接金融市場での調達が可能なのは，事実上，一部の国有企業に限られている。現時点では，資金調達手法としての直接金融の比重は間接金融と比べれば小さく，全体としては銀行借入が依然としてきわめて重要な地位を占めている（図表3－2参照）。

2） 株式市場の低迷

　最近2年間をみると，中国の高度経済成長とは裏腹に株式市場は低迷を続けており，株式発行による調達額も，最高額を記録した2000年以降大幅に下落している。逆に銀行からの借り入れによる調達は増大しており，資金調達源泉の構成変化のトレンドは反転している（図表3-2）。2003年上半期の株式調達総額は，前年同期比で67億元減（△16.1％），社債発行総額は65億元にとどまった。株式による資金調達額の対ＧＤＰ比も，2000年上半期の2.27％に対して，0.92％に下落した。

　企業の資金調達における直接金融の役割の低下，銀行借入への回帰現象は，中国が進めてきた金融制度改革の方向性と相反するものであり，金融リスクが再び銀行に集中してしまうとの懸念が抱かれている。2003年上半期をみると，企業の銀行借入総額の純増分（対前年比）は1兆7,810億元にのぼる。これは2002年1年間の対前年度純増分1兆8,475億元に匹敵する水準であり，憂慮が高まっている。

　上海証券取引所の株価指数は，2001年6月に最高値2,245ポイントを記録して以来急激に下落し，2003年11月13日に1,307ポイントまで下落した。これは1999年6月以来の最低水準である。最近2年間の新規株式上場による株式指数へのプラスの影響を差し引けば，実質的に1,000ポイント前後まで下落したことになる。統計によれば，2003年7月末までの過去2年間，株式市場での月平均調達額は約72億元であるが，これは1999年～2001年の月平均調達額の約半分に過ぎない。また，最近2年間の新規口座の月平均開設数も，ピーク時の20％にとどまっている。2001年6月末時点での上場株式（流通株）の時価総額は1兆8,800億元であったが，その後2年間に新規上場企業が122社あったにもかかわらず，2003年7月時点での全上場株式時価総額は1兆3,400億元にまで下落した。

　中国の資本市場の安定的発展を促進し，企業の資金調達における直接金融の比重を高め，銀行が負う金融リスクを逓減させるため，中国国務院は2004年2月1日に『資本市場の改革・開放及び安定発展促進のための意見書』を公表し，資本市場の育成，取引の健全化に関する政府の積極的支援姿勢を示した[2]。

第3章 中国企業の資金調達様式

図表3－1 株式発行による資金調達額の推移

年度	株式発行量				株式調達額				AB株組合せ調達
	億株	A株	H,N株	B株	億元	A株	H,N株	B株	
1991	5.00	5.00	－	－	5.00	5.00	－	－	－
1992	20.75	10.00	－	10.75	49.09	5.00	－	44.09	－
1993	95.79	42.59	40.41	12.79	375.47	194.83	60.93	38.13	81.58
1994	91.26	10.97	69.89	10.40	326.78	49.62	188.73	38.27	50.16
1995	31.60	5.32	15.38	10.90	150.78	22.68	31.46	33.35	62.83
1996	86.11	38.29	31.77	16.05	425.08	224.45	83.56	47.18	69.89
1997	267.63	105.65	136.88	25.10	1,293.82	655.06	360.00	80.76	198.00
1998	109.06	86.30	12.86	9.90	841.52	443.05	37.95	25.55	334.97
1999	122.93	98.11	23.05	1.77	944.56	572.63	47.17	3.79	320.97
2000	512.03	145.68	359.26	7.10	2,103.08	1,007.41	562.21	13.99	519.46
2001	141.18	93.00	48.48	－	1252.34	751.50	70.21	－	430.64
2002	291.74	134.20	157.54	0.00	961.75	723.14	181.99	0.00	56.61
2003	281.43	83.64	196.79	1.00	1357.75	819.56	534.65	3.54	－

注) A, B株は共に中国国内の証券取引所にて上場され，前者は人民元による取引，後者は外貨による取引である。H, N株はそれぞれ香港とニューヨークの証券取引所で上場された株式である。
出所) 『中国統計年鑑』中国統計出版社，各年版。

第Ⅱ部　日中韓企業の資金調達様式の比較

図表3-2　中国企業の全資金調達の構成

（単位：億元）

年度	調達総額	銀行借入		資本市場における調達					
		借入総額	割合%	調達総額	割合%	株　式	社債	金融債	国　債
1991	21,940.9	21,337.8	97.3	603.1	2.8	5.0	250.0	66.9	281.3
1992	27,684.5	26,322.9	95.1	1,361.6	3.9	94.1	683.7	55.0	460.8
1993	33,935.7	32,943.1	97.1	992.6	2.9	375.5	235.8	0.0	381.4
1994	42,436.2	40,810.1	96.2	1,626.1	3.8	326.8	161.8	776.0	1,137.6
1995	52,500.0	50,538.0	96.3	1,962.0	3.7	150.8	300.8	1,613.2	1,510.9
1996	64,750.2	61,152.8	94.4	3,597.4	5.6	425.1	268.9	1,055.6	2,126.2
1997	80,338.4	74,914.1	93.3	5,424.3	6.8	1,293.8	255.2	1,431.5	2,411.8
1998	93,272.5	86,524.1	92.8	6,748.4	7.2	841.5	147.9	1,950.2	3,808.8
1999	100,494.8	93,734.3	93.3	6,760.5	6.7	944.6	158.2	1,800.9	4,015.0
2000	107,328.7	99,371.1	92.6	7,957.6	7.4	2,103.1	83.0	1,645.0	4,657.0
2001	121,162.8	112,314.7	92.7	8,848.1	7.3	1,252.3	147.0	1,438.8	4,884.0
2002	140,072.7	131,293.9	93.7	8,778.8	6.3	961.8	325.0	1,555.7	5,934.3
2003	169,497.4	158,996.2	93.8	10,501.2	6.2	1,357.8	358.0	2,505.3	6,280.1

出所）『中国統計年鑑』1992年－2003年，『中国証券期貨統計年鑑』1992年－2003年。

図表3-3　株式と社債による資金調達額の比較

出所）図表3-2に同じ。

3） 債券市場整備の遅れ

　中国の債券発行市場，特に社債発行市場は，株式市場よりもさらに規模が小さく，発展が著しく遅れている分野である。債券には国債[3]，金融債，社債の3種類があるが，中国では主に大型国有企業及び国家大型建設プロジェクトのための資金調達手段として用いられてきているため，国債の発行量が圧倒的に大きく，金融債がそれに続き，社債は最も少ない。目下，国債の市場規模は2兆元にのぼり，社債の15倍超にあたる。債券の種類，発行量のいずれをとってみても，社債の発展が大幅に遅れていることを示している。

　2002年の中国の名目GDPは約10兆元であったが，国債，金融債，社債を合わせた債務未償還残高は3兆5,000億元であり，対GDP比35％にあたる。このうち社債の比重は総額1,000億元ときわめて小さく，対GDP比で1％未満に過ぎない。図表3－2及び3－3が示すように，過去十数年の間，1992年を除いて，企業の年間社債発行額は500億元を下回っている。2003年の中国の社債発行総額は408億元で，前年度比10％強増加したにもかかわらず，銀行借入の0.57％相当に過ぎない。

　先進諸国の直接金融市場の発展史をたどると，債券市場がきわめて大きな役割を果たしてきたことがうかがえる。米国では，2001年度の社債発行残高のGDP比が36％であり，社債による資金調達総額は株式による資金調達額の7.5倍に相当する。前述の国務院公表の『資本市場の改革・開放及び安定発展促進のための意見書』において，条件が整った企業による社債発行による資金調達の促進や，債券市場の立ち遅れの状況改善を提唱しているのもうなずけるところである。

2　属性別企業の資金調達

　中国企業の資金調達を見る場合，企業の属性によって資金調達手法の選択肢が大きく異なることから，具体的な議論は企業属性ごとに分けて行う必要がある。ここでは国有企業，上場企業と中小企業（民営企業が主体をなす）の3つの企業カテゴリーを取り上げ，その資金調達の特徴を見ることとする。

第Ⅱ部　日中韓企業の資金調達様式の比較

1）　国有企業の資金調達

　国有企業は中国の代表的な企業形態の1つである。近年国有企業は株式制企業への移行が進み，また民営経済が成長していることから，国民経済に占めるウエイトは以前より大幅に低下している。しかし，主要業種では依然として絶対的地位を占めているものも少なくない。また，大型企業の多くは完全国有か，国家持株支配のままである。

　国有企業の資金調達構造は，数段階にわたって大きな変化を遂げてきた。初期の改革（80年代中頃まで）では，国有企業の資金源泉は，財政支出と国有銀行からの借り入れであったが，改革が進むにつれて，固定資産投資の原資は財政支出依存から銀行借入に切り替えられていった。また1984年からは，銀行による流動資金統一管理制度が導入された。

　初期の改革の狙いは，銀行－企業間における債権債務関係の形成を通して，国有企業の予算システムの自律性を向上させることにあった。しかし，貸し手と借り手双方の所有権の関係（ともに国有セクター同士）と権利や義務関係の不明瞭さから，この改革措置は，借り入れへの依存度が過度に高まることに対して，効果的な抑止力を持たなかった。同時に，国家財政による資本補強が停止したため，企業の固定資産形成に占める国家財政支出分の比重は，81年の28.1％から95年の2.6％へと大幅に縮小している。新設された国有企業の一部には，銀行融資に完全に依存し，資本金なし同然のものまで現れている[4]。

　大型国有企業に対する国家統計局の調査（対象企業492社）によれば，国有企業の負債比率（負債÷総資産）は2003年末現在で平均約60％前後であり，1994年にモデル企業として現代企業制度導入対象として認定された100社でも，その負債比率は平均65％前後となっている。さらに，負債比率が高い大型国有企業に対する調査（対象企業6,054社）では，その負債比率の平均値は80％強にのぼると発表されている。図表3－4及び3－5からわかるように，国有企業全体の負債比率は，改革当初と比べて大幅に上昇してきている。

　この水準の負債比率は，日本や欧米であればさほど高いとも思われないが，

第3章　中国企業の資金調達様式

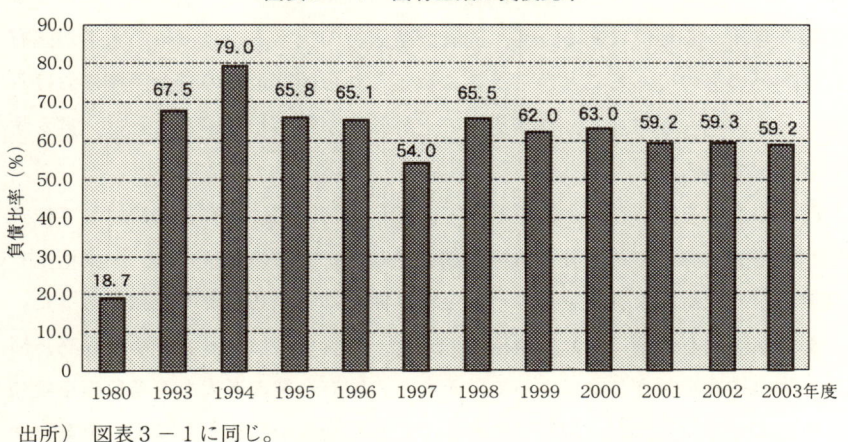

図表3－4　国有企業の負債比率

年度	負債比率(%)
1980	18.7
1993	67.5
1994	79.0
1995	65.8
1996	65.1
1997	54.0
1998	65.5
1999	62.0
2000	63.0
2001	59.2
2002	59.3
2003	59.2

出所）図表3－1に同じ。

図表3－5　所有制（性質）別製造業企業の負債比率推移[5]

年　度	1998	1999	2000	2001	2002	2003
内　　資	65.01	62.84	61.78	60.05	59.91	60.03
国有・国有持株支配	64.26	61.98	62.99	59.19	59.3	59.24
集　団　所　有	68.25	66.62	65.59	64.24	63.54	61.46
合　　営	67.75	64.95	63.61	58.95	57.75	59.77
有　限　責　任	64.55	64.2	63.53	61.57	60.98	61.57
株　式　有　限　責　任	54.41	52.57	49.41	49.72	50.47	50.90
香港・マカオ・台湾系	60.3	59.13	57.83	56.07	55.23	55.44
外　　資　　系	58.52	57.73	57.01	54.84	54.38	55.43
全　国　総　計	63.74	61.83	60.81	58.97	58.72	58.96

出所）図表3－1に同じ。

中国国有企業の場合，公表された自己資本には実態をともなわない部分があると推測されており，実質的な財務内容は，公表データよりも悪いものであるとの懸念が持たれている[6]。2003年度半ば時点で，国有・国有持株支配大・中型企業の数は4万5,000社超にのぼる。アンケートまたは省庁報告書の形でデータが公表されるのは，多くの場合は上位数百社など一握りのデータであり，全

体では大きなばらつきがある。国有企業は基幹産業に多く，国民経済に大きな影響を与えうる地位にあるうえ，国有商業銀行の抱える不良債権の大半が国有企業向けのものであることから，ここ数年これら国有企業の資金調達における借り入れの割合が増加し，負債比率の上昇傾向が復活していることは，懸念すべき状況である。

改革の進展を図るための措置として，90年代初頭には国有企業に対して株式制が本格的に導入され，証券市場が創設されたが，この背景には，大中型国有企業のために新たな資金調達ルートを切り開くことが必要との認識があった。一部の重点国有企業に対して債権の株式化，外資導入による合弁事業設立，M&A等の措置を行うことによって，それらの国有企業の過大な債務負担を緩和させることはできたが，現在に至るまで，銀行借入が依然として国有企業セクターでの中心的な資金調達源であることには変わりがない。

図表3－5が示すように，現在の公的所有企業の負債比率は外資系，香港・マカオ・台湾系企業，株式制有限会社などに比べて高い。したがって，国有企業への外資導入や株式制への転換の推進は，単に資金調達ルートを多様化させるだけでなく，企業に資金調達慣行自体を変化させるインセンティブを与え，結果として負債比率が低下していく効果をも期待するという意味もある。

2） 上場企業の資金調達

資本市場創設の主な目的は国有企業改革，救済にあったことは周知されている。株式上場を国有企業に限定し，上場企業の総発行株式の主要部分を非流通株として国が保有し続けることで，国有企業の公有制の性格を維持することが可能であるが，大多数の非国有企業が上場を果たせず（全上場企業中，国有株が入っていない企業はわずか6％に過ぎない），発行済み株式総数中の非流通株の比重があまりにも高く（64～66％で推移，うち国家の保有分が50～70％，2002年末現在72.2％）[7]を占めてきたことから，流通株と非流通株が同一株，同一価値であっても，賦与された権利が異なり，中国の資本市場の正常な成長と発展を阻害していると広く認識されている[8]。

株式市場への上場により，企業は資本市場から直接資金を調達できるようになるが，図表3－6に示すとおり，上場を果たした中国企業は，資金調達手法の選択にあたって，株式発行による調達を優先させる傾向がある。すなわち，①内部調達と外部調達のいずれかを選択するとき，進んで外部調達を選好する，②外部調達のうち間接金融と直接金融のいずれかを選択する場合，直接金融を優先させる傾向がある，③直接金融の中でも，未発達の債券市場での社債発行を避け，株式発行による調達が選択される，などである。いいかえれば，上場企業の資金調達における優先順位は，「株式発行→内部資金→銀行借入」である。中国の上場企業がこのような行動をとる理由としては，以下のような点が考えられる[9]。

① 厳しい上場基準が設けられているものの，各地方への割当制や行政的判断で候補企業が選別されるなど，企業統治が十分機能しておらず，株式会社制度や企業金融に対する理解も十分ではない。したがって，上場（候補）企業は株式発行にともなう責任や義務を自覚することがなく，上場できるという特権的立場から得られた資金は企業自身が自由裁量で運用できる（返済不要の）資金と認識される傾向がある。

② 国有持株支配の構図の下，国有大株主の利益が一般株主のそれより優先される。借り入れは元金返済・利子支払という義務をともなうのに対し，増資により調達された資金の資本コストは認識されず，国有大株主にとって単なる追加資金と認識される傾向がある。

図表3－6 上場企業の年度別外部資金調達構成の推移

項　　目	1993年	1994年	1995年	1996年	1997年	1998年	1999年
上場企業数	183	291	323	530	745	851	949
調達資金額（億元）	315.58	138.4	119.92	350.5	958.86	746.38	856.64
株式調達／総調達（％）	72.8	62.3	43.5	63.9	72.5	72.6	72.3
借入調達／総調達（％）	24.2	36.9	43.8	28.5	17.8	24.9	25.1
その他／総調達（％）	4.9	0.7	12.6	7.5	9.6	1.9	1.6

出所）巨霊証券情報系統ＨＰ，『中国証券報』。

③ 経営陣の持株が少なく、増資による希薄化への懸念がない。株式の資本コストの認識がないため、借り入れによる資金調達で財務リスクを増大させることへの懸念が先にたち、財務レバレッジの活用が不十分となる傾向がある。

④ 上場後の流通株の株主への配当も裁量によって最小限に抑えられ、情報公開も不十分であるため、株式への過度の依存にともなうコストが認識されにくい。

国が保有する部分が非流通株となり、国有資産管理機構・国有投資会社（特殊法人格）によって握られ、国有法人株主が取締役会を支配しているため、国有企業の経営権は国に握られてきた。このような環境下では、国有企業にとって「上場」は単に負債よりも「低コスト」で「低リスク」な自己資本増強の手段でしかなく、上場企業の負債比率が相対的に低いことも当然の帰結となる。しかし2001年以降、国有企業中心の上場枠割当制度は見直されている。今後、歴史が浅く高成長志向の民営企業のウエイトが高まっていけば、資金調達構造・財務構造そのものが変わっていくことも期待される[10]。

図表3－7　上場企業の資金構造の変化

年度	企業数	総資産(億元)	負債(億元)	負債比率%*	流動負債比率%**
1992	53	481.00	312.73	65.02	50.1
1993	183	1,821.00	888.00	48.76	37.1
1994	291	3,309.00	1,681.00	50.80	38.8
1995	323	4,295.00	2,337.00	54.41	42.0
1996	530	6,352.00	3,412.00	53.72	40.6
1997	745	9,660.58	4,835.81	50.06	38.8
1998	851	12,407.52	6,140.76	49.49	38.1
1999	949	16,107.36	8,468.01	52.57	39.0
2000	1,088	21,673.88	11,594.11	53.49	40.2

注）　＊　負債対総資本の比。
　　＊＊　流動負債比率は流動負債対総負債の比。
出所）　中国証券監督管理委員会ホームページ。

3) 中小企業・民営企業の資金調達

2002年末時点で，中国の中小企業数は1,000万社を超え，全登録企業数の99％を占める。目下，中小企業にとっての資金の源泉は主に内部留保であり，近年50～60％程度の水準で推移してきたといわれる。これに対し，増資や社債発行等による直接金融は，全調達額のうちの1％以下にとどまり，銀行借入も20％前後と伝えられている。ただし，中小企業の定義の曖昧さ，公式統計が著しく不足していることなどから，その検証は容易ではない。銀行借入は，収益性が高い優良中小企業にとっては相対的に容易である。しかし大多数の中小企業にとっては，たとえ潜在的成長力を有する企業でも，担保・保証条件に厳しい制約があり，銀行からの融資を受けることはきわめて困難である。また，現在の資本市場における上場申請基準の厳しさを考慮すれば，直接金融による資金調達の可能性は極端に小さいといわざるをえない。

中小企業の資金調達に関して議論をする際，注意すべきは民営企業の存在である。中小企業という概念には企業の所有制は含まれておらず，逆に私的所有の性質を有する民営企業という概念には経営規模は含まれていない。しかし実態からみれば，中小企業と民営企業はかなりの程度重複している。すなわち，中小企業の絶対多数は民営企業である。今後の所有制改革の進展を考えると，これら2つの概念は「中小企業」という1つの軸で統合され，議論や法規もそれに沿って整理されていくことになろう。

いずれにしても，中国における中小企業の定義は曖昧であるが，その大半は民営企業である。民営企業は中国の経済改革，特に所有制改革の産物で，国家所有または集団所有（地方自治体・社会共同体所有）のシェアは小さく，私的所有の企業が多い。その大半は個人経営企業体から出発，発展してきたか，もしくは国有・集団所有企業の民営化によって生まれたものである。現在，民営企業は国有，外資系と並んで国民経済を支える3本柱の1つとなっており，一部の地方，たとえば浙江省，江蘇省，広東省では，既に民営企業のGDP貢献度が50％を超えている。

民営企業の発展にとって必要とされる資金は，外部調達が比較的困難なため，

第Ⅱ部　日中韓企業の資金調達様式の比較

図表３－８　民営企業主の資金調達源泉

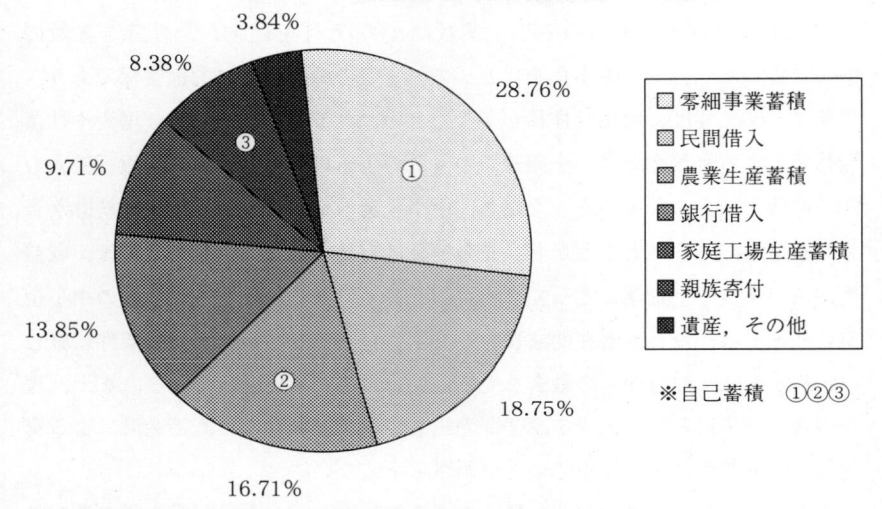

- 28.76% ①
- 18.75% ②
- 16.71%
- 13.85%
- 9.71%
- 8.38% ③
- 3.84%

凡例：
- 零細事業蓄積
- 民間借入
- 農業生産蓄積
- 銀行借入
- 家庭工場生産蓄積
- 親族寄付
- 遺産，その他

※自己蓄積　①②③

出所）　2002年中国「第５回民営企業サンプリング調査」記録。

自らの資本蓄積に大きく依存してきた。図表３－８が示すように，全民営企業の調達資金に占める自己蓄積分の比重は55.18%であるが[11]，ほかに親友・親族による寄付に，遺産の相続分を加えたものが12.22%であり，厳密にいえばこの部分も自己蓄積に加算されるべきである。

外部調達資金のうち銀行借入の割合は13.0%に過ぎず，銀行の役割は大きいとはいえない。もう１つの外部調達源である民間からの借り入れは企業主の個人的な信用供与によるもので，インフォーマルな金融方式である（親友，「無尽」等）。これは中国の金融システムの不健全な一面，民営金融機関の育成の遅れを示している。

銀行融資は企業の経営（財務）状況，信用に対する要求条件が比較的厳しいため，企業ごとの融資獲得能力には大きなバラツキがある。図表３－９のアンケート結果は，民営企業の外部調達能力がその経営年限の長さに応じて（長い程）向上していることを示している。

国有商業銀行の改革のテンポが遅いため，これらの銀行による民営企業への

第3章 中国企業の資金調達様式

図表3－9 民営企業の資金調達構造
(単位：％)

継続生存年数	内部資金	銀行借入	非金融機関借入	その他調達源
3年以下	92.4	2.7	2.2	2.7
3－5年	92.1	3.5	0.0	4.4
6－10年	89.0	6.3	1.5	3.2
10年以上	83.1	5.7	9.9	1.3
平　均	90.5	4.0	2.6	2.9

出所)「中国民営企業的融資問題」『経済社会体制比較』2001年6月。

資金の流れはあまり拡大していない。4大国有銀行（工商銀，中国銀，建設銀，農銀）の企業貸付総額に占める民営企業向け貸付のウエイトは，7～9％にとどまってきた。民営企業による借り入れの増加は，改革実施後に誕生し発展してきた株式制銀行，民営銀行に負うところが相対的に大きいものと思われる。ただし，株式制銀行や民営銀行による融資も限定的である。図表3－10が示すように2000年以降，金融機関による新規貸出総額が増加の一途をたどってきたが，農村信用社の増分の多くは民営企業に向けられていると推定できる。

図表3－10 2000～2003年各年新規貸付額の機構別比重
(単位：億元，％)

	2000年		2001年		2002年		2003年	
	金額	構成比	金額	構成比	金額	構成比	金額	構成比
政策銀行	1,316	9.9	911	7.1	1,374	7.4	1,884	6.8
国有独資商業銀行	7,910	59.3	6,413	50.9	9,398	50.9	12,977	46.9
株式制銀行	1,433	10.7	3,035	23.5	4,586	24.8	6,360	23.0
都市商業銀行	766	5.7	1,021	7.8	1,471	8.0	1,767	6.4
農村信用社	1,305	9.8	1,395	10.3	1,906	10.3	3,186	11.6
その他	617	4.6	138	1.1	-260	-1.4	1,479	5.3
合計	13,347	100	12,913	100	18,475	100	27,653	100

出所)『金融発展與企業改革』経済科学出版社（2000年）の調査データより筆者作成。

3 中小企業金融強化のための制度改革

1）『中小企業促進法』の公布と資金調達環境の整備

(1) 初の本格的中小企業支援法規の登場

　中小企業の発展を阻害する要因として，長い間，その法的支援の弱さと資金調達手段の欠如があると指摘されてきた。1999年3月の全人代による憲法改正で，「非国有経済」が「社会主義市場経済の補完」から「重要な構成要素」に改められたことを受け，非国有経済の主体を成す中小企業の発展促進を目的とする初の中小企業関連法規の制定の検討が始まったものだが，以来約4年の歳月を費やし[12]，2003年1月1日付で『中小企業促進法』が発効した。7章45条から成る同法には「資金的支援」の章が設けられている。

　『中小企業促進法』においても，中小企業の定義について曖昧な規定しか与えられておらず，混乱を招きかねない様々な統計数字が用いられている[13]。一般的に使われる規模基準，「固定資産1,000万元未満，従業員数500人未満の企業」に従えば，2002年現在，中小企業の数は1,000万社に及ぶ[14]。今まで，「郷鎮企業」，「中小企業」，「民営企業」など対象範囲が互いに重複する複数の概念が使われているが，「民営企業」は明白に所有属性に限定しているのに対して，前2者は立地先ないし経営規模をイメージした概念であり，その中には異なる所有制のものが混在しているという事実を考慮に入れる必要がある。資金調達にかかわる議論では，「中小企業金融」という用語が広く使われているが，現実に深刻な問題となっているのは，国有・集団所有制ではない民営企業（私的所有企業，個体経営体を含むもの）の資金調達についてである。

　『中小企業促進法』は，①政府財政予算に中小企業専門項目の設置，②中小企業発展基金の創設（その使途規定を明記），③中央銀行による各種銀行への貸出構造の調整，中小企業向け金融サービスの強化，④投融資環境の整備，⑤ベンチャーキャピタルへの税優遇策の適用，⑥中小企業への信用担保・保証制度の整備，⑦中小企業者自身による合法的な互助的融資担保の奨励など，具体的な資金調達環境の改善を目指したものとなっている。

第3章 中国企業の資金調達様式

(2) 資金調達環境の整備が急務

　中国の企業金融の構造的な課題として，直接・間接金融市場のいずれにおいても，大手国有企業を優遇し，中小企業，特に民営企業を冷遇するなど，資金の拠出者による厳格な選別があることがあげられる。直接金融においては，財務指標評価の厳しさ，信用度の制約などのため株式，債券市場を利用できないほか，先進諸国などで発展している中小企業向けの専門的投資ファンド，ベンチャー基金，店頭市場の整備も大きく遅れている。

　間接金融においては，銀行の預貯金残高が膨らんで資金余剰が生じる一方，中小企業，なかでも民営企業の資金需要が満たされていないというミスマッチがしばしば指摘されてきた。国有商業銀行が依然として市場融資総額の80％強を占めている。各行は中小企業与信部門を設けているものの，その融資姿勢は①信用評価・融資コスト基準，及び②「所有制」にとらわれ，中小企業に厳しいものとなっている。①は，信用等級評価基準を大型，優良企業向けに設定しているため，中小企業にとってはクリア困難で，融資関連コストも見合わない（ある調査によれば，中国の中小企業の資金需要頻度は大企業の5倍あるにもかかわらず，1回あたりの平均調達額は大企業の0.5％に過ぎず，融資管理コストも高い）。②であげられた企業の所有制へのとらわれは，国営企業であれば信用度，収益性や財務体質が比較的悪くても融資基準を緩めてしまう傾向を意味する。長い間に形成された行動様式のため，銀行の担当者は，国有企業向けの債権が不良債権化した場合でも，貸出資金の回収責任を厳しく問われない。したがって，融資審査にあたっても申請書の「企業性質」（所有制を記載する）欄を重視し，同じ中小企業でも中央省庁所管国有，地方所管国有，集団所有のように優先順位を付けて融資の可否を決定することになりがちである。

　4大国有商業銀行のみならず，主要株式制商業銀行も，基本的に大企業志向，大都市志向の姿勢を鮮明にしており，中小企業向けの専門金融機関，地域密着型の中小銀行の創設の必要性が認識されながら，明白な計画表は示されていない。当面の応急策として，中小企業信用担保機関の創設，市場経済化改革が最も進んでいる浙江省温州市における金融体制改革実験（国有商業銀行の所有制転

換,民間資本による中小企業担保公司設立への参加,金利の自由化,地下金融を封じ込むための個人委託貸付業務の開拓)が注目を集めている。

2) 中小企業信用保証制度について

市場経済メカニズムがいち早く定着し,民営経済が地域経済の中心を占めている華南地域や華東地域では,中小企業,民営企業が,その資金調達のために地下金融(標会,合会(無尽)から発展した民間信用組織)に大きく依存し,地下経済の拡大を助長している。この現状を深刻に受け止めた中央政府は,法による取り締まりとともに,地域金融環境整備の一環として,中小企業信用保証制度の整備に乗り出している(図表3-11)。

中小企業は全般的に資産規模額が小さく,現行の金融機関の信用評価制度では評価が低くなるばかりでなく,提供可能な物的担保資産も限られている。しかし,全体としては外資系企業と並んで中国の高度経済成長を支える主役として,高い成長性を見せており,その継続的成長に決定的な意味を持つ資金調達が円滑に行われるためには,各金融機関が所有制要素を抜きにしたリスク評価

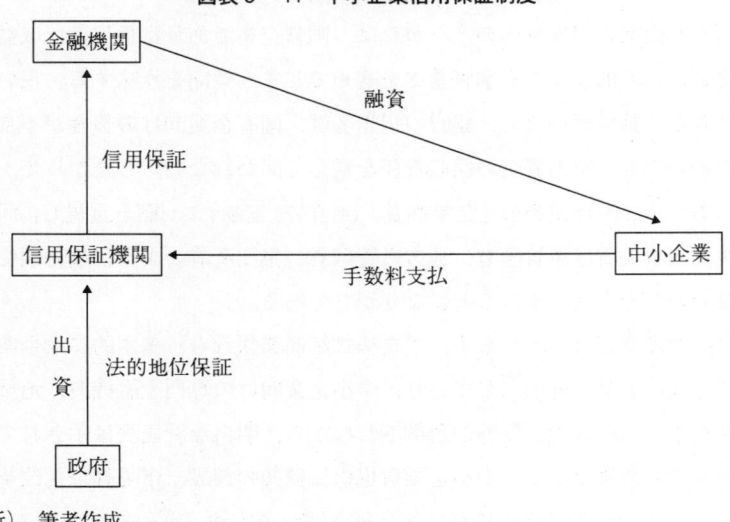

図表3-11 中小企業信用保証制度

```
        金融機関
       ↑       ＼
       │        ＼融資
  信用保証        ＼
       │          ＼
       │           ↘
    信用保証機関 ←──── 中小企業
       ↑      手数料支払
       │
    出資  法的地位保証
       │
       政府
```

出所) 筆者作成。

を行うだけでなく，政府も公的・制度的信用保証を提供する必要がある。先進国の経験も踏まえながら，この2年間，主要都市の地方政府が，単独出資や民間との共同出資の形で，中小企業が銀行から融資を受ける場合の信用保証（中国語の表現では「信用担保」という）制度の整備，保証機関の創設に乗り出した。その仕組みは下記の通りである。

①中小企業が，借入申請を銀行と信用保証機関に同時に提出する，②中小企業信用保証機関は企業の資産査定，信用評価を行い，その結果をもとに，対象銀行に貸付保証を出す，③銀行は中小企業の借入申請を受理，決裁し，融資する（銀行でも信用調査を行う），④受益者として，中小企業が保証機関に手数料（中央銀行の規定により，市場金利の50％以下を基準として算出）を支払う。

借り手は，インフォーマル・セクターから高い金利を負担して調達するよりも低い調達コスト（市場金利＋保証手数料）で借り入れることが可能であり，銀行も融資にかかわる管理コスト，経営リスクを抑えることも可能となる。信用保証機関は，その社会的信用により，その資産の何倍分にも相当する担保責任を果たしうる。

ただしここでは，地方政府が信用保証機関の設置にあたって，法的，財政的負担，リスク負担を負うが，その運営にあたっては，非営利・非商業的タイプと，保証手数料収入のほかに，融資信用担保以外の営利事業をも兼営できるタイプに分けられる。その運営にかかわって，財政負担を強いられ，閉鎖せざるをえないケースもあり，民間資本の導入，民間企業主導の運営も視野に入れた実験が始められている。

図表3－12と図表3－13が示すように，信用保証機関の設立形態は出資形態により3パターンに分かれる。この内訳を見ると，企業法人が最も多い。企業数の増加や信用保証総件数，総融資額の2002年末現在の実績から，その機能の有効性の一端を確認することができる。

しかし，形式的な数字よりも，より健全な信用補完制度の整備が重要である。信用保証機関がその保有リスクを移転するための全国レベルの再保証機関は現在のところ存在しない。このため，個々の信用保証機関の保証，担保能力は制

図表3－12　中小企業信用保証機構の実状（2002年末現在）

出資形態別	機構数	経営形態	機構数
政府出資	181	会社法人	337
民間出資	126	社団法人	108
官民共同出資	200	事業体	60
計	507	計	505

出所）『中国企業発展報告』2003年，p.86。

図表3－13　中小企業信用保証制度の整備の現状（2002年末現在）

項目	実績
既設機関数	848社
登録資本	184億元
保証使用可能資金	242億元
利用企業数	29,717社
延べ利用回数	51,983回
保証対象融資額	598.2億元

出所）　中国経済時報2003年9月25日付記事より作成。

約を受けており，銀行との間の協力関係もバランスを欠くことになる。100％の連帯責任を要求されることから，保証機関自身の信用，または実質担保能力が問われているからである。目下，各地方の信用保証機関と内外の投資機関が出資する形で，株式制の全国レベルの再保証機関を創設しようとの検討が始まっている。

4　民営銀行の設立をめぐる試験的改革——温州の挑戦

2002年12月，人民銀行は，浙江省温州市において，全国に先駆けて金融制度改革の実験の実施を決定した。温州市は改革開放政策が実施された当初，集団所有制をベースにした郷鎮企業の活性化を実現した「蘇南モデル」と並んで，個体経済・民営経済重視で地域経済発展を成功させた「温州モデル」を全国に誇ったほど，私有制経済が発達している地域である。

第3章 中国企業の資金調達様式

1） いわゆる「温州モデル」

「蘇南モデル」も「温州モデル」も，ともに80年代半ば，農村経済の工業化を追求したものでありながら，前者は，江蘇省南部の豊かな農漁業資源及び教育重視の伝統で培った人材資源を生かして，集団所有制経済（郷鎮企業，多くは町村単位の経済体）を活性化させる手法であったのに対して，「温州モデル」は，天然資源が乏しいため，勤勉さと抜群の模倣精神で私的所有の家内工業方式により隙間産業（軽工業）へ進出し，市場を開拓する手法をとったものである。

「小商品，大市場」，「小企業，大協業」，「百姓経済」などのキーワードに象徴されるように，同一村落の多数の家内工場が徹底した分業，協業システム（サプライチェーン）を構築する形で，生産量または市場シェアで中国一ないし世界一の商品を多数生み出した（約50種類の製品が中国市場シェアの半分を占めるにいたっている）。中国型「一村一品」（低付加価値の軽工業品への特化）運動の開花の象徴でもあり，温州市は私有制経済が最も発達した地域の代名詞となっている[15]。

しかし近年，温州モデルは，「失速」しつつあるのではないかという逆の意

図表3－14　代表的温州製工業製品の中国市場における地位（2002年）

主要製品	年生産高（億元）	シェア（％）
電器	241.5	60
合皮	85	70
錠	60	65
ライター	28.5	90
ボタン	13.4	80
シェーバー	12	80
革製品	50	50
ドリル	17	67
メガネ	50	45

出所）『亜洲週刊』より筆者作成。

161

味での注目を集めている。浙江省の11地区級都市（省の下の行政単位）における総合経済力ランキングにおいて，温州市は約15年間首位をキープしてきたが，2002年度に7位に急落し，2003年度前半は10位，同年7，8月期の月単位評価では最下位にまで落ちた。温州モデル「失速」の原因として，イノベーションの遅れ，土地資源の制約，外資導入の遅れなどが指摘されている[16]が，資金調達難がさらなる経済成長を妨げているボトルネックとなっているという要素も否定できない。2000年の統計によれば，合資会社20,300社の平均登録資本が5万元，有限責任会社13,000社の平均登録資本も300万元程度であり，単一企業の売上高順で1億元超はわずか24社，大半の企業は1,000万元以下にとどまっているなど，その規模の小ささ，零細度は明らかである。金融制度改革の実験はまさにこのような背景の下で行われたものであり，その成果が期待されている。

2） 民営資本の発展と地下金融

国務院の1998年6月30日付通達『違法金融機構と違法金融活動に対する取締措置』によれば，互助会的性格の合法的な「無尽」とは別に，「中央銀行の許認可なく，設立された預貯金，融資，担保，為替取引等の金融業務を営む非合法的金融機構」（「地下銭庄」または「地下銀行」と呼ばれる）がある。この「地下金融」には，主に3つのグループがある。

① 為替取引，マネーローンダリングを事業内容とするもの（広東省，福建省で発展）

② 預貯金，高利貸しを主業務とするもの（浙江省，江蘇省を中心に広範囲に分布）

③ 質屋，高利貸し業を営むもの（湖南省，江西省が中心）

一部報道によれば，2000年以降，中国には毎年400億ドル超の直接投資が流入するが，国内から外国へ地下金融の流通ルートを通じて毎年海外へ流出する資金も2,000億元（約240億ドル）に上るという。華南地域は海外との広い人的つながりを利用して，観光や出張の際の出国者の私的外貨需要，外資系企業の決

済資金や運転資金の調達または利益不正送金などの当局の管理・監督を逃れるためのビジネス需要，または密輸，賄賂資金のローンダリング目的で，数多くの「地下銀行」が営まれてきた。その隠蔽性の高さから，珠江デルタにおける集中取り締まりではしばしば数十社単位で摘発されているが，これも氷山の一角に過ぎず，正確な数字はつかめていない。

他方，温州一帯の地下銭庄は，余裕資金を持つ個人や企業から銀行預金より高い金利で集金し，これを正規ルートでの資金調達ができない業者のために，市場金利を上回る高利で担保なしで貸し出す。融資原資は一部公的部門の運用委託，場合によっては賄賂で銀行の融資認可権を持つ担当者から調達することもありうる。町村単位で（温州地域では平均3～4平方キロメートルの狭い範囲内で）営まれ，貸借双方とも通常顔見知りで，信用調査も容易で，モラルハザードが働きにくいといわれる。利息が協議によって決定され（通常市場金利の1.5倍，最高3倍を超えない），金額も自由に設定可能で，分割借入もできるなどの柔軟性があるため，その生存空間は広い。

「標会」（「入札無尽」）などの簡素な組織を通して創業初期の資金需要を満たされた事業主は，事業が軌道に乗れば資金的余裕が生まれ，「会」の役割が低下し，さらなる緊急な資金需要者への高利貸し業に参入してくる。民間の信用取引が基礎にあるため，「地下銭庄」が生まれる由縁である。金融監督当局はこうした民間金融業を単なる厄介ものとして扱うよりも，いかに誘導して地下金融を「地上化」させ，合法的な，正規銀行の補完的な存在として育成し，機能転換をさせることができるか，その政策手腕が問われている。一部株式銀行または温州商銀が始めた「個人委託貸付」業務が，その最初の試みとして成否が注目されている。

3）　改革モデルの狙いと具体的措置

　この改革のねらいは，(イ)銀行経営を活性化すること，(ロ)民間資金を正常で合法的な投資チャンネルへ誘導すること，(ハ)中小企業への強力な資金支援体制を形成すること，(ニ)地域経済の長期・安定的発展を確保すること，(ホ)温州での成

功経験を全国へ普及させること，といった点にあった。2003年初頭から本格的に動き出した改革措置の内容には，6大プロジェクトと称される金融界初の実験が含まれている。

まずシステム改革措置として，以下のものが認められた。

① 「三包一掛」と呼ばれるインセンティブシステムの導入（「包」＝請負責任性，掛＝リンク制；小額融資を推進し，資金の貸し出し，回収，モニタリングについて担当者が責任を持つ一方で，基準金利上乗せ分の一部を担当者がボーナスとして受け取ることができる）により，預金確保，貸出残高重視から収益性重視，与信の効率性重視へ，また国有大企業重視から中小，中堅企業重視へと転換する。

② 農村信用合作社による差別金利の導入（預金金利は基準金利より50％まで，貸出金利は100％まで上乗せ，10％まで引き下げを可能に）。

③ 国有制の温州市都市商業銀行への民間資本の導入（図表3－15参照。財政当局や国有機構が支配的所有権を保持してきた状態から，民間資本に資本参加を認め，民間の所有シェアを大幅に伸ばす措置を取り，銀行のガバナンス構造を変えることによって，経営の効率性を向上させる）。

④ 農村信用合作社への民間資本の導入（合作制から株式制への改組を進め，営利追求，リスク負担意識の向上を促す）。

⑤ 官民対等出資による，中小企業への投資（資本参加），信用保証を遂行する中小企業投資担保公司の創設。

投資原資は図表3－16が示すように，資本金としての民間募集分全額に，財政による同額の拠出を加えて，さらに民間資本と財政拠出の合計額相当分を限度とする銀行融資を受けるものとなっている。中小企業資金調達促進の新手法として注目されている。また，これに関連した優遇支援策として，営業税，所得税の減免，担保対象企業の業務に発生した損失に対する一定の政府補償（担保代償率の設定）なども提供されている。

⑥ 個人資金委託貸付業務の開拓（図表3－17）。民生銀行が江蘇省，浙江省で実験を始めたもので，中小企業経営者や個人事業主の余裕資金を，銀行

第3章 中国企業の資金調達様式

図表3-15 温州市商銀の資本構成の変化（%）

所有者属性	改組前の持分	改組後の持分
市財政当局	34	10
民間企業	7	56
その他国有セクター	59	34

出所）報道より筆者作成。

図表3-16 中小企業投資担保公司の投資基金構成

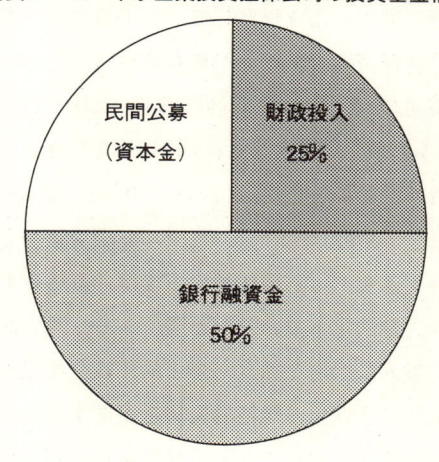

民間公募（資本金）
財政投入 25%
銀行融資金 50%

図表3-17 個人資金委託貸付の構図

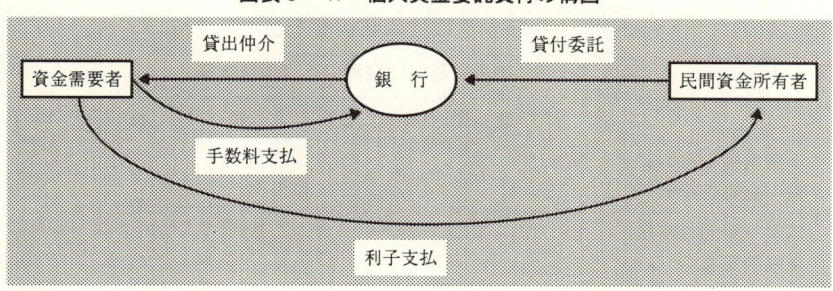

資金需要者 ← 貸出仲介 ― 銀行 ← 貸付委託 ― 民間資金所有者
手数料支払
利子支払

出所）筆者作成。

が資金需要者に代理融資することによって，資金の提供者は利息を獲得し，銀行は手数料収入を得る仕組みである。融資先は主に中小，民営企業が中心となるが，資金需要者の資金難を解消でき，資金提供者の地下金融への資金拠出を防ぐことも期待されている。民営経済が発展している華南，華東地域での定着が期待されている。

4） 温州金融改革実験の意義

温州市が実験基地に選ばれた背景として，以下の諸点が考えられる。㈤地域経済全体に占める民営経済のウエイトが最も高い（企業数の99％，生産高の95％，租税収入の70％，総雇用の80％）。㈹民間純貯蓄額（2,000億元超），民間資金需要（年150億元超）がともに高いにもかかわらず，正規の融資チャンネルでは資金調達が難しい（資産，現物による担保保証が求められるが，債務相互保証による共倒れを危惧して連帯保証を避ける傾向が強い）。すなわち，融資難がさらなる経済成長のボトルネックとなってきた[17]。㈥現体制の下では，遊休資本は着々と地下金融化へ進む恐れがあり，合法化への誘導が急務である。㈣実験が成功すれば，民営資本の金融業への参入に門戸を開き，合法的，安全な運営に制度的保証が与えられ，金融市場全体の活性化，規範的発展を促進する効果を期待されている。

図表3－18が中小企業向け融資のうち不良債権化した分が全貸出不良債権に占める比重及び発生原因別の数字を示している。内陸や他省市より浙江省の温州地域の民営企業の与信と返済が比較的に高い健全性を見せていることがわか

図表3－18　中小企業向け融資の不良債権比率

	西安	東莞	台州，温州	北京	威海	平均
不良債権に占める中小企業の比重	90.8	82.4	21.0	46.5	79.0	63.9
倒産が原因の不良債権の比重	45.7	13.6	16.0	14.0	20.3	21.9
買収合併による不良債権の比重	26.4	3.5	0.4	4.7	17.2	10.4

出所）『中国金融年鑑2004』p.606の表を加筆・作成。

図表3-19　温州民間貸付利率と貸付期間の関係

期　間	6ヶ月以内	6～12ヶ月	1年以上	期間不定
平均月利	10.81	9.91	9.09	9.08

出所）　図表3-18に同じ。

る。社会的ニーズと民営企業・民間金融の豊富な成功経験にもかかわらず，温州市が強い期待を寄せてきた純粋な民間銀行の設立申請は未だ許可されていない。金融改革の複雑さ，中央政府の慎重な（保守的な）姿勢を象徴していると言えよう。

5　WTO加盟前後における資金調達環境の変化
——現地調査を踏まえて——

筆者は，2003年9月下旬及び2004年2月上旬の2回にわたり，北京，上海，広州において，中国系企業・金融機関，政府の外資管理関係部門及び外資系企業（主に日系企業）にWTO加盟後の中国における企業の資金調達環境をめぐる現状と課題についてヒアリング調査を実施した。以下は，調査を踏まえてまとめたものである。

1）　WTO加盟後の金融市場開放（規制緩和）

金融分野においては，WTO加盟実現（2001年12月）後，外資への開放時間表（図表3-20）に則って，2006年末までに外資への全面開放が予定されている。

図表3-20　WTO加盟後外資系銀行への人民元業務開放の時間表

時　期	制限を撤廃する対象地域	規制を撤廃する対象顧客
加入時（2001.12）	深圳，上海，大連，天津	中国地場企業
1年以内（2002.12）	広州，珠海，青島，南京，武漢	
2年以内（2003.12）	済南，福州，成都，重慶	
3年以内（2004.12）	昆明，北京，厦門	
4年以内（2005.12）	汕頭，寧波，瀋陽，西安	
5年以内（2006.12）	全地域	個人顧客

これに対し，特に地場銀行は大きな競争圧力を感じている。

(1) 外資系銀行への市場開放について

人民元取り扱い業務の開放は，時点別・地域別・顧客別に段階的に行われる。まず取り扱い可能地域を広げ，2003年末までに中国地場企業向けに，さらに2006年末までに中国個人ユーザーを含めた全ユーザー向けの業務制限の全面解禁に移行する。つまり，加盟後5年目で，外資系銀行と中国系銀行とは同等の国民待遇を享受することができるようになる（2002年2月1日から『外資金融機構管理条例』施行に移った）。

(2) 保険業への市場開放について

ＷＴＯ加盟時に，生命保険業以外の外資系保険会社に子会社，合弁会社の設立を認め，外資側の出資比率は51％までとする。生命保険会社に所有シェア50％までの合弁企業の設立を認め，自由に合弁相手を選択することが可能となる。加盟後2年以内に，非生命保険系の保険会社に独資（100％外資）法人の設立を認める。当初は11の大都市に限定するが，3年以内に，地域制限が解かれる予定である。

(3) 証券業への市場開放について

外資系証券会社が中国側の仲介機関を通さずに直接にＢ株の取引を遂行でき，また中国証券取引所の特別会員になることができる。外国証券業者による合弁事業の設立にかかわる件数と地域に制限は撤廃される。加盟後3年以内に，合弁会社（外資系業者による出資金が3分の1以内）によりＡ株，Ｂ株，Ｈ株，公社債の売買，投資ファンドの募集・運営ができるようになる。

(4) 外資系銀行に見られる新たな動き

シティグループ，ＨＳＢＣ，ドイツ銀行など欧米・香港系は，積極的に中国の株式制商業銀行への資本参加に動き始めている。各地に100を超す都市商業銀行があり，地方政府によって持株支配されているが，それらをねらって，資本参加，Ｍ＆Ａを仕掛けている。調査時は日系銀行にはまだこのような動きは見受けられなかった。

2） 中国金融市場が抱える課題についての認識

(1) 直接金融（資本市場）について

2001年以来，資本市場においては，投資家数が減少，株価指数（A株）も下降トレンドをたどってきた。昨年度，企業が株式市場で調達した資金は，企業総調達資金の2.2％に過ぎず，あまりにもアンバランスである。

株式市場が低迷，資本市場が機能していない主要因として以下のものをあげることができる。

① 投資家の間に，企業が企業経営の真実を隠蔽しており，株価と企業の資産価値が乖離しているのではないかとの疑いが根強いこと。

② 同一銘柄でも非流通株と流通株との間で権利が異なる，国有支配株主が企業経営に対し過度に干渉する，粉飾事件が続発するなど，証券市場を通じたガバナンスが十分機能していないこと。

③ ブローカーや大株主による価格操作行為が存在すること。

④ 証券監督委員会は証券市場の整備に乗り出し，厳しい審査基準，規制を新たに設けた。新規公開が成功しても，第2次，第3次増資に対して厳しいハードル（10％以上の投資利益率）が課せられていること。

⑤ 上場企業の経営が失敗した場合，上場，株取引を請け負った証券会社が責任を負わされるため，証券会社は過剰に保守的になっていること。

北京でヒアリングした地場企業2社はいずれも上場申請中で，共に証券監督委員会の新基準（2004年9月19日公表）によって上場予定時期が延期となった。この新基準では，上場申請資格は，「新設・改組（完全国有から株式会社への制度変更）後満3年，かつ継続黒字の企業」に限って認めるという内容になっている。

(2) 間接金融（銀行与信）について

(イ) 企業与信に対する銀行の厳格な管理体制——リスク管理委員会（信用審査委員会）

ある国有商業銀行では，融資審査にかかわるリスク評価の仕組みとして，企業からの融資申請に対し，以下の手順で審査を行っているという。①フィジビ

リティ・スタディ, ②リスク管理部（本店と支店それぞれにおかれている）による審査, ③リスクの発見, ④リスク評価委員会への提出, 同委員会による評価・審査, ⑤融資可否の決定。

本店リスク評価委員会は13名の委員で構成され（行内10部門から1名ずつ, 外部から3名（主要業種別の代表））, 調査チームを組織し, 調査・審査にあたる。記名投票方式を採用, 具体的な賛否意見をつける。このような評価方式を, 同行が率先して施行し, 他行にも定着してきた。銀行側は業種別に融資先企業の信用度を数値化し, 融資の可否, 融資金額の決定にこの優先順位のランク付けが用いられるようになっている。

㈹　融資にあたっての保証・担保条件の優先順位

銀行が融資審査にあたって設定する以下のような保証, 担保条件（優先順位）は, 基本的には大企業を対象に想定しているため, 中小企業, 特に民営中小企業にとってはきわめて厳しいハードルになっているものと思われる。

①　資産（動産, 不動産）担保。

②　返済能力を有する第三者による信用保証。

③　信用度（銀行による等級評価）チェック。信用度の点数は資産状況, 経営業績, 営利状況をもとに算出される。

間接金融, 直接金融を問わず, 銀行の信用評価部門から独立した専門的な評価機関の創設が重要であり, 信用審査や評価にかかわる専門機関の設置が企業資金調達にかかわる信用補完制度として求められている。1997年以降, 中国人民銀行上海市支店が率先して独立機関による銀行の融資対象企業に対する信用評価を行うようになった。上海遠東資信評価公司が上海市地域における銀行与信対象の専門的評価機関に指定され, 指定有資格企業数の60％以上を担当してきた（1999-2001年各年度における評価実績はそれぞれ528, 587, 684社である。人民銀行上海支店は「融資カード」全交付企業50,000社に対して当該信用評価制度を浸透させていく方針である）。格付けは9段階評価で, ①企業の基本的素質, ②財務構造, ③返済能力, ④経営能力など, 国際的に通用する主要判断指標を用いているが, 対象企業がほとんど例外なく国家持株支配の大企業であること, 中国企業自身

の財務公開が遅れていることなどに鑑みると，その客観性には一定の留保を要することは避けられない。しかし少なくとも，国際標準に準拠すべく動き始めたシグナルとして注目に値しよう。

(ハ) 銀行のリスク・テークに対する保守的姿勢

不良債権を新たに発生させないために取られてきた厳しい措置が，銀行の各支店の与信決定を保守的な方向に向かわせる結果をもたらしているという側面は見落とせない。リスクの審査及び管理能力の不足から，企業側の財務指標・情報の信憑性を過度に疑い，リスクを過大評価する結果，企業に対する十分な信用供与がなされていないとの批判が根強い。上記のような銀行内リスク評価委員会による客観的基準による審査も，こうした保守的姿勢の下では，民営企業に対する融資を行わない理由付けとして機能することになる。

これがいわゆる「嫌貧愛富」の姿勢（信用度が高く，資金需要がない企業を追いかけ，資金需要が緊迫する企業に貸し渋りをする姿勢）につながっていると揶揄され

図表3－21　商業銀行が採用している10等級信用評価基準

評価総点数	信用ランク	注
90－100	AAA	顧客の信用度が非常によく，全体事業も安定的に発展しており，経営状況と財務状況が良好で，資本負債構造が合理的である；経営過程におけるキャッシューフローが充足しており，償還能力が高く，与信リスクが比較的に小さい。
85－89	AA	
80－84	A	
70－79	BBB	顧客の信用度がよく，キャッシューフローと資産負債の状況は，債務償還に保証を与えることができる。与信に一定のリスクがともなうが，リスク回避に効果的な担保条件を付与する必要がある。
65－69	BB	
60－64	B	
50－59	CCC	顧客の信用度が悪く，全体の経営状況と財務状況が好ましくなく，与信に大きなリスクがともなう。銀行債権の安全性を確保し，債務者の償還能力と償還意思を改善するために，適切な措置を取らなければならない。
45－49	CC	顧客の信用が非常に悪く，与信リスクもきわめて小さい。
40－44	C	
40以下	D	

出所）　某商業銀行のマニュアル。

第Ⅱ部 日中韓企業の資金調達様式の比較

図表3－22 工業企業の信用評価指標体系と配点標準表

	指標名称	計算式	標準値	満点	点数基準解説
一	償還能力指標			30	
1	負債比率	総負債／総資産	60%	12	60%以下は満点、2.5点上昇する毎に1点減点、0点になるまで。
2	流動比率	流動資産／流動負債	130%	10	130%以上は満点、5点下がる毎に1点減点、0点になるまで。
3	現金比率	現金／流動負債	30%	8	30%以上が満点、2.5点下がる毎に1点減点、0点になるまで。
二	利益稼得能力指標			10	
4	売上利益率	営業利益／総売上	8%	6	8%以上が満点、1.5点下がる毎に1点減点、0点になるまで。
5	自己資本利益率	純利益／自己資本	8%	4	8%以上が満点、2点下がる毎に1点減点、0点になるまで。
三	経営管理指標			24	
6	現金売上比率	商品販売・労務提供による現金収入／総売上	80%	6	80%以上が満点、10点下がる毎に1点減点、0点になるまで。
7	売掛債権回収率	総売上／平均売掛金残高	400%	6	400%以上が満点、30点下がる毎に1点減点、0点になるまで。
8	在庫回転率	総売上／平均在庫	300%	6	300%以上が満点、20点下がる毎に1点減点、0点になるまで。
9	管理水準	制度・規定の制定と執行；企業文化；財務管理；品質、技術、情報管理		4	状況によって0点から満点まで付与。
10	営業権	企業イメージ、製品品質、サービス評価、業界における評価、納税状況および規律・法律遵守の程度など		2	状況によって0点から満点まで付与。

第3章　中国企業の資金調達様式

四	契約履行度			16	
11	借入返済記録			10	本年度，銀行に返済すべき各種与信資産の総額をベースに，①期限までに元金返済満点；②期限内に利息を返済し，評価時に1月以上の未償還記録があれば，4点減点。③3カ月以上の返還先延ばしの場合，0点。返還すべき融資元金が0の場合，その他与信様式に従って配点。
12	借入金利子返済記録			6	①期限までに利息を返済すれば，満点；②本年度内に10以上の遅れがあれば，3点減点。③評価時未払い利息が0，本年度返還すべき利息が0であれば，その他与信の様式によって点数を付与する。
五	将来性と潜在力指標			20	
13	純固定資産比率	純固定資産／固定資産原価	65%	4	65%以上が満点，3点下がる毎に1点減点，0点になるまで。
14	売上伸び率	（当期売上—前期売上）／前期売上	8%	6	8%以上が満点，1点下がる毎に1点減点，0点になるまで。
15	純益伸び率	（当期実現純益—前期実現純益）／前期実現純益	10%	4	10%以上が満点，2.5点下がる毎に1点減点，0点になるまで。
16	経営者資質	リーダシップ，管理素質，技術素質，開拓能力，応変力，団結度，遵法観念		4	状況によって0点から満点まで付与。企業発展の予測に不利な人事異動が発生した時，適時に点数を下げる。
17	将来性，発展計画と実施条件	産業及び製品販売の見通し，産業政策の影響，長短期目標，資本余力，技術条件，販売戦略，人材条件実施措置		2	状況によって0点から満点まで付与。

出所）　同上表。

ている。図表3－21，図表3－22は，ある大手商業銀行が採用している信用評価基準表，及び工業企業（製造業）の信用評価指標体系・配点標準表を例示したものである。

　㈡　銀行による与信対象への経営監督・関与（企業統治との関連）について

　銀行は，与信審査にあたっては，企業のガバナンス構造に関心を寄せている。中堅・中小企業に多い同族企業は，その統治構造の不透明性が特に顕著であるため，融資対象として敬遠されがちになる。逆に大手優良企業の場合は力関係が逆転し，企業側が銀行からの経営干渉を嫌がり，融資規定に従った定期的な財務諸表の提出要求にも積極的に応じないケースが少なくないという（複数の調査対象企業および銀行から同様な指摘を受けた）。ＷＴＯ加盟後，特に人民元取扱業務が広く外資に開放された後は，優良顧客の流失を如何に食い止めるかは，銀行にとって大きな課題になろう。

3）　外資系企業の資金調達行動について

　特にＷＴＯ加盟後，外資系企業への業種・地域・事業様式などにかかわる規制緩和が一層進む中，日系企業を含む外資系企業の対中投資は活発化している。外資系企業は，資金，技術，経営ノウハウ，雇用機会とともに，中国の対外貿易，租税収入などに対しても大きく貢献するようになった。外資系企業による輸出総額への貢献度は2001年以降既に50～56％の規模に達している。租税減免措置が適用され，外資系企業による納税貢献は小さいとの批判が根強いながら，全法人税収に占めるウエイトが1992年の5％未満から2003年現在の20％強に達しているから，公平な評価を与えるべきであろう。

　このことは，中国の外資誘致政策が，各地方による独自の優遇措置賦与によって外資導入実績をあげてきた段階から，ＷＴＯ加盟によって内的国民待遇を与えざるをえない状況を経て，外資導入のメリットを本格的に享受する成熟段階へと移りつつあることを意味する。したがって，外資系企業の中国における資金調達問題は，正面から取り上げる必要性のある重要な課題として浮上している。

第3章　中国企業の資金調達様式

　これまでの議論では，中国企業の資金調達は，国内における内部資金，銀行借入及び証券資本市場における株式・債券の発行のみに焦点を絞ってきており，外資の貢献度（外資受け入れ分）を無視してきた。現に，地場企業による合弁事業，外資系企業の単独投資などの直接投資のほか，中国企業による海外上場・起債及び海外借入を含む外資調達分は無視できなくなってきている。このことは，裏を返せば，中国の国内における資金調達環境の整備が遅れている一面を示唆するものであり，筆者らが行った現地調査でも，整合的な結果が得られている。今後，外資系企業が幅広く中国で事業を広げていく中，単に外国から資金を持ち込ませるだけでなく，事業運営に必要な資金を，中国の通常の金融資本市場から如何に調達していくか，今までと異なるいかなる課題が存在するかを解明し，施策を講じることが求められる。

(1)　日系企業の場合

(イ)　親会社からの資金による経営

　中国に進出した日系企業は，基本的に親会社からの持込（出資金）で経営がまかなわれている。中国においては，外資系企業が投資する際に，法人設立申請時の計画総投資額に合わせて，一定割合の資本金持込を義務づけている。そのため，設備投資（長期投資）に関しては資本金でまかなわれるケースが多いようである。全般的に，中国における日系企業による金融機関からの資金調達は，運転資金等の短期借入金に限られていると見てよい。

(ロ)　中国地場銀行からの調達は困難なのか

　中国の銀行からの日系企業による人民元資金調達が困難であるとの見方は，必ずしも事実ではなく，調達コストと必要度に応じて調達を行っているという側面がある。中国の地場銀行は外資優良企業（たとえばFORTUNE 500社等）に対しては，その高い信用力から与信に積極的な態度で臨んでいる。現状では，日系を含めた外資系銀行からも人民元調達を行うことに関し特に問題はないため，外銀が人民元を貸し出せる地域（現在，上海，深圳，大連，天津に限って規制緩和されているが，これからさらに沿海の各地域に広げられる。前掲図表3－20を参照）についていえば，特に中国の銀行に頼らなくても，日系企業の人民元調達

は十分に可能な状況にある。

また，人民元の借入金利が外貨（米ドル）に比べて高いため，企業によっては人民元借入から外貨借入にシフトさせたケースなど，資金調達難とは無関係の理由による場合もある。ただし一般に，進出後間もない企業は借り入れが困難であることは事実である。また特に中小企業は知名度も低いため，中国の銀行から借り入れを行う際に，銀行保証等の担保を要求されるケースが多く見られる（中国に進出した日系企業，韓国系企業による資金調達の手法やその現状と課題については，第5章を参照）。

(2) 台湾系企業との比較

今回の調査では，台湾系企業団体から，会員企業の中国における融資動向をヒアリングすることができた。台湾政府当局は，金融業の対中国大陸投資を禁じてきた。金融業は，制限業種の中でも最も厳しい束縛を受ける業種である。大陸側は法的な制限を加えておらず，台湾側も政策的に8大銀行の事務所設置，2年後の支店開設を認める方向であるが，政治的な接触はできないため，棚上げになっている。台湾当局は台湾銀行協会と「海峡両岸基金会」（対中国関係で唯一の公式窓口）に対中交渉の権限を与えていないため，交渉役が存在しない状態が続いている。

したがって，台湾系企業の中国国内での資金調達は，台湾系銀行に依存することができず，地場の金融機関に頼らざるをえない。このような環境の中で，中小企業中心の台湾系企業が中国の政府系信用保証会社を活用している。国内各地に設立されている台湾企業協会がその仲介役を務めてきたという。

こうした事情から，中国に進出した台湾企業は，資金調達において困難を抱えている（図表3-23）。

第3章　中国企業の資金調達様式

図表3-23　中国進出台湾系企業の資金調達面での課題

順位	資金調達に関する課題	複数回答のウエイト%
1	台湾系銀行の支店が存在しない	61
2	台湾の直接金融市場における調達が困難	45
3	台湾側で台湾系銀行からの借り入れが困難	42
4	台湾当局の政策による制限	35
5	大陸系銀行からの借り入れが困難	35
6	両岸間送金チャンネルに関する制約	35
7	中国の直接金融市場における調達が困難	25
8	大陸の外資系銀行からの借り入れが困難	24
9	その他	11

注)　台湾企業のアンケート調査サンプル数104社。
出所)　雑誌『投資中国』(月刊，台湾) 2003年，No.114。

(注)
1) この現象について，中国人民銀行の専門家である高　玉沢氏は「中国の金融市場には，常に複数の構造的な壁，軋轢が内包されてきた」と表現している。詳細は「中国金融市場存在結構性割裂之痛」『上海証券報』2004年3月23日付記事。
2) これを受けて，株式市場は活況を呈し始め，2週間後の2月17日時点で，上海証券取引所の株式指数は1,704ポイントに押し上げられた。全流通株式時価総額のGDP比で見ると，高かった2000年現在の数値でも20%を下回っている。これは先進国の水準には程遠く，発展途上国の中でも比較的低い方である。中国経済が今後しばらくの間高成長率を持続すると予想される中，中国経済が市場経済システムを定着させていく方向に動いていることを考えれば，株式市場を含む直接金融市場が発展する余地はきわめて大きいものと思われる。
3) ここでは，国債は財収不足を補強するための一般的な意味での赤字国債ではなく，大型国有企業によるインフラ整備，基幹建設プロジェクトのための特殊な特定目的の政策債券として用いられるものである。
4) 設置主体に国家が土地のみを譲渡し，それを担保に銀行から借り入れを行って設置登記を行うケースで，実質上，登録資本が形式的なものである。
5) 表記各種企業は，『中華人民共和国企業法人登記管理条例』の規定に従い，それぞれ以下のとおりその属性を簡潔に説明しておく。
「内資企業」:「三資」の外資系企業に対応する概念，中国国内各所有形態企業の総

第Ⅱ部　日中韓企業の資金調達様式の比較

　　　　　　　　称。

　　　「国有・国有持株支配企業」：企業全資産が国家所有に帰する，会社制を取らない
　　　　　　　もの及び企業の全資産のうち国有資産（株式）がその他いかなる所
　　　　　　　有者よりも最も多い企業の合計分。
　　　「集団所有企業」：企業資産が集団所有，集団が投資して創設した企業。「国有」と
　　　　　　　共に「公有制」を構成するもの。
　　　「合営企業」：所有制が異なる2つ以上の企業法人が自由意志で平等・互恵の原則
　　　　　　　で共同出資して形成された企業のこと。
　　　「有限責任企業」：2人以上，50人以下の株主によって共同出資する，所有シェア
　　　　　　　に応じて有限責任を負う企業。
　　　「有限責任」と「株式有限責任企業」：全登録資本が同額発行の株式で構成され，
　　　　　　　各株主がその購入株式数相当の有限責任を負う企業のことである。
　　　「私営企業」：自然人が投資して創設した，自然人が持株支配する雇用労働を基礎
　　　　　　　とする営利的経済性組織。
　　　「外資系企業」：いわゆる外国系資本によって投資し創設された「合弁」，「合作」，
　　　　　　　「独資」形態の企業で，前二者は中国系資本の参加を得たもの。
6）　60％前後の負債比率は，日本や欧米であれば，一般的には大企業として不自然に
　　高い数値ではない。しかし中国の資本市場，金融システムには歪みがあるため，「適
　　正な負債比率」を日本や欧米と同じ基準で考えることはできない。「自己資本」そ
　　のものに相当「虚」（帳面上のものに過ぎない）の部分があるため，現状のまま市
　　場競争に任せてしまうと，大規模な倒産が相次ぐのではないかとの危惧が持たれて
　　いる。中国の金融システムもまたその歴史や社会の産物であり，経路依存性を持つ
　　ことから，西欧的な法や規制，経営手法といったものを今すぐそのまま取り入れる
　　ことは実効可能性およびコストの面で困難であろう。長い間「国有経済」であった
　　ことからくる中国の構造問題を理解する必要がある。
7）　詳細は中国証券監督委員会編『中国証券期貨年鑑』。
8）「中国股市破而不立的無奈」『亜洲週刊』2005年6月26日号，pp.34-35記事を参
　　照されたい。
9）　詳細な分析は，下記文献を参照されたい。呉　暁求『中国上市公司：資本結構與
　　公司治理』中国人民大学出版社，2003年。
10）　上場企業の中で，国が大株主であり国有の性質が強い企業は，A・B株（国内上
　　場）とH・N株（海外上場）計1,300数社の約8割に相当する。これらの企業は，
　　直接金融を行うべく最初から位置付けられているため，国有企業全般と切り離して
　　見るべきである。本章において「国有・国家持株企業」と「上場企業」とを分けた
　　のはこの理由による。上場企業は，一般の国有企業とは違って財務内容が公開され
　　るため，国有企業のような負債比率の高さに関する懸念は生じないはずだが，国有
　　企業全体の問題としてとらえられてしまうところに，中国の証券市場の特殊性があ
　　る。
11）　私営企業主の資金調達源に関するサンプリング調査記録は，考えられる選択手段

第3章 中国企業の資金調達様式

を列挙しており,零細事業蓄積,農業生産蓄積及び家庭工場生産蓄積の合計は内部調達の源泉として計算されている。

12) 全人代財経委員会によって1999年4月8日に起草し始め,2000年7月4日に6章38条から成る「討論草案」が提出され,数度の修正を経て,2002年6月29日,全人代常務委員会の審議を通過した。

13) 第2条に,中小企業に関する以下のような規定が設けられている。「本法律が称する中小企業とは,中華人民共和国国境内に法律に従って設立された,社会需要を満たし,雇用を増やし,国家産業政策に適合し,生産規模が中小型の各種所有制と形式の企業のことをいう。中小企業の区分標準については,国務院企業関連諸部門が,従業員数,売上高,資産規模などの指標を基に,業種の特徴に照らして制定するものとする」。しかし,具体的な区分規定例はまだ見当たらない。

14) 中国国家発展計画委員会,経済貿易委員会,財政部共同発表の暫定規定では,工業・建設業企業については従業員2,000人以下または売上3億元以下,商業・卸売業については従業員500人以下または売上1.5億元以下となっているが,この条件を満たす中小企業の数は公表されていない。

15) 温州市の在住人口は750万人であるが,域外に流出した人口は約200万人に上り,移住先で群居し,同じく家内工業様式で小商品経済の再生産を遂行している。

16) これに関する興味深い報道特集として,下記文献がある。「中国猶太人？精明刻苦尋求金融突破」,『亜洲週刊』(香港) 2003年12月21日。

17) 人民銀行温州蒼南県支店の調査によれば,正規銀行からの資金調達は管下の金郷鎮資金需要総額の30％程度,炎南鎮にいたっては,3％しかなかった。参照文献:「地下金融:揮之不去的金融蒼蝿」,中新網HP,2002年7月5日。

(参考文献)

1 月刊『国際金融研究』中国銀行国際金融研究所,2003年8月号。
2 日本貿易振興機構『華東経済圏の将来展望』2001年3月。
3 『中国統計年鑑』各年版。
4 『中国経済貿易年鑑』各年版。
5 『中国企業発展報告』2002,2003,2004年版。
6 『中国証券期貨統計年鑑』1992－2002年版。
7 『中国金融年鑑』各年版。
8 『経済金融データ摘要』中国銀行各月版。
9 「中国金融市場存在結構性割裂之痛」『上海証券報』2004年3月23日付記事。
10 黄　泰岩編『与企業家談経論道』経済科学出版社,2002年。
11 黄　泰岩・陳　秀山・王　効平共著『政府経済職能』海南出版社,1998年。
13 China's Emerging Private Enterprises, International Finance Corporation, 2000.
14 呉　暁求著『中国上市公司:資本結構与公司治理』中国人民大学出版社,2003年。
15 陳　暁紅・熊　維平編『重組与再生――中国企業優化資本結構理論与実践』経済科学出版社,2000年。

第4章　韓国企業の資金調達様式

　本章では,「通貨危機」後における韓国企業の資金調達行動の変化に焦点を当て,主に以下の3つのトピックについて議論することにしたい[1)]。
(1)　金融セクターでどのような改革が行われたのか。
(2)　金融セクターの改革にともない,韓国企業の資金調達行動はどう変化してきたのか。
(3)　資金調達の変化が韓国企業経営にどのような影響を及ぼしたのか。

1　資金調達環境の変化

　金融危機発生後に実施された金融改革は,金融部門に主に次の3つの変化をもたらした[2)]。

「金融構造調整」（金融部門の構造改革）[3)]
- 金融機関の不良債権の整理及び資本拡充
- 「不実金融機関」の整理
- 統合金融監督機構の設立（中央銀行の「韓国銀行」が持っていた銀行監督権を「金融監督委員会」に移管）
- 金融関連法律や会計,公示制度の改革

「規制緩和」
- 金利及び手数料などの価格自由化
- 金融会社設立基準の緩和
- 資産運用及び店舗に対する規制緩和

「金融市場の開放」（1996年にOECD加入）
- 外貨自由化
- 外国人の株式投資に関する制限撤廃

第Ⅱ部　日中韓企業の資金調達様式の比較

以下では，まず，金融改革のメイン・プログラムといえる「金融構造調整」がどのように実施されたのかについて概観したうえで，一連の金融改革の影響を受けながら，韓国企業の資金調達行動がどのように変化していったのかを述べることにしよう。

1）金融機関の整理，統合

金融改革の一番の柱となったのは，金融機関の整理と統合（吸収・合併）である。金融危機発生後から2001年（12月末現在）の間に，韓国の全金融機関の約30％に該当する596の金融機関が市場から「退出」または合併されている（図表4－1）。

図表4－1　1998年～2001年の間における金融機関a）数の増減

区　分	銀　行	総合金融会社d）	証券会社	投資信託（運用）会社	生命保険会社b）	損害保険会社	相互貯蓄銀行	信用協同組合	計
1999年末（A）	33	30	36	31	31	14	231	1,667	2,072
退出c）	5	22	6	6	7	1	95	305	447
合　併	8	6	1	1	5	−	26	102	149
新　設	−	1	17	5	−	1	12	9	46
2001年末（B）	20	3	46	30	19	14	122	1,268	1,522
B−A	−13	−27	+10	−1	−12	0	−109	−398	−550

出所）　ホジェソン・ユヘーミ「金融危機以降における金融および企業の構造調整に対する評価と今後の課題」韓国銀行，2003年。

注）a）　外国金融機関の国内支店は除外した。
　　b）　郵便局保険は除外した。
　　c）　契約移転，許認可取り消し，許可取り消しの申請，破産，解散を含む。
　　d）　金融会社とは，企業への中長期資金の貸付，社債の保証，有価証券の売買，リースなど幅広い業務を行っていた投資金融会社である。放漫経営と，97年の財閥企業の破綻（韓宝・起亜ほか）で不良債権が膨らみ，97年12月に14社が営業停止処分となり，翌年の1月にはそのうち10社が倒産した。

2）銀行の改革

銀行[4]セクターは，33行から20行に大きく減少するなど，抜本的な改革が行

第4章　韓国企業の資金調達様式

われた。金融危機以前の韓国の銀行は，実物経済（企業）を資金供給面でサポートする，いわゆる「政策金融」・「官治金融」という非常に限られた役割しか果たしていなかったが，現在はコマーシャルベースでビジネスを展開する企業体へと大きく変身している。

金融危機後における銀行の具体的な変化をあげると，

規模の大型化

合併による大型化が進み，世界100大銀行のランクに入るような銀行も誕生している（cf.「国民銀行」）。

ガバナンス改革

関連法制度を整備[5]し，社外理事（取締役）を半数以上とするなど，理事会（取締役会）の役割を強化した。

財務健全性の向上

公的資本注入により，不良債権処理を一気に実行した。一般銀行全体の不良債権比率は13.6％（1999年末）から2.9％（2002年3月現在）へと大きく下落した。個別銀行の不良債権比率は，図表4-2の通りである。

図表4-3は韓国の金融産業を業種別にその資産規模を示したものであるが，

表4-2　日韓銀行の不良債権比率の比較（2002年3月現在）

【韓　　国】	不良債権比率(％)	前年比	【日　　本】	不良債権比率(％)	前年比
国　民　銀　行	2.3	-1.9	みずほグループ	5.6	1.4
ウ　リ　銀　行	3.0	-4.6	三井住友銀行	8.8	4.8
朝　興　銀　行	3.4	-3.5	三菱東京グループ	8.1	-0.5
外　換　銀　行	3.1	-4.1	ＵＦＪグループ	12.7	8.3
新　韓　銀　行	0.9	-1.1	りそなグループ	10.1	3.9
ハ　ナ　銀　行	1.4	-2.0	住友信託銀行	6.0	1.3
韓　美　銀　行	2.7	-3.6	三井トラストグループ	9.2	1.3
第　一　銀　行	4.1	-3.3			
ソウル銀行	2.4	-7.2			

出所）青柳純一訳『なぜ韓国銀行は蘇ったのか』（朴　太堅）ダイヤモンド社，2003年。

第Ⅱ部　日中韓企業の資金調達様式の比較

図表4－3　韓国の金融産業の業種別資産規模の変化

(単位：％)

総資産＝747兆ウォン	1996年		2002年
銀　　　　　　行	63.6	⇒	73.2
保　険　会　社	13.3	⇒	13.9
相　互　貯　蓄　銀　行	4.9	⇒	1.9
総　合　金　融　会　社	7.0	⇒	0.8
与　信　専　門　会　社	6.0	⇒	2.2
信用カード会社	1.5	⇒	4.8
証　券　会　社	3.7	⇒	3.2

1996年（総資産＝746.6兆ウォン）

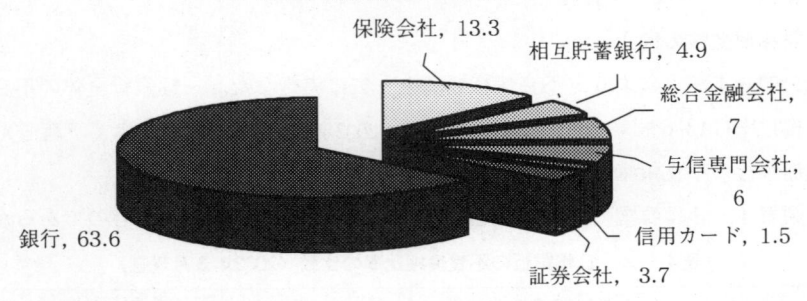

銀行, 63.6
保険会社, 13.3
相互貯蓄銀行, 4.9
総合金融会社, 7
与信専門会社, 6
信用カード, 1.5
証券会社, 3.7

2002年（総資産＝1,427.6兆ウォン）

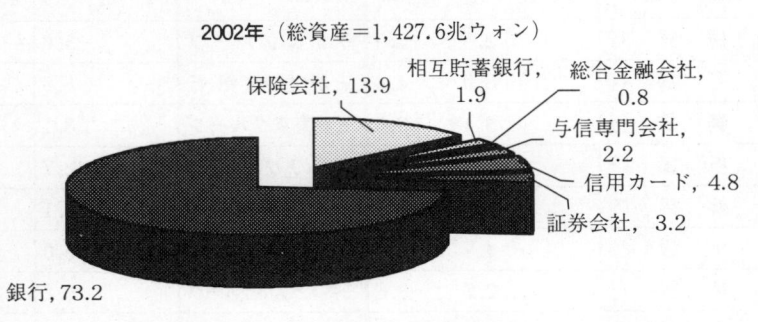

銀行, 73.2
保険会社, 13.9
相互貯蓄銀行, 1.9
総合金融会社, 0.8
与信専門会社, 2.2
信用カード, 4.8
証券会社, 3.2

出所）　崔　興植ほか『韓国金融産業の発展課題』韓国金融研究院，2003年。
注）　数字の単位は％。

第4章 韓国企業の資金調達様式

他の業種に比べて銀行の成長ぶりが目立つ[6]。金融改革は，金融産業の総資産の6割以上（1996年現在）を占めていた銀行の構造調整なしには進まなかったわけである。

金融構造調整は銀行中心に展開し，銀行業界に大変革がもたらされた。実際，国策・特殊銀行を除いて，1997年以前の状態で残っている銀行は，1行もない。100年以上の歴史をもち国内上場会社第1号でもある「朝興銀行」や「外換銀行」の売却（2003年7月・8月）により，韓国の代表的な銀行（朝興銀行，商業銀行，第一銀行，韓一銀行，ソウル銀行）の名は株式市場から消えた。韓国の銀行業界は，国民銀行・ウリ銀行・新韓銀行・ハナ銀行のビッグ4体制に再編されている[7]。

3) 公的資金投入による不良債権の整理と資本拡充

金融危機発生直後，韓国政府は155兆ウォン（GDPの3割に相当する金額）の公的資金を投じ，不良債権の買い入れや資本参加（出資）などを通じて金融部門の不良債権処理を行った。この公的資金投入により，金融機関の財務構造及び収益性は大きく改善した。たとえば，一般銀行のBIS比率は1997年の7.04％から2002年（6月現在）には10.6％まで上昇している[8]。

同時に，全金融機関の不良債権残額は1998年6月末の136兆ウォンから2001年末には35.1兆ウォンまで大きく減少している。一般銀行の不良債権比率も，1999年末の13.6％から2002年（3月現在）には2.6％に下落するなど，財務構造は大幅に改善された。1997年以来，巨額の赤字に苦しんでいた銀行部門は，2001年現在4兆1,672億ウォンの利益を記録するなど，収益性の面でも明るさが出ている。

以上のような金融機関の財務構造及び収益性の改善によって，いままで萎縮されていた金融機関の与信機能が，特に銀行を中心に回復に向かっている。

4) 金融機関の健全性や経営透明性に関する規制の強化

また政府は銀行や総合金融会社を対象として「適期是正措置制度」を導入す

るとともに，同制度を証券会社や保険会社，相互貯蓄銀行にも適用している。「適期是正措置制度」とは，自己資本比率などが一定水準に達していない場合は監督機関が当該金融機関に対して経営改善勧告や行政命令などの措置をとる制度である。

金融機関の資産健全性については，融資先の「要注意与信」の基準を3カ月以上延滞から1カ月以上延滞へと拡大し，特に銀行の場合は借主の未来債務償還能力（Forward Looking Criteria；FLC）も資産健全性の分類基準とするように求め，総合金融会社や保険会社にも同規制を適用している。また，過多与信を防ぐために，銀行や総合金融会社の同一人及び同一系列企業への信用限度額を規制している。

2 企業の資金調達行動

この節では，前節で述べた韓国の金融システムの改革が企業の資金調達行動にどのような変化をもたらしたのか，韓国企業の資金調達行動の特徴は何か，について分析する。

1） 外部・内部資金調達の比率

(1) 内部資金

金融危機発生以前の韓国企業は，外部資金[9]による旺盛な投資活動を展開していたが，金融危機以降は慎重な投資行動をとるようになり，投資財源についても外部資金から内部資金へと大きくシフトしている。特に新規投資の場合などは，投資資金の半分以上を内部資金でまかなうというケースが最近は一般的のようである[10]。

図表4－4に見られるように，1997年の金融危機以前は外部資金依存度が70％を上回っていたが，以降は内部資金の比重が大幅に上昇している。特に2001年には，内部資金調達比率が54.5％にも達し，初めて外部資金調達比率を上回った。

内部資金規模が外部資金規模を上回るようになったのは，何よりも企業の

第4章　韓国企業の資金調達様式

図表4－4　内部資金と外部資金調達の推移　（単位：兆ウォン）

	1990年	1995年	1997年	1998年	1999年	2000年	2001年	2002年
資金調達総額	70.8	141.2	160.7	55.2	104.4	123.7	111.2	150.2
内部資金	20.1	41.0	42.7	27.2	51.4	57.9	60.6	63.3
外部資金	50.8	100.3	118.0	28.0	53.0	65.8	50.6	86.8
内部資金調達の比率（％）	(28.3)	(29.0)	(26.5)	(49.3)	(49.3)	(46.8)	(54.5)	(42.2)

出所）　韓国銀行。
注）　（　）内数字は，内部資金÷資金調達額（％）。

「構造調整」（経営改革）を通じた財務構造の改善と収益増加によるところが大きい。韓国企業は，以前の借金（外部資金）による「成長重視の経営」から，財務健全性と「収益性を重視する経営」へと大きく方向転換し，良好なキャッシュ・フローを実現しつつある[11]。

収益改善による企業内部留保金の増加によって，特に大企業を中心に，金融機関からの借り入れが縮小したことが外部資金規模の低下につながっている。また，金融機関はＢＩＳ基準をクリアするために，あるいは企業の信用リスク増加への対策として，企業への貸付を減らしたことも，外部資金規模の縮小に影響したと考えられる。

図表4－5に見られるように，金融機関による企業に対する貸出は，金融危機後，相対的にも絶対的にも減少している。1997年末時点では，金融機関の融

図表4－5　金融機関の貸出金構成の推移　（単位；兆ウォン（％））

区　分	1992	1993	1994	1995	1996	1997	1998	1999	2000	2001	2002
合　計	181.1 (100)	213.9 (100)	267.0 (100)	315.3 (100)	375.4 (100)	427.8 (100)	348.6 (100)	366.1 (100)	413.6 (100)	436.6 (100)	499.4 (100)
企業貸出	148.7 (81.2)	170.5 (79.7)	205.6 (77.0)	241.4 (76.6)	286.3 (76.3)	324.1 (75.8)	260.5 (74.7)	256.7 (70.1)	276.4 (66.8)	248.9 (57.0)	273.6 (54.8)
家計貸出	34.4 (18.8)	43.4 (20.3)	73.9 (23.4)	73.9 (23.4)	89.1 (23.7)	103.7 (24.2)	88.1 (25.3)	109.4 (29.9)	137.2 (33.2)	187.7 (43.0)	225.8 (45.2)

出所）　韓国銀行。
注）・2002年は6月現在。
　　・金融機関には銀行，非銀行含む。

資のうち，企業への融資は約320兆ウォンと全体の約76％であったが，2002年（6月現在）には約270兆ウォンと，全体の約55％にまで下落している。

一方，金融機関の家計部門への貸出は急増している。金融機関が企業部門より家計部門への貸出を増やしているのは，収益率の差が大きいからである。主要な市中銀行を対象とした調査によれば，銀行の収益性に最も大きく貢献しているのは家計貸出（なかでも個人向け担保付き住宅ローン）である（図表4－6）。

表4－6　銀行収益性に対する貢献度（単位：％）

住宅担保付きの家計貸出	54.4
無担保の家計貸出	10.5
信用カード	17.5
中小企業貸出	14.4
大企業貸出	3.3

出所）　李　東傑・権　才重『企業の財務健全性と銀行企業顧客戦略』韓国金融研究院，2003年。

(2)　外　部　資　金

外部資金構成の面で，まず目につく特徴は，資本金比率が大幅に増大している点である。1997年以前まではわずか10％台であったのが，金融危機後は財務構造改善が図られ，資本金の比率は外部資金全体の50％前後と大幅に拡充されている（図表4－7参照）。

外部資金に占める金融負債の比率は一時急減した（1999年には－26.3％）ものの，2000年以降は回復し，2002年には60％近くまで上昇している。直接・間接金融の比率を見ると，間接金融が一時の落ち込みから回復を見せている。

(イ)　間　接　金　融

金融機関からの借り入れについては，1997年までは外部調達資金総額に対して30％台の比率を維持していたが，通貨危機直後は，特に利子負担の大きい非銀行金融機関（ノンバンク）からの借入金返済が進み，急激に萎縮した。その後は，金利下落や貸し渋りの緩和などによって，2002年には約62％まで回復している。

第4章 韓国企業の資金調達様式

図表4－7 外部資金の財源別比率（単位：%）

	1990年	1995年	1997年	1998年	1999年	2000年	2001年	2002年
外部資金総額（兆ウォン）	50.8	100.3	118.0	28.0	53.0	65.8	50.6	86.8
資　本　金a)	15.0	18.6	11.9	75.6	99.0	53.2	53.6	39.5
金　融　負　債	66.8	64.2	69.2	75.2	−26.3	14.8	40.4	58.0
間　接　金　融b)	38.3	32.0	38.1	−50.9	7.8	25.4	0.0	61.7
直　接　金　融c)	28.5	32.2	31.1	126.1	−34.1	−10.6	40.4	−3.7
商取引関連負債d)	18.2	17.2	18.9	−50.8	26.4	32.0	5.9	2.5

出所）韓国銀行。
注）　2002年は6月現在。
　a）　株式，出資持分，外国人直接投資。
　b）　金融機関（銀行）からの借入金（政府融資含）。
　c）　社債（外債含），公債，企業手形。
　d）　商取引信用及び貿易信用などの対外債務を含む。

㈹　直　接　金　融

　直接金融（主に社債）による資金調達については，金融危機直後（1998年）は126％まで上昇したが，その後は持続的に償還されている。金融危機直後は，大企業を中心に，社債発行で資金難をしのぎ，その後は暴落していた株価が回復するにつれ，株式発行による資金調達が増えている。

　実は韓国では，1980年代後半に，株式市場の活況で一時期，企業の直接金融（社債，株式発行）が量的に増えた時期がある。しかしこの時期における韓国企業の直接金融は，現在のそれと比べると質的な面で以下のような大きな違いがある。

・　社債発行元が少数者に限定されていた。つまり大半の企業にとっては利用可能な資金調達手法ではなかったのである。
・　しかも公募ではなく，「私募」の形態が支配的であった（実質上，間接金融）。
・　社債といっても，ほとんどが「保証社債」（金融機関保証つき）であった。
・　現在のような企業信用レートに基づいた社債発行ではなかった。
・　大企業（財閥企業）の銀行融資には借り入れ枠の制限（政府規制）があっ

第Ⅱ部　日中韓企業の資金調達様式の比較

図表4－8　直接金融による資金調達の推移（単位：百万ウォン）

年　度	株　　　式			社　債
	株式公開（IPO）	増　　　資	株　式　合　計	
1995	580,142	5,583,890	6,164,032	23,598,230
1996	1,391,438	3,651,522	5,042,960	29,904,914
1997	479,299	2,676,317	3,155,616	34,322,121
1998	36,782	13,452,087	13,488,869	56,000,299
1999	1,720,116	33,426,923	35,147,039	30,671,444
2000	－	5,788,845	5,788,845	58,662,845
2001	217,825	5,097,779	5,315,604	87,194,943

出所）　韓国金融監督院。

たために，銀行から直接借りられない資金分を社債発行という市場調達の形態をとっていたに過ぎない。実質的には銀行融資であったのである。

　金融危機後の韓国企業（特に大企業）は外部資金より内部資金への依存度を高めつつ，外部から資金調達を行うときは，金融機関（主に銀行）から資金を調達する間接金融ではなく，社債発行や増資による直接金融方式を主に採用している。たとえば，韓国の代表的な財閥系企業H社の場合は，資金調達源として主に社債やＣＰ，ＡＢＳを活用しており，銀行からは運転資金・営業資金としていくらか借りている程度に過ぎないという[12]。

　直接金融による資金調達をスムーズに行うためには，マーケットから高い信用評価（格付け）を受ける必要がある。韓国国内の3大信用評価機関[13]の2ヵ所以上から信用評価を受けないと，社債発行ができない。したがって企業側は，信用度向上のために健全な財務構造（負債比率の削減や収益向上など）作りはもちろん，積極的なＩＲ活動[14]，経営透明性の確立[15]など，資本市場を意識した経営を展開している。

　㈁　短期・長期資金調達の比率

　外部資金の期間別資金調達の推移を見ると，金融危機後は，短期資金調達よりも長期資金調達への依存度が拡大している（図表4－9）。短期資金調達の直

第4章 韓国企業の資金調達様式

図表4－9 短期・長期別資金調達の比率 (単位：兆ウォン，％)

		1990年	1995年	1997年	1998年	1999年	2000年	2001年	2002年
金融負債総額		33.9	77.8	81.6	21.1	－13.9	9.7	20.5	50.4
構成比	短期資金	54.7	61.6	43.9	－140.3	95.5	19.3	24.9	83.5
	間接金融	46.0	38.4	38.5	－84.9	－20.3	92.7	5.2	86.3
	直接金融	8.7	23.2	5.4	－55.4	115.7	－73.4	19.7	－2.7
	長期資金	45.3	38.4	56.1	240.3	4.5	80.7	75.1	16.5
	間接金融	11.3	11.4	16.6	17.2	－9.4	78.6	－5.2	20.1
	直接金融	34.0	27.0	39.5	223.1	13.9	2.1	80.2	－3.7

出所) 韓国銀行。

接・間接金融の構成比率については，1997年以前までは間接金融が直接金融を大きく上回っていたが，金融危機後は増減の変動が激しく，特に意味のある傾向は見られない。

長期資金調達の場合は，相対的にみて直接金融の比率が高い。これは，設備投資などの長期性の資金を安定的に確保するための手段としては，金融機関からの借り入れよりも，社債が選好されていることを意味する。

2) 企業規模別の資金調達

企業規模別資金調達の特徴については，まず，中小企業の金融機関（銀行）に対する依存度が高いという点があげられる。図表4－10をみると，1998年を除き，銀行の企業に対する貸出比率は，中小企業のほうが大企業より高いことがわかる。これは，中小企業に比べると相対的に信用度の高い大企業は，銀行からの借り入れよりも，市場からの直接金融による資金調達のほうに大きくシフトしているためである。このような傾向は金融危機後においてますます強まっている。

図表4－10 企業規模別銀行貸出額の比率 (単位：％)

	1995年	1996年	1997年	1998年	1999年	2000年	2001年	2002年
大企業	22.3	25.4	47.6	71.5	2.8	16.1	－212.6	－3.5
中小企業	77.7	74.6	52.4	28.5	97.2	83.9	312.6	103.5

出所) 韓国銀行。

大企業に対する銀行の貸出比率が低下した理由としては，まず，大企業の資金需要減があげられる。資金需要を発生させる大型新規投資の動きが鈍くなっている。むしろ現状は新規投資のところか，収益性の高いコア事業を中心に「事業構造調整」を積極的に進め，事業規模を縮小している。借金による過剰な設備投資が1997年の金融危機を招いた原因でもあっただけに，韓国の大企業は新規投資にきわめて慎重になっている。

一方，直接金融市場への接近が困難な中堅・中小企業にとっては，銀行は相変わらず重要な資金調達源である。中堅・中小企業の銀行への依存度は以前に増して高まっている。しかし，銀行側はいままで大企業中心の与信が圧倒的に多かったため，中小企業与信の十分なノウハウが蓄積されておらず，中小企業向け融資に対してきわめて慎重になっている。

銀行は，融資基準として「担保能力」「収益創出能力」「負債比率」を重視しているが，いずれについても中小企業にとっては高いハードルである。銀行に頼るしかない中小企業にはなかなか資金が回らず，信用による直接金融が十分可能な大企業に集まるという「富益富，貧益貧」現象が生じている。つまり，信用レートの高く，業績のよい大企業に対しては銀行から融資のオファーが絶えない[16]ものの，十分な担保を有しない限り，中小企業にはなかなか簡単に資金を貸さない。また，融資中の資金について中途返済を要求する場合さえ少なくない。いわゆる「二極化現象」が生じている[17]。

3　資金調達行動の特徴

金融危機前後における韓国企業の資金調達の特徴をまとめると，次のようになる（図表4－11）。

図表4-11　金融危機前後における資金調達環境の変化

	金融危機前（97年以前）		金融危機後（現在）
企業の資金調達パターン	外部資金 間接金融 短期資金	⇒ ⇒ ⇒	内部資金 直接金融 長期資金
ガ バ ナ ン ス	銀行（政府）	⇒	市　場
市　　　　　　場	機能せず	⇒	市場の確立
銀行の貸出基準	担保（相互保証）	⇒	信　用（credit）
経　営　方　式	財閥（グループ）経営	⇒	個別企業経営へ

(1) 内部資金依存度の増加

① 資金調達に占める内部資金依存度がほぼ50％近辺の水準をキープしている。金融危機以前の20％台と比べれば，大幅上昇している。

② 量的成長（企業規模拡大）のための借金経営から財務構造の健全化・安定化や収益を重視する経営へと，「韓国型経営方式」のパラダイム転換が起きている。

(2) 間接金融から直接金融へ

① 外部資金構成の中身が大きく変化している。つまり，金融機関からの借り入れよりも，社債や株式発行による直接金融に比率が高くなっている。

② 特に大企業（財閥系企業）は，完全に直接金融中心の資金調達を行っている[18]。銀行に対する依存度は劇的に低下し，銀行による大企業の統制（ガバナンス）はまったく利かなくなっている[19]。

③ 円滑な直接金融を行うためには，マーケットから高い信用評価を確保する必要がある。良好な財務構造や経営の透明化に向けた経営努力が求められている。

(3) 企業規模別資金調達方式の違い

① 信用力のある大企業の場合は，多様な資金調達のオプションが選択でき，むしろ金融危機以前よりも資金調達が容易になっている。

② ただ，大企業は負債比率の削減や経営干渉を避ける意図もあって，銀行

からの借り入れを低い水準にとどめている。
③　マーケットへの接近が困難な中小企業にとって，銀行は以前にも増して重要な資金調達源である。しかし，中小企業に対する銀行の融資基準が以前より強化され，銀行からの借り入れはより厳しくなっている。

(4) 市場（マーケット）の台頭
①　通貨危機以前は，本来の意味での「市場」は存在していなかった。実質上政府の管理下にあった銀行は本来の機能を果たしていなかったし，資本市場のインフラもきわめて粗末なものでしかなかった。
②　金融危機以降における金融改革によって，まだ改善の余地はあるものの，ほぼグローバルレベルのマーケットが形成されつつある。
③　政府や銀行に代わって，市場からの評価が企業の資金調達を大きく左右するようになってきている。

(5) グループ経営から個別企業経営へ
①　同じ財閥の系列企業間の相互保証がなくなった。法律的に厳しく制限されることになったからである。金融危機以前は，財閥系企業であれば企業業績と関係なしに銀行から融資を受けられたが，現在は個別企業の信用力が問われている。
②　信用力がないと，いくら大手財閥系企業であっても，担保範囲内でしか融資が受けられない。
③　銀行の与信審査が強化され，担保よりも，利子償還能力の有無が問われるようになっている。

(注)
1)　韓国企業の資金調達行動の変化に注目する主な理由は，①韓国企業経営の特徴であるオーナー経営者中心のコーポレート・ガバナンス制度に変革を迫ること，②金融自由化によっていよいよ韓国市場がグローバル・マーケットに組み込まれていくこと，を意味するからである。これらの理由は，従来の韓国型（的）経営システムに根本的な変化をもたらす可能性がある。
2)　崔　興植ほか『韓国金融産業の発展課題』韓国金融研究院，2003年。

第4章　韓国企業の資金調達様式

3）　金融構造調整については，特に次のような特徴が指摘できる。
　　・銀行中心の改革
　　・政府主導的な改革
　　・統合中心の構造調整（市場からの「退出」よりも吸収・合併による回生中心の改革を意味する）
　　・公的資金の積極的活用
4）　銀行（一般銀行を基準）の店舗数も，1997年末の6,177カ所から2001年末には4,857カ所に減っている（約22％減少）。
5）　銀行や総合金融会社，資産2兆ウォン以上の証券会社及び生命保険会社，信託財産6兆ウォン以上の投信運用会社，資産3千億ウォン以上の相互貯蓄銀行は社外理事を理事総数の2分の1以上としなければならない。なお，選任する社外理事の人数は必ず3人以上でなければならない。
6）　最も成長率の高かったのは，信用カード会社である。しかし2002年後半から，信用不良者の急増による経営悪化が大きな問題になっている。最大手であるＬＧカード社は事実上倒産に追い込まれている状態で，すでに他社への売却が決まっている。
7）　韓美銀行はアメリカのシティ銀行に売却されることになった。
8）　欧米先進国のＢＩＳ比率を見ると，アメリカの場合は12.2％，ＥＵは11.5％となっている（2002年6月現在）。具　本星・金　愚珍『わが銀行産業の主要課題と展望』韓国金融研究院，2003年より。
9）　特に銀行からの借り入れが多かった。
10）　「預金保険公社」でのインタビューより。
11）　通貨危機後の大規模なリストラや収益性のある事業を中心に構造改革を行った成果が現れていると見てよいだろう。韓国企業の売上高ランキング100社（2002年現在）のうち赤字を出している企業は1社もない，というデータからも，韓国企業の収益改善が読み取れる。ちなみに，同期間，日本企業の売上高ランキング100社の場合は，33社が赤字を記録していた。
12）　ＨＣ社とのインタビューより。ＨＣ社は，現在約14兆ウォンほどの資金を調達しているが，社債とＣＰが約9兆ウォン，ＡＢＳによる部分が約5兆ウォンで，銀行からの借り入れは8,000億ウォンほどだという。
13）　韓国国内の3大信用評価機関として，「韓国信用評価」・「韓国企業評価」・「韓国信用情報」がある。
14）　最近は，ほとんどの企業が毎四半期ごとに市場関係者（投資家など）に対して企業ＩＲを実施している。
15）　大手財閥系のＩ社の場合は，100億ウォン（または資産の10％）以上の投資については必ず社外理事（社外取締役）の承認を受けるようにするなど，オーナー経営者の独断や不透明な意思決定に対してブレーキをかけられるようにしている。
16）　聞き取り調査の対象となったＨＣ社，Ｉ社，ＫＹ社，Ｒ社などでは銀行から融資のオファーが絶えないという。
17）　もちろん，業績のよい中小企業の場合はこの限りではない。

第Ⅱ部　日中韓企業の資金調達様式の比較

18) グローバルに事業展開している大手財閥企業の場合は，国内金融市場にとどまらず，国際金融市場からも積極的に資金調達を行っている。
19) 銀行の主な顧客は，家計（個人）と中小企業である。

(参考文献)

1　バクチャンイル「中国に進出した韓国企業の資金調達と現地金融」韓国経済研究院，2003年。
2　バクサンスほか「外資企業の財務行動と特性の分析」ＬＧ経済研究院，2001年。
3　崔　興植ほか『韓国金融産業の発展と課題』韓国金融研究院，2003年。
4　朴　太堅（青柳純一訳）『なぜ韓国の銀行は蘇ったのか』ダイヤモンド社，2003年。
5　ホジェソン・ユヘーミ「金融危機以降における金融および企業の構造調整に対する評価と今後の課題」韓国銀行，2003年。
6　ビョンキュヒョクほか『中国における債権管理実務と事例』韓国輸出入銀行，2003年。
7　イーハンドクほか「韓国企業の財務行動力量のサーベイ」ＬＧ経済研究院，2001年。
8　李　東傑・権　才重『企業の財務健全性と銀行の企業顧客戦略』韓国金融研究院，2003年。
9　ザンデホン『企業支配構造と金融機関の役割』韓国金融研究院，2003年。
10　韓国銀行編「企業経営分析」韓国企業，2003年。
11　韓国銀行調査部編「構造調整以降における銀行と企業間の新しい関係」韓国銀行，1999年。
12　金　賢晶「通貨危機以降における銀行と企業との関係の変化」韓国銀行金融経済研究院，2003年。
13　キンヨンホン「景気循環変動と企業の資金調達の特徴」韓国銀行経済統計局，2003年。
14　貝　本星・金　愚珍『わが国の銀行産業の主要課題と展望』韓国金融研究院,2003年。
15　さくら総合研究所環太平洋研究センター編『韓国での事業展開』太平社，1998年。
16　ソンテジョン「企業投資の決定要因の変化と今後の展望」ＬＧ経済研究院,2002年。
17　津森信也『企業財務―理論と実践』東洋経済新報社，2002年。

第5章　海外進出企業の資金調達

1　中国進出日系企業の資金調達

　2003年9月下旬と2004年2月上旬の2回にわたる企業現地調査では，ヒアリング対象企業の中に，中国で事業展開する日系企業8社が含まれている（メーカー5社，流通業2社，金融1社）。特に2月の調査では，現地での資金調達必要額が大きいと思われるメーカーを中心にヒアリングを実施した。

　ヒアリング調査対象となる企業数が限られることから，ヒアリング内容に加えて既存資料や中国側の外資関係機関・研究者の認識を総合し，日系企業の代表的な資金調達パターンを描き出すこととしたい。

1）　既存の親保証・銀行保証貸付方式：Aパターン

　図表5-1は，1980年代後半から90年代にかけてよく見られた，日系企業の対東南アジア進出における代表的な資金調達様式を示している。進出先国の政府は，外資系銀行が現地で預金業務・為替業務などを含むいわゆるフル・バンキングの支店業務を行うことを厳しく制限していたため，日系企業の現地法人が必要とする円や米ドルなどの外貨は日系銀行から調達できるものの，現地通貨は現地地場銀行から調達する必要があった。このため，日本の親会社が取引のある日系銀行に対して保証を行い，それに基づいて日系銀行現地支店が現地地場銀行に保証を出すという2段階の保証スキームを使って，現地通貨を調達した。いわゆる保証貸付である。現地通貨を日系銀行現地支店から調達する場合も，インターバンク取引で日系銀行現地支店が現地地場銀行から短期資金として調達する。それを転貸融資の形で融資したうえで，ロールオーバーを繰り返すことで，実質的な長期資金として日系企業現地法人に融資したのである。

第Ⅱ部　日中韓企業の資金調達様式の比較

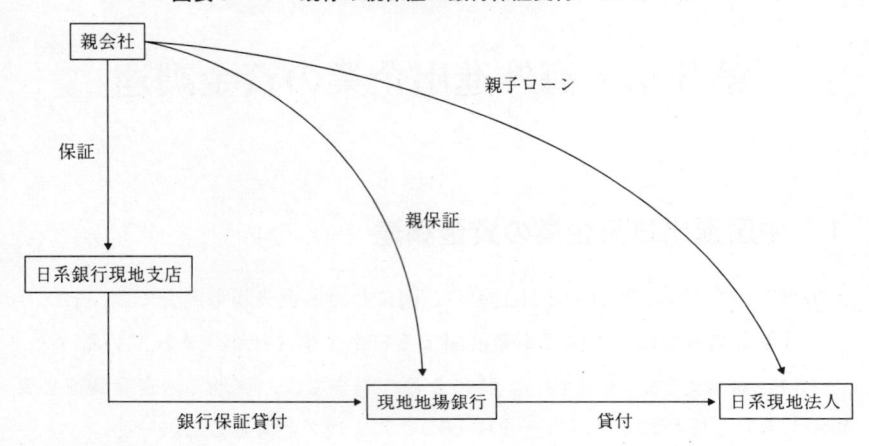

図表5−1　既存の親保証・銀行保証貸付：Aパターン

（図：親会社から日系銀行現地支店へ「保証」、日系銀行現地支店から現地地場銀行へ「銀行保証貸付」、親会社から現地地場銀行へ「親保証」、現地地場銀行から日系現地法人へ「貸付」、親会社から日系現地法人へ「親子ローン」）

出所）　筆者作成。

2）　親子ローン──親会社の信用をバックとする日系銀行現地支店および親子ローン中心の資金調達方式：Bパターン──

　中国でインタビューした日系企業現地法人のほとんどは，資金需要に切迫感がない（現地で資金調達する必要性がない）か，所要資金は内部資金でまかなわれていると回答しているが，突き詰めて質問していくうちに，一般的に，現地事業展開における資金調達方式として，日本の親会社の信用をバックとする日系銀行現地支店からの借り入れと，親会社からの借り入れ（親子ローン）とを併用している場合が多いことがわかってきた（図表5−2）。上記Aパターンにあるような現地地場銀行を活用するようなケースは少なく，むしろこちらが主流となっている。中には下記Cパターンと併用しているケースも見られる。

第5章　海外進出企業の資金調達

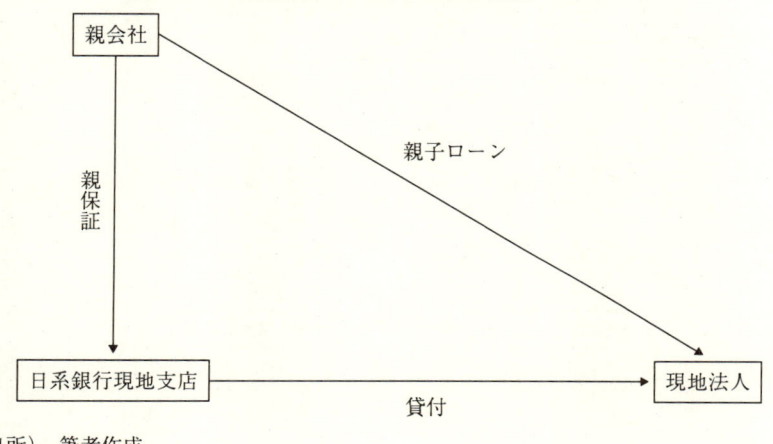

図表5－2　親保証貸付＋親子ローン併用：Bパターン

```
       親会社
        │  ＼
        │    ＼ 親子ローン
     親保証    ＼
        │        ＼
        ▼          ▼
  日系銀行現地支店 ──貸付──▶ 現地法人
```

出所）　筆者作成。

3）「委託貸付」またはキャッシュ・マネジメント調達方式：Cパターン

　グループ会社間での資金の相互融通，特に「委託貸付」と呼ばれる手法を用いる方式である。すなわち，資金的余裕を持つ企業と資金需要が生じた側の間を現地金融機関が取り持ち，資金の融通を仲介する融資方式が用いられている。仕組みは以下の通りである（図表5－3参照）。(1)点線で示す同一グループに属する現地法人2社A，B（より多くの会社間で行うこともある）間で，資金的余裕を持つB社が現地銀行支店（金融機関は日系も現地系もありうる）に資金融通を依頼し，(2)この支店を経由して資金を必要とするA社に資金を貸し出す。(3)A社が一定の仲介料（手数料）を仲介銀行に支払うと同時に，B社に市場金利より低い金利を支払う。調達企業は仲介料（手数料）を加えても市中金利より割安感で資金調達することができる。貸出側も銀行預金金利並みの利息をとることができる。中国の法制度では，非金融法人同士の間で通貨の貸借を直接に行うことが禁じられており（図中の×印），このような仕組みでの関係企業間の資金貸借は認められている[1]。

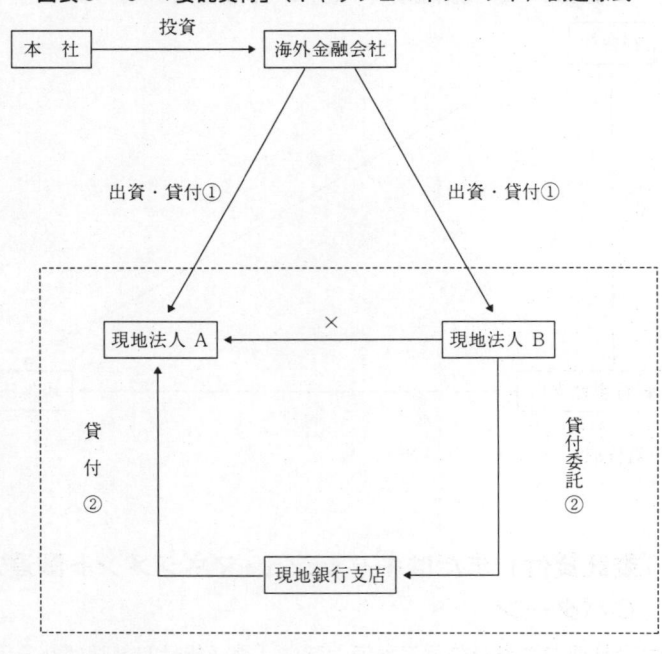

第Ⅱ部　日中韓企業の資金調達様式の比較

図表 5 – 3　「委託貸付」(キャッシュマネジメント) 調達様式

出所）筆者作成。

　また，あるメーカーの現地法人は，本社から経営上の意思決定権限を賦与されており，現地銀行支店を介した委託貸付方式による現地法人間調達ネットワークの代わりに，中国の外にあるグループ内の海外金融子会社を使って直接出資や貸付を行うキャッシュマネジメント方式を検討している（①の部分）。これは，同じグループに属する子会社同士の間での資金の相互融通ではあるが，資金の提供者である金融子会社（持株会社にもなりうる）が中国の外にあるため，上記の非金融企業間相互貸借禁止規定には抵触しない。この場合は，「兄弟ローン」とでも呼ぶべき取引といえる（図中の「出資・貸付」）。

4)　中小企業の資金調達

　今回ヒアリングした企業の中には，中小企業（機械メーカーの下請け）が 1 社

含まれている。この企業はセットメーカーの要請で現地に進出し，組み立てメーカー工場の近くに工場を建設した。販路の確保が最初からできたため初年度で経営黒字を実現し，供給先の生産の急拡大により，毎年工場スペースの拡張に追われている。親会社は従業員わずか数十名の中小企業であるが，中国子会社は単独投資によるもので，開業後3年足らずで本社の数倍のキャパシティを持つにいたっている。経営者は，初期計画時にもっと先を見据え，十分な工場用地を確保するべく資金調達・投資計画を練るべきだったとの悔しさや，嬉しい悲鳴を口にした。中小企業，中でも斜陽業種に属するメーカーであり，日本にとどまっていれば，事業継続自体が危うくなっていたかもしれない企業である。取引先の勧誘はあったにせよ，積極的な海外投資で成長のフロンティアを見つけた幸運なケースである。

この企業も，親会社の信用で現地邦銀支店から資金の提供を受け，メインバンク以外の大手都銀とも資金需要はないものの，付き合いで口座だけは開いているが，同時に内部資金も潤沢に有している[2]。北京でヒアリングした台湾系企業協会の説明では，同じ中小企業でも，集中豪雨的に中国投資に走っている台湾系企業の場合，資金的余裕がないケースが多く，台湾系銀行による金融支援が期待できないため，2％強の保証料を支払って中国側の信用貸付保証機関を媒介に，現地系銀行から融資を受けている状況とはかなり異なる。

もちろん，この企業は日系企業としても例外的にうまくいったケースであるかもしれないが，中国に拠点を持つある地方銀行も，面談において中国に進出した日系中堅・中小企業の中で資金繰り難を抱えているケースを聞かないとしていた。次節記載のような事情はあるにせよ，少なくとも現在中国に進出している日系中堅・中小企業に関していえば，資金調達面での問題はさほど深刻なものとはなっていないのも事実である。

5) 現地資金調達需要が少ない理由

中国で事業展開する日系企業の現地法人の中には，現地での外部資金調達への需要を感じないとする企業が少なくない。このことは，これらの企業が進出

時に十分な額の資金を日本から持ち込んでいることの結果でもあるが,背景として,以下のようないくつかの要素を考慮に入れるべきである。

① 地場銀行からの人民元調達は金利が高いうえ,現地地場企業と同等の実物資産の担保を要求するなど,進出当初の外資系企業にとって条件が厳しいため,円での調達が主体となっている。また,人民元での調達にあたっては,基準貸出金利（規制金利）に銀行裁量幅が加わる[3]。1996年以降,数回にわたって利下げが実施されたが（図表5－4参照），依然として円での調達と比べ割高感があることは否めない。ただし,これにより,現地法人の為替エキスポージャーが増大していることを忘れてはならない。また,日中合弁企業であれば,パートナーとなった中国企業の保証も利用可能であるため,幾分割安な調達が可能であろう。いずれにせよ,日本から資金を多く持ち込んでいることは,現地での資金調達環境が良好とはいえないことを意味する。裏を返せば,進出に際して,日本で一定の必要資金を用意しておくことが必要ということになる。

図表5－4　人民元貸出基準金利の推移

	95年1月～	95年7月～	96年5月～	96年8月～	97年10月～
6ヶ月以内	9.00(→)	10.98(↑)	9.72(↓)	9.18(↓)	7.65(↓)
5ヶ月～1年	10.98(→)	12.06(↑)	10.98(↓)	10.08(↓)	8.64(↓)
1年超～3年	12.96(↑)	13.50(↑)	13.14(↓)	10.98(↓)	9.36(↓)

	98年3月～	98年7月～	98年12月～	99年6月～	02年2月～
6ヶ月以内	7.02(↓)	6.57(↓)	6.12(↓)	5.58(↓)	5.04(↓)
5ヶ月～1年	7.92(↓)	6.93(↓)	5.39(↓)	5.85(↓)	5.31(↓)
1年超～3年	9.00(↓)	7.11(↓)	5.66(↓)	5.94(↓)	5.49(↓)

注）　金利は年率,括弧内の矢印は金利トレンドを表す。
　　2002年2月21日より金利引下げ。

② 進出時に本国から十分な資金を持ち込むことを奨励する制度的仕組みがある。初期の持込資金については,上記の資金調達面での制約に加え,外資政策による登録資本規制や投資額に応じた資本財輸入免税措置の影響を

第5章　海外進出企業の資金調達

あげる声もある。図表5－5が示すように，中国では，進出外資系企業に対して，総投資額に合わせた登録資本金の下限や借入上限などの規制を設けている。法人登録にあたっては，予定投資領域，総投資額，製品市場を盛り込んだ計画書を提出するとともに，一定期限内に本国の親会社から登録資本を資本口座へ送金（現物出資の場合はそのものの送付）することなどが義務付けられている。登録資本金の下限割合は総投資額が高いほど低くなり，増資の際は同じ基準を増資分のみに適用することなどから，資本金については，必要な都度送金して増資するより，当初から将来を見越した投資総額を一度に拠出することで，低い下限割合の適用を受けることができる。また，当初提出した事業計画に明示された投資枠内で，外資系企業が投資初期に自社業務用・生産用設備として持ち込んだ生産機械・装置，交通用具などの資産に対しては，関税及び増値税（取引にともなう付加価値税）免除との優遇条件が賦与される。この税優遇額は総投資計画及び登録資本枠によって決定される。進出計画当初における現地での資金調達の困難さや，登録資本金を一定期間内に送金しなければならない登録資本規制，さらには中国特有の政策面での不確実性（現行の優遇措置がいつまで続くかわからない）などの下で，企業がこの優遇措置をフルに活用しようとすること

図表5－5　総投資額，登録資本金，借入上限

総投資額	登録資本金	登録資本金の下限	借入上限
300万米ドル以下	総投資額の7割以上	最近登録資本金14万米ドル（20万米ドル×7割）の外資系企業も許可されている	総投資額－登録資本金
300万米ドル超，1,000万米ドル以下	総投資額の5割以上	300万米ドル超～420万米ドル以下の場合，210万米ドル	
1,000万米ドル超，3,000万米ドル以下	総投資額の4割以上	1,000万米ドル超～1,250万米ドル以下の場合，500万米ドル	
3,000万米ドル超	総投資額の1／3以上	3,000万米ドル超～3,600万米ドル以下の場合，1,200万米ドル	

注）増資の場合は，増資部分について分離して上記比率が適用される。

は，当初から大きな額を一度に拠出しようとするインセンティブを高める方向に働く。すなわち，資金調達の難度の面でも，登録資本規制の面でも，また税制の面でも，事実上，計画（届出）投資総額に合わせて大きい額の資金を進出初期から持ち込むことが有利に働く仕組みとなっている。

③　利益の再投資により，事業拡大資金のかなりの部分を調達できる。市場の急拡大もあってか，インタビューを通して，日系企業の大多数は黒字を上げているとの証言をしばしば耳にした。ヒアリング対象メーカーの場合も，5社のうち3社が初年度ないし短期間のうちに利益を上げたと回答している[4]。もともと投資時に十分な資金を持ち込んでいるうえ，事業が順調に推移しているため，潤沢な資金を持つ企業が多くなるものと考えられる。ただしこのような状況は，納入先があらかじめ決まっていて売掛金の回収に大きな支障がない，また納入先の業容が順調に拡大しているなどの条件下において成立するものであり，あらゆるケースへの一般化は危険である。

6）　海外におけるメインバンクの意義について

　日系銀行は，日系企業を対象として融資，取引支援，情報支援サービスを提供する支店網を保有している[5]。図表5－6に示す通り，日本の主要都市銀行は，中国の外資系企業が集中する地域・主要大都市に支店網を構築しており，親企業との緊密な関係の延長線上で，現地法人に対してもきめ細かく対応している。仮に差し迫った資金需要がない場合でも，複数の邦銀に取引口座を開設するケースが少なくない。邦銀は，バブル崩壊後，日系企業の対東アジア進出をバックアップするため，アジアにおける拠点展開を進めてきた。海外進出企業にとって邦銀は，資金や信用のよりどころとなっているだけでなく，進出時から事業展開の中の様々な局面において，情報とその他のサービスを入手する重要なソースとなっているのである。

　この役割は，いわゆる「メインバンク」としての役割であることに注目すべきである。日本ではバブル崩壊以降，不良債権問題や金融危機が発生し，金融

第5章　海外進出企業の資金調達

図表5-6　日本の4大金融グループの対中支店進出状況（現地法人は含まず）

	みずほグループ	三井住友銀行	東京三菱銀行	UFJグループ
北　京	○	（駐在員事務所）	○	○
天　津	（駐在員事務所）	○	○	○
瀋　陽	×	（駐在員事務所）	×	×
大　連	○	（駐在員事務所）	○	○
上　海	○	○	○	○
蘇　州	×	○	×	×
無　錫	×	×	（駐在員事務所）	×
南　京	（駐在員事務所）	×	×	×
武　漢	（駐在員事務所）	×	×	×
成　都	×	×	（駐在員事務所）	×
重　慶	×	（駐在員事務所）	×	×
厦　門	（駐在員事務所）	×	×	×
広　州	（駐在員事務所）	○	（駐在員事務所）	（駐在員事務所）
深　圳	○	×	○	○
九　龍	×	×	○	（出張所）
香　港	○	○	○	○
台　北	○	○	○	○
高　雄	○	×	×	×

（2004年3月）

システム改革が進む中，企業集団や「系列」に属する企業同士の相互関係の見直しが進んでいる。このような風潮の中では，メインバンク・システムは，問題企業の延命などマイナスイメージでとらえられがちであった。しかし海外，特に東アジア地域における日本の中堅・中小企業の事業展開においては，メインバンクの存在はプラスに機能し続けている。少なからぬ日系企業は，邦銀以外の欧米系，香港系金融機関，あるいは中国地場金融機関から取引申し入れを受けており，資金調達において必ずしもメインバンクに全面依存しなければならない状況ではない。しかし，特に進出直後の時期は，現地での信用力が不足

しており，メインバンクのバックアップが重要な役割を果たす。立ち上がったばかりの時期や経営が苦しい時期には，蓄積されたソフト・インフォメーションに基づいて形成されたリレーションシップから，長期的な視点をもってバックアップを行う金融機関が必要なのである。しかし中国や韓国においては，中堅・中小企業がメインバンクとする地域金融機関は，海外拠点を持っていないことが多く，こうしたバックアップ機能をいかに確保するかは重要な課題となる。

もっとも，ここで求められているのは，バブル期に少なからず見られたような，リスク審査や管理を十分行わずにただ取引を続けることではない。リスク審査・管理能力の裏づけを持ったうえで，企業の内情をとらえ，長期的な視点から取引の可否を決定するような，外部に説明可能な透明性のあるリレーションシップに基づく新しいメインバンク像が求められている。また，アジア金融危機のような大規模な危機が発生した場合には，メインバンクだけでは企業の資金ニーズにすべて対応することは難しい。こうした緊急事態に対応するためには，海外進出先における中堅・中小企業のメインバンクをバックアップする「ラストリゾート」としての一部政府系金融機関の役割も無視できない。

7） 資本市場からの直接調達が僅少の理由

日系企業は東アジア一円で直接金融市場の利用が少なく，中国では直接金融市場を利用していない。ヒアリング対象にはむろんのこと，全上場企業リストにも日系企業の名は見られない。一般的には，中国の資本市場に色濃く残る国有企業優先の姿勢に起因すると考えられがちだが，この理由についてインタビュー対象企業や中国関係各所に尋ねてみたところ，日系企業が株式を上場して資金調達を図ろうとしないのは，むしろ上場にともなう事務の煩雑さや株式公開後の責任・リスクが読めないといった理由が大勢を占めた。株式を公開することは，企業に新しい「オーナー」を迎えることであり，企業経営に口を出されるのではないかといった懸念があるようである。上場による資金調達や企業のイメージアップよりも，経営統制面の配慮に基づいた行動という要素もあ

る。

また社債については,債券市場が発達していないため,発行費用,信用チェックなど手続きの煩雑さ以前の問題で,社債による資金調達をしている企業には出会わなかった。もともと中国地場企業の資金調達においても,社債による資金調達はごくわずかなものであり(第3章参照),日系企業にとってはさらに利用しにくい手段となっている。

2　韓国進出日系企業の資金調達

通貨危機発生以前における在韓日系企業は,必要資金のほとんどを初期投資金(資本金)でまかなうのが一般的であった。韓国の利子率が高かったこともあって,運転資金も資本金の預金利子でまかなっていたのである。通貨危機後は,日本から持ち込む資本金はできるだけ最小にし,資金需要(運転資金)が発生したときに現地で借り入れるというパターンが一般化している[6]。

1)　在韓日系企業の資金調達方式

在韓日系企業が韓国現地で行っている資金調達方式としては,主に以下のようなパターンがある[7]。

(1)　親子ローン(日本の親会社からの借り入れ)

日系の現地法人が日本の親会社(または親会社の関係会社)から外貨資金を借り入れることである。在韓外資系企業が親子ローンによる資金調達を行う際には,次のような条件を満たす必要がある。

図表5-7　親会社からの外貨借入条件

	施 設 財 導 入 用	運 転 資 金 用
期　　間	5年以上	5年以上
金　　額	外国人投資金額の範囲内	外国人投資金額の50%以内。または1,000万ドル未満
資金使途	施設財輸入決済金（自社の生産活動に直接使用するもの）	制限なし
対象企業	外国人投資製造業	外国人投資製造業

出所）　さくら総合研究所『韓国での事業展開』太平社，1998年。
注）　・海外親会社の定義
　　　① 当該外国人投資企業に10%以上出資する企業。
　　　② 当該外国人投資企業の経営に実質的な影響力を行使できることが書類によって客観的に証明できる企業。
　　・外界親会社の関係会社の定義
　　　③ 海外親会社が当該外国人投資企業に50%以上出資する場合の関係会社の定義は，a）関係会社が海外親会社に10%以上出資する場合，b）海外親会社が関係会社に50%以上出資する場合。

(2)　現地邦銀からの資金調達

　現地日系銀行が主なターゲットとしている顧客は，やはり現地に進出している日系企業である[8]。日系企業（地元の韓国企業も同様）への融資に際しては，基本的に担保は取らず，代わりに親会社の保証を条件とするのが普通である[9]。現地日系銀行としては，担保設定は可能ではあるものの，担保の価値評価方法や処理（資金回収）のノウハウがないため，実際は設定していないというのが現状のようである。

　現地日系銀行が対象とするのは，主に貿易金融（1年～3年の短期融資）がほとんどで，長期の貸出（設備投資用の長期金融）は基本的に対応していない。

(3)　地元の韓国銀行からの資金調達

　外資系企業が地元の韓国企業から資金調達するうえで制度上の規制はなく，むしろ信用度の高い日系企業（特に信用・知名度のある日韓合弁企業）に対しては韓国銀行が積極的な営業活動を展開しているほどである。しかし，実質的には日系企業は現地の日系銀行に融資を求めるケースが一般的である。特に中堅・

中小企業の場合は,韓国での知名度が低いこともあり,地場銀行からの調達は必ずしも容易ではない。

2) ヒアリング調査の結果

在韓日系企業の現地における資金調達について,ヒアリング調査で浮き彫りにされたいくつかの特徴を指摘しておこう。

- 資金調達コスト(金利)は,日本のほうが安い。ただし,円建てで調達するときは,当然ながら為替リスクがともなう[10]。
- 全般的な傾向として,以前は安い賃金を目当てとした設備投資(設備資金)が多かったが,最近は販売や運転資金の需要が件数としては増えてきている[11]。ただ,韓国の電子産業(特に半導体・液晶産業)の競争力向上にともなって当該産業の原材料・中間財を生産する日本企業が韓国企業の大手企業(cf. 三星電子)と組むために韓国現地工場を作る動きがここ1年間で活発になってきている[12]。
- 知名度や信用力のある日本企業であれば,韓国現地での資金調達は,基本的に大きな問題はない[13]。外資系企業だからといって,銀行から差別されることはない。国内企業と同等な立場で資金調達ができる。
- ただし,韓国ではあまり知られていない中小企業は,地元の韓国銀行としてはその企業の信用評価が難しいこともあって,現地の邦銀を頼らざるをえない場合が多いというのが現状である。
- 現地の日系銀行から融資を受ける際には,本社の保証を要求される。
- 現地の日系銀行は,大口の融資の場合は日本本店のうかがいを立てて行うのが普通で,単独の判断(リスク)ではやらない。そういう意味でも,借りる側も日本本社と連携した方がスムーズにいく。
- 日韓合弁企業の中には,韓国の株式市場に上場し,直接金融を行っている日系企業もあるが,一般的ではない。直接金融を行うことにより,たとえば株主(特に大株主)からの経営への介入といった弊害を懸念する企業もある。

3 中国進出韓国系企業の資金調達

1992年の韓中国交正常化以来,中国に進出する韓国企業数が毎年急速に増加している。2002年4月現在,中国に進出した韓国企業数は2,176社[14]で,現在も毎日10社以上が中国に進出している[15]といわれている。韓国にとって中国は,96年にはすでにアメリカと日本とともに3大交易相手国となっており,現在アメリカを追い抜き,韓国の最大の貿易相手国となった。中国市場の将来の潜在力や韓国との地理的・文化的な近さ,相互補完的な経済・産業構造などを背景に,今後も韓国企業の対中国進出の動きは続くものと思われる[16]。

1) 在中韓国系企業の資金調達の特徴

中国に進出した韓国企業が利用可能な資金調達方式としては,親会社(韓国本社)からの送金,社内留保,所有者出資,現地金融(銀行融資),域外金融などが考えられる。これらの資金調達方式に中で,現地の韓国系企業が実際にどのような方式で資金調達を行っているのかを,現地でのヒアリング調査をもとにまとめてみると,次のような特徴がある。

(1) 現地金融比率の低さ

現地の韓国系企業にとっては,為替リスクや金利の安さなどのメリットから考えると,現地金融がもっとも望ましい資金調達方式といえる。しかし,全体の資金調達に占める現地金融の比率は低く,一番比率的に高いのは韓国本社からの送金[17]である。しかも現地金融による資金は,短期性の運転資金がほとんどで,設備投資などの固定資産投資向けは少ない。生産設備拡充などの追加投資に必要な資金は,大部分が韓国本社からの送金や社内留保でまかなっている。

現地金融比率が低い理由としては,まず,92年の国交樹立からまだ12年しか経過しておらず,韓国企業の中国進出の歴史が浅いということがあげられる。現地での事業展開はまだ初期あるいは成長段階に入ったに過ぎず,設備投資などの固定資産投資の資金については韓国の本社からの調達に頼らざるをえない状況にある。

第5章　海外進出企業の資金調達

　第2点目としては，中国金融市場が未発達であり，それに加えて，中国金融機関が外資企業に対して閉鎖的であることがあげられる。中でも中国の4大国有商業銀行は，政策的な観点から優先的に国有企業に対して融資を行っているので，認知度や信用力の高い大企業でもなければ，韓国系企業の接近はそれほど容易ではない。

(2)　企業規模別の違い

　現地の金融機関（銀行）からの借り入れは，企業規模によってかなりの違いが見られる。

㈦　大企業（財閥系）の場合

・現地金融機関から融資を受ける際に，担保[18]に頼らずとも，（韓国本社の）信用力で融資を受けることができる。たとえば，ＬＧグループ系企業などのような信用力のある企業の場合は，現地金融機関は競って融資しようとするほどである。

・しかし，大企業の多くは，業績もよく，流動資金が豊富であるため，追加資金需要は少なく，むしろ借入残高を減らしていく方向にあるのが現状である。

・結論として，大企業（財閥系）の場合は，中国現地での資金調達の可能性について，ほとんど問題はない。

㈣　中小企業の場合

・大企業とは違い，中小企業の場合は不動産（土地・建物・設備など）も少ないため担保力が不足しており，現地金融機関から融資を受けることはかなり困難である。

・したがって，固定資産（不動産）よりも，外貨預金を含めた預金のような流動資産を担保として要求されることが多い。

・したがって，中小企業の現地金融機関からの資金調達は，きわめて難しく，本社保証によるか，韓国から資金を持ち込むしか方法がない。

・中国進出を考えている中小企業は，事前に十分な資金計画を立てる必要がある。初期投資資金だけではなく，事業が軌道に乗るまでの一定期間に

必要となる運転資金の調達計画を練っておく必要がある。

(3) 韓国系銀行 vs. 中国現地銀行

(イ) 韓国系銀行

- 特定地域や少数の指定銀行以外では，外資系銀行はまだ人民幣の扱いができない[19]こともあって，韓国系企業も主に中国現地銀行から資金調達をしている。
- 韓国系銀行からの借り入れも可能ではあるが，その場合は担保，親会社の保証，または他金融機関（韓国国内の銀行）の保証を要求される。韓国系銀行は，現地の担保（建物や設備）の評価や回収にともなう法的な手続きに関するノウハウを持っていないためである。
- 韓国系銀行にとっての主な収益源は，諸手数料である。企業貸出による利益創出は，現在のところほとんどない。
- 韓国系銀行の金融サービスに対して，韓国系企業の評価は厳しい。中国系企業からの評価よりも低い。現地資金調達の面であまり役に立たないためである。
- 韓国系銀行の中国進出状況は，図表5－8の通りである。

(ロ) 中国現地銀行

- 中国の銀行は，資金余剰を抱えている。豊富な流動性を背景に，信用度の高い大企業（外資系企業を含む）に対しては積極的な融資活動（営業）を展開している。
- しかし，韓国系企業にとって，中国現地銀行は「事後管理」がきわめて厳しいとの印象がある。韓国系銀行であれば，融資を受けた後は1年に1度財務報告を出せばいい程度だが，中国現地銀行は毎月・毎四半期ごとにチェックを行う。長期の貸し出しであっても，基本的には1年の短期融資であり，1年ごとに資金をいったん全額返済して再び融資を受けるという形をとっている。
- 企業（特に中小企業）側からすると，銀行は資金需要の少ない大企業にばかり目が向いていて，本当に資金が必要な中小企業にとっては敷居が高い。

第5章　海外進出企業の資金調達

図表5－8　韓国系銀行の中国進出状況（2002年4月現在）

地　域	支　店	現地法人	事　務　所
北　京	外 換 銀 行	－	輸 出 入 銀 行 産 業 銀 行
上　海	産 業 銀 行 ハンビッ銀行 ハ ナ 銀 行	－	－
天　津	外 換 銀 行 朝 興 銀 行 新 韓 銀 行 企 業 銀 行	－	－
青　島	－	国際銀行a)	－
大　連	外 換 銀 行	－	－
《合　計》	9	1	2

出所）（財）国際金融センター。
注）・銀行以外に，証券会社（3社）と保険会社（7社）が進出している。
　　・産業銀行とハンビッ銀行の上海支店は人民幣営業が可能。
　　・a）国際銀行は，韓国の第一銀行と現地銀行の合弁銀行である。

2）　今後の展望

　高い認知度や信用力のある大企業は別として，特に中小企業の中国現地での資金調達はかなり難しい状況にあることは，前述した通りである。しかし，今後はいくつの点で現地金融状況の改善が期待される。

(1)　中国のWTO加入にともなう金融開放

　WTO加入5年後（2006年）には，外資系金融機関も中国のすべての地域で人民幣営業が可能となる。韓国系銀行の支店開設の動きにも拍車がかかり，より充実した金融サービスの展開が可能となるものと思われる。金融開放は金融機関間の競争を促すことにもつながり，企業の資金調達にもプラスの効果をもたらすのではないだろうか。

(2)　金利制限の撤廃（金利自由化）

　2005年内に予定される金利の自由化によって，資金調達コストの削減が期待

(3) 資本市場の開放

中国の株式市場の開放（上場関連規制の緩和）は，現地における直接金融を容易にし，特にグローバルなレベルで事業展開行っている財閥系の大企業にとっては中国現地でも直接金融できる可能性が出てくるだろう[20]。

（注）
1) 外貨管理局は1996年12月5日非金融企業間の外貨貸借禁止について，『非金融機関の間で外貨借り貸し行うことを禁止する通知』を出しており，人民元業務についても同様な規制がある。
2) 隣接周辺の日系メーカーも黒字企業ばかりだという。
3) 近年の金利自由化の流れにより，商業銀行は，中小企業向け貸出金利を基準金利から＋30％〜−10％の範囲内で調整することができるようになった。
4) 面談に応じる企業は経営業績が比較的に良好なケースが多い，というバイアスもあろう。
5) むしろ日系企業への対応に特化している，と考えたほうが適切かもしれない。
6) 必要な資金を10とし，資本金2と借り入れ8で調達するのが普通であったとすると，以前（通貨危機以前）は資本金9以上を日本から持ち込むケースが一般的だったという。現在は資本金2と現地金融8というのが一般的なパターンであるとのこと（M銀行）。
7) 一部，米系銀行から借り入れるケースもあるという。
8) M銀行の場合，融資規模の面では地元の韓国企業（大手財閥系の大企業）の方が大きくなってはいるが，それは結果的にそうなっていることであって，あくまで最注力マーケットは日系企業だという。
9) ただし，信用力の高い企業の場合は必ずしもこの限りではない。
10) 聞き取り調査対象のうち数社（R社，K社，T社）は，親子ローンで日本から相当規模の調達を行っており，調査当時進行していた円高の動きを懸念していた。為替リスクヘッジのためにオプションを購入することはもちろん可能だが，そうするとかえって調達コストが現地で調達するよりも高くなってしまう。少なくとも聞き取り調査を行った日系企業の中には，為替オプションを用いる企業はなかった。
11) M銀行とのインタビューより。ちなみに，韓国には約300社の日本企業が進出している。日系企業が2,000社を超えるタイと比べると，かなり少ない数字である。
12) T社がその典型的なケースで，三星電子に液晶パネル向けの変更フィルムを納入するための工場建設に大型投資を行っている。
13) 日韓合弁会社であるR社は，通貨危機発生以前はすべての資金を韓国現地の邦銀などから信用で調達していた。そのときは，日本の親会社からの保証もなかったと

第5章　海外進出企業の資金調達

いう。同社は，通貨危機発生で多くが倒産に追い込まれた現地の「短資会社」（ノンバンク）からも融資を受けていたが，取引先のノンバンクの倒産にともなってすべての負債を返済しなければならなくなり，緊急避難的に親会社からダイレクト・ローン（親子ローン）を受けるとともに，国際協力銀行からも資金を調達した。

14) この数字は「在中韓国商会」の会員社数である。非会員社を含めると，実際中国に進出している韓国企業はこの数字よりもっと多い。ただ，「在中韓国商会」の非会員企業のほとんどは個人貿易を行っている零細企業が多いと思われる。

15) 1日平均の韓国企業の中国投資（中国進出）は，1999年には4件であったのが，2003年には12件と4倍に増えている。韓国貿易協会の調査より。

16) 韓国企業は主に北京・上海・天津・青島・威海（この5つの地域に全体の60％の韓国企業が進出している）を中心に29地域で事業展開を行っている。中でも，天津と青島に多くの韓国企業が進出している（全体の38％）。

17) いわゆる親子ローン形式によるものである。

18) 主要な担保としては，建物と設備，そして土地使用権や預金証書などがある。

19) 中国のWTO加入5年後（2006年）には外資系銀行にも人民幣扱いが全面的に開放される予定である。

20) しかし，中国の株式市場の現状を考えると，直接金融市場からの調達がスムーズに行われるようになるのはまだまだ先の話であろう。

第6章　3カ国企業間の比較分析

　本章では，これまでの議論を踏まえて，まず，3カ国における企業の資金調達様式，現状と課題に関する異同点を整理する。今後日中韓3カ国資本が相互進出，共同ビジネスを進めるにあたって，金融支援が必要不可欠と考えられ，後半において東アジアビジネス展開における金融支援の動向，そのあり方について私見を述べる。

　第二部の分析視点及び得られた成果が3カ国の経済交流関係の促進強化に示唆的な意義を十分に有するものと確信している。

1　3カ国企業の資金調達様式の比較

　後半各章で，日中韓各国現地企業の資金調達方式についてまとめ，現地企業ヒアリングを踏まえて海外進出企業（中国，韓国に進出した日系企業，及び中国に進出した韓国系企業）の資金調達動向について分析を試みた[1]。以下では，前掲各章の内容を整理する形で，日中韓3カ国間における資金調達の比較分析を行う。

第Ⅱ部　日中韓企業の資金調達様式の比較

図表6－1　日中韓3カ国企業　資金調達方式の比較

国別 手段	日本		中国		韓国	
	大企業	中小企業	大企業	中小企業	大企業	中小企業
内部資金	○	○	△	○	◎	○
株式発行	○	×	△	×	△	×
社債発行	○	×	△	×	△	×
銀行長期借入	○	△	○	×	□	△
銀行短期借入	○	△	○	×	○	△
インフォーマル機構	×	△	×	◎	×	△
中小企業専門金融機関	×	○	×	△	×	△

注）1　◎：最も活用依存度が高い。
　　　　○：十分に活用可能（または活用中）できる。
　　　　△：制約つきで活用可能（活用中）である。
　　　　□：活用可能ではあるが，調達コストなどの理由であまり利用されない。
　　　　×：活用が困難（または不必要）である。
　　2　韓国の中小企業の場合，政府の「政策資金」が大きな比率を占めているもようである（全体の資金の約3割）。
　　3　インフォーマル機構は親族・親友同士や無尽のような会員制互助組織，非金融機構，「地下金融」等を含む。
出所）　執筆者によるヒアリング調査を踏まえた整理，作表。

1）　3カ国企業の国内資金調達方式に見られる類似点

　図表6－1は，3カ国間で主要な資金調達手段がどのように扱われてきたかの大まかな特徴を集約したものである。3カ国の地場企業の資金調達においては，以下のような共通点が見られる。

①　3カ国のいずれにおいても，金融システムの改革が進められている。それまでの間接金融を中心とした企業金融システムの問題点が表面化し，変革を迫られている。

②　公式の外部資金調達チャンネルにおいては大企業が優遇され，中堅・中小企業の利用が難しい。

③　間接金融の役割は依然として重要性を有している。しかし金融機関は融

資をさほど必要としない一部の優良企業への融資を求め，逆に融資を必要としている中堅・中小企業に対して十分な与信がなされないというミスマッチが生じている。
④ 中小企業については，中小企業向け専門金融機関またはインフォーマル機構からの調達が見られる。ただし，インフォーマル機構の中身は国によって違いがある。

2）海外進出企業の現地調達に見られる特徴

資金調達は企業経営の中でもセンシティブな領域であるため，ヒアリングで実態を把握することは容易ではないが[2]，中国に進出した日本企業と韓国企業の資金調達は，図表6－2のように整理される。また，次のような特徴が見られる。
① 日韓とも現地での資金調達は「内部資金→親子ローン→自国系銀行中心の借入」の順で行われている。中小企業が融資を受ける際には，親会社が保証をつけるケースが一般的である。
② 直接金融を回避する傾向がある。株式発行については，大企業は外部株主の導入による経営への干渉をきらい，中小企業は手続き及び調達コストの面で不可能と回答している。社債発行は債券市場が未整備のため普及していない。
③ 短期資金の調達は現地通貨で行われている。長期資金は親会社から持ち込まれることが多いが，為替エキスポージャーへの懸念から，現地通貨と主要通貨をミックスさせる形での調達の必要性への認識が高まっている。

第Ⅱ部　日中韓企業の資金調達様式の比較

図表6-2　海外進出企業の資本調達様式の比較（調査を踏まえた整理）

投資国		受入国　日　本	韓　国	中　国
日本企業	大企業		① 親子ローンによる長期借入 ② メインバンク（現地支店）からの貿易金融 ③ メインバンク（現地支店）・地場銀行からの短期借入 ④ 内部資金	① 内部資金 ② 親子ローンによる長期借入 ③ 委託貸付方式によるグループ金融 ④ メインバンク（現地支店からの）長期借入 ⑤ メインバンク（現地支店）・地場銀行からの短期借入
	中小企業		① 親子ローンによる長期借入 ② メインバンク（現地支店）・地場銀行からの短期借入 ③ 内部資金	① 内部資金 ② 親子ローンによる長期借入 ③ メインバンク（現地支店）・地場銀行短期借入
韓国企業	大企業	① 内部資金 ② 親子ローンによる長期借入 ③ 韓国系銀行より借入		① 内部資金 ② 親子ローンによる長期借入 ③ 韓国系銀行からの貿易金融 ④ 本社担保を条件とする地場銀行借入
	中小企業	① 進出数が少なく、資金調達構造はわかりにくい ② 内部資金か、親子ローンと思われる		① 内部資金 ② 親子ローンによる長期借入
中国企業	大企業	① 国有企業の政策拠点として持込資金 ② 中国系銀行の在日支店からの借入	① 国有企業の政策拠点として持込資金 ② 中国系銀行の在韓支店からの借入	
	中小企業	海外進出の段階ではない	海外進出の段階ではない	

注1）　中国政府による為替管理（規制）の厳しさ、企業経営が多国籍化、国際化の段階にまだいたっていない現状を考慮して、ここでは中国企業の海外進出を調査研究対象から外したが、比較枠組みの都合上、筆者の個人的理解で表中に日韓における中国系企業の存在を標記した。香港はともかく、諸外国に設けられている中国企業の拠点はほとんど例外なく、国有大手貿易企業と為替業務を認可されている大手商銀の支社・支店（事務所）程度である。

注2）　韓国企業の対日進出についても、今回の調査研究対象から外したため、一般的認識として記入した。

出所）　筆者作成。

3） 特に注意を払うべきポイント

上記の特徴は，いくつか留意すべきポイントがある。

(1) 各国の違い

3カ国いずれの金融機関も大企業優遇の傾向を有するが，3カ国の間には，それぞれの歴史，政治，社会制度等の相違に起因して，政府による関与度や銀行との関係の近さに大きな相違が存することを認識しておかなければならない。

日本の場合，政府により資源が大企業へ傾斜配分されていた高度成長期を別として，企業の投資戦略，国際進出は市場原理に基づいている。また金融面においても，バブル崩壊以降はメインバンクシステムが弱体化し，内部資金や直接金融で必要な資金をまかなえる優良企業は間接金融への依存度を下げ，銀行との距離を広げている。

中国の場合は，経済改革が遂行されて20数年が経過し，市場経済原理への理解が浸透したように見えるが，実際は経済政策における大型国有企業への配慮や優遇が依然として普遍的に見られ，銀行と称される金融機構による国有大企業，国家プロジェクトへ資金を重点的に配分しようとする姿勢は変わっていない。政策銀行，国有商業銀行だけでなく，中小企業支援，地方経済支援を目的に創設された都市商業銀行，株式銀行（いずれも基本的に国有または国家持株支配の性質を有するもの）または農村信用組合（集団所有）ですら，公的所有の企業を優遇する傾向が強い。金融機関のこのような姿勢が，経営不振の国有企業をいたずらに延命させるだけでなく，地下金融を助長してきたことは否定できない。

韓国の場合は，戦後，大手財閥育成が終始経済政策の中核を成してきており，政府支援の下，同族経営を貫きながら，強力な企業集団が形成された。大企業の資金調達には政策金融が活用され，政府系銀行，一部財閥系金融機構を介して資金が潤沢に提供されたが，この結果形づくられた脆弱な財務構造は，金融危機の発生によってその実態をさらけ出すこととなった。金融危機後の急劇な構造改革を経て，一部財閥系企業が整理・合併され，政府主導の下での合従連衡が生じたが，韓国経済に占める財閥系大企業の地位が決して低下したわけではなく，資金調達における財閥系企業の優位性も基本的には変わっていない[3]。

(2) 用語法の混乱を避けるために

日本及び韓国においては,「中小企業」という用語について明白な定義や制度がある。しかし中国の場合は,単純に経営規模の違いをとらえて「中小企業」という概念が使われてはいるが,法規による公式な定義は発表されていなかった。『中小企業促進法』公表後も,促進法の施行をサポートする諸関連法規の制定は遅れ気味で,中小企業を専門的に管轄する独立した専門省庁は未だ設けられていない。このためか,多くの重複が含まれる統計が恣意的に発表されている。たとえば,立地場所または設置主体が町村単位である「郷鎮企業」と「中小企業」とは厳密な区別がなされておらず,「所有制」(国有,集団所有,私的所有)の区別もない。資金調達にあたって所有制を基準にした融資先の選別が公式的金融機関によってあからさまに行われている現状では,「国有企業」と「民間企業」または「民営企業」(「私有企業」)との区別を明白にして議論すべきであるが,それが成されていない。本書は,日中韓相互比較の便宜上,「中小企業」という概念を使っているが,上述の制約があることを特に記しておきたい。

「インフォーマルセクター」という用語にも類似の問題が含まれる。インフォーマルセクターは親族・親友間の資金のやり取りや無尽のような会員制互助組織,非金融機構を通じた金融取引,さらには「地下金融」が含まれる。インフォーマルセクター自体は日本の中小企業白書でも取り上げられ,日韓とも中小企業の資金調達に親族からの調達が見られるが,いわゆる「地下金融」の問題はさほど目立たない(触れられていない)。これに対し中国では,公式統計はないが,非国有企業の資金調達に親族,親友からの借り入れとは別に,「地下銭庄」,「標会」が多くの記事や報道にしばしば登場しており,現地ヒアリングでも幾度耳にした[4]。

(3) 資金需要者と供給者のミスマッチ

ペッキングオーダー理論からいえば,企業は内部資金,間接金融,直接金融の順で調達するインセンティブを持つこととなるが,実際には,金融市場の発達度(利用可能か否か),及び経営への外部からの干渉の問題も考慮されている

と考えたほうが妥当であろう。中国の上場企業は，株式発行という資金調達手段が利用できる「特権的立場」を利用して，増資に偏重した資金調達行動をとる傾向を持つ。一方，台湾，香港など海外華人社会では同族経営志向が根強く，外部調達，特に銀行からの借り入れをきらう傾向が強い。

　一方，金融機関側は，国営企業に対する信用評価や担保要求は，仮に融資が不良債権化しても，責任追及されにくいことから，形式的なものにとどまる傾向がある。ここでは明らかに，融資担当者のエージェンシー問題が発生しているが，金融機関全体として，信用評価のノウハウの蓄積が遅れていることの反映でもある。

2　各国資金調達制度に内在する共通の課題
──中小企業金融の遅れ──

　法制度や文化，歴史や経済情勢の違いがあるにせよ，中小企業への間接金融機能の強化が必要であるという面では，日・中・韓共通の課題がある。

1）　日本の場合

　日本では，産業構造調整にともなう中小零細企業の倒産や伝統製造業の生産機能の海外移転が急ピッチに進んだ結果，いわゆる「産業空洞化」問題が地域経済を圧迫している。かつての地域経済発展の担い手であった中堅・中小企業は，活路を見出すために東アジアなど海外へ進出していくが，それらの企業の多くがメインバンクとする地域金融機関は海外拠点を持たないケースが多い。このことは，進出先においてメインバンクのサービスを受けられない中堅・中小企業にとって問題であるだけでなく，顧客ベースが海外に流出していく地域金融機関にとっても大きな問題である。

2）　中国の場合

　国有企業中心の経営構造を改革するためには，中堅・中小企業，特に民営企業の育成が重要な課題である。しかしこのために必要な資金調達手段は，未整

備のままとなっており，いわば改革のボトルネックとなっている。直接金融の利用は一部の国有企業にほぼ限られ，銀行の融資も国営企業が優遇されている。こうした中，中堅・中小企業の資金ニーズを満たすために「無尽」のような私的金融制度（民間互助組織）が復活・発展したり，「地下金融」が横行するなどの状況が見られる。中堅・中小企業の発展を支えるための金融面での制度的枠組み（信用保証制度など）や，専門金融機関の早急な整備等が求められている。

3） 韓国の場合

韓国では，金融危機以降金融機関の役割が相対的に縮小し，資本調達は直接金融にシフトせざるを得ない状況になっている。しかしごく一部の優良企業を除き，多くの中小企業は直接金融市場から実質的に締め出されており，中堅・中小企業向けの金融手段は著しく不足している。中堅・中小企業向けの直接金融市場の整備には時間を要すると思われるため，間接金融機能の強化が喫緊の課題となっている。

3　現地調査と比較分析を踏まえて

日本の中堅・中小企業が中国・韓国に進出した場合の資金調達の現状と課題をテーマに現地調達してきたが，浮かび上がったのは，企業側の問題よりもむしろ金融機関側の問題であった。本章の提言は，主として金融機関に向けてのものとなる。ここでは地域金融機関（地方銀行，信用金庫，信用組合など。ここでは海外展開を指向していない地域金融機関を念頭におく），都市銀行等（ここでは中国，韓国に進出している地方銀行なども含めて考える），及び政府系金融機関の3つに分けて議論を行う。

1） 地域金融機関

近年，日本のメインバンク制は，株式持合や不動産担保主義等と並んで金融システムにおける弱点と見られがちである。しかし，金融取引において情報の非対称性が不可避である以上，銀行と企業が長期的な取引関係をベースとして

ソフト・インフォメーションを重視した取引を行うことは、むしろ金融機関として本来果たすべき役割のはずである。直接金融は間接金融と比べて情報の非対称性の問題が大きいため、直接金融へのシフトを叫んでみても、中堅・中小企業の資金調達における中心的な手段となることは実際的ではないといわざるをえない。実際、複数のアンケート調査で、多くの企業が、メインバンクは必要であり、メインバンクを変える考えはないと回答している。特に、金融機関の選択肢が少ない海外進出先においては、中堅・中小企業の日常的な資金調達におけるメインバンクの役割は、依然として重要であるはずである。

しかし実際には、海外進出した日本の中堅・中小企業の多くがメインバンクとしている地域金融機関は海外拠点を持たず、海外進出先においてメインバンクとしての役割を果たしていない。取引先企業が生き残りをかけて次々と海外進出していく中、多くの地域金融機関は、パイの縮小とこれまで蓄積してきたソフト・インフォメーションの劣化に直面している。金融庁主導のアクションプログラムを受け、各機関がこぞってリレーションシップ・バンキングの機能強化をうたってはいるが、肝心の顧客ベースが海外に流出していることへの有効な対策は打ち出されていない。

とはいえ地域金融機関が安易に海外進出することはリスクが大きい。海外に展開する都市銀行など日系銀行の現地支店が連携し、メインバンクの機能を地域金融機関と日系銀行現地支店が分担する必要がある。現在こうした連携を行っている事例は聞かないが、そのことは問題やニーズの不在を意味するものではなく、むしろ対応の遅れを意味している。

ここでいう、強化すべき地域金融機関と企業との「リレーションシップ」とは、かつてのような不明朗なもたれ合いに基づくものではなく、合理的なルールと資本の規律に基づいたものでなければならないことはいうまでもない。メインバンクたる地域金融機関と中堅・中小企業との関係は、21世紀にふさわしい新たな「リレーションシップ」を意味するのである。このことを前提として、メインバンクの役割を再評価するべきであると考える。

第Ⅱ部　日中韓企業の資金調達様式の比較

図表 6-3　日系金融機関の現地事業開拓の動向と可能性

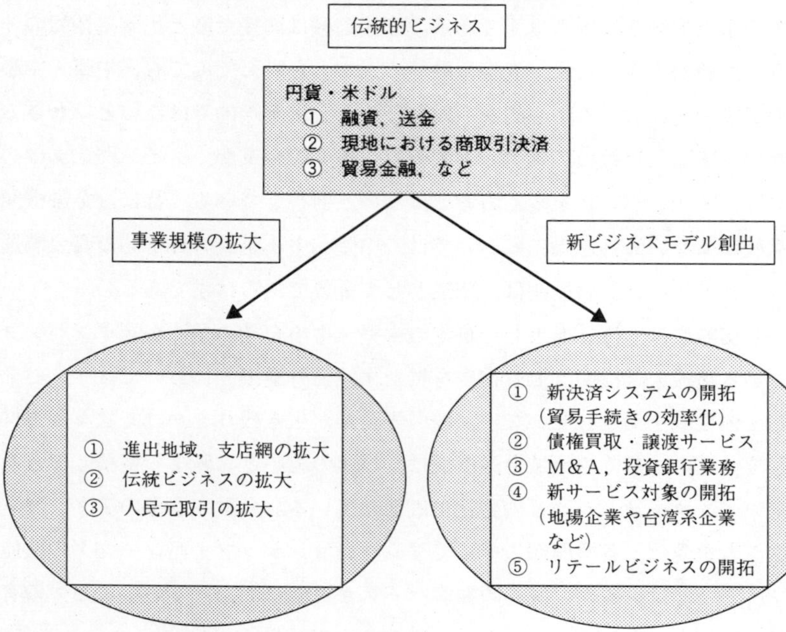

伝統的ビジネス

円貨・米ドル
① 融資，送金
② 現地における商取引決済
③ 貿易金融，など

事業規模の拡大　　　　　　　新ビジネスモデル創出

① 進出地域，支店網の拡大
② 伝統ビジネスの拡大
③ 人民元取引の拡大

① 新決済システムの開拓
　（貿易手続きの効率化）
② 債権買取・譲渡サービス
③ M&A，投資銀行業務
④ 新サービス対象の開拓
　（地場企業や台湾系企業など）
⑤ リテールビジネスの開拓

出所）現地調査と各種報道等を基に筆者作成。

2）都市銀行など

　都銀や一部の地銀など，主要日系銀行の対アジア進出は国際金融業務戦略の一環である。特に拡大を続ける中国への出店が加速しており，大手都銀の中には，事業規模の拡大とともに，業務の多様化やサービス対象の拡大，さらに新たなビジネスモデルの構築を模索する動きも見られる[5]（図表 6-3）。しかし現在までのところ，事実上は，海外進出日本企業の資金需要に対応するマージナルな事業にとどまっているように見える。トップレベルでの経営方針はさておき，現地調査では，支店レベルでの事業展開に対する保守的な姿勢が目立った。

(1) 事業規模の拡大

中国におけるWTO加盟後の本格的金融市場開放を受け，日系銀行はより広い範囲の銀行業務を，より広い地域において，増加しつつあるより多くの日系企業に提供する機会を得る。すなわち，円貨・米ドルにかかわる①融資，送金，②現地における商取引決済，③貿易金融などの海外伝統金融業務を，人民元による取引を加え，日系企業が急増する地域に支店網を延伸させる形で拡大させていくということである。むろん，むやみに拠点を広げることが必ずしも望ましいわけではなく，場合によっては地場銀行や日系以外の外資銀行を提携先として生かしていくことも考えるべきだろう[6]。

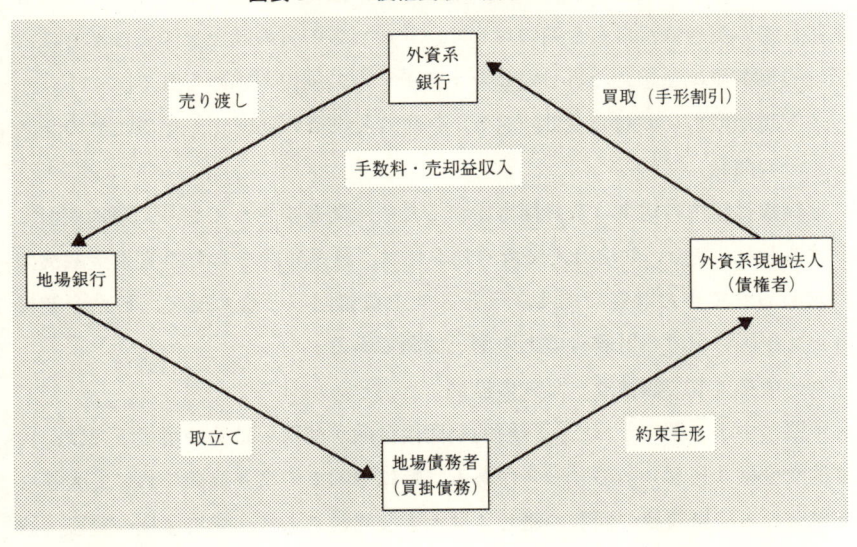

図表6-4　債権買取・譲渡ビジネス

```
                    外資系
                    銀行
         売り渡し  ↗     ↖  買取（手形割引）
                手数料・売却益収入
        ↙                        ↘
   地場銀行                    外資系現地法人
                                （債権者）
                                    ↑
         取立て ↘        ↗ 約束手形
                地場債務者
                （買掛債務）
```

出所）　筆者作成。

　上記の業務は，日系銀行海外支店が，海外店舗網を持たない地域金融機関に代わり中堅・中小企業の海外現法に対するメインバンクとしての役割を期待される，ということを意味する。現在海外に進出する日系企業は，所要資金の多くを進出時に親会社から調達して持ち込んでいるため，現地における資金ニーズは必ずしも切迫したものではないように見える。しかしこのことは，海外に

第Ⅱ部　日中韓企業の資金調達様式の比較

おけるメインバンクのサービスへのニーズが小さいことを意味するのではなく，逆に十分な資金を日本から持ち込める企業でなければ海外進出は困難であるという現状を反映したものである。すなわち，現状はむしろ日系銀行海外支店が本来果たすべき役割を十分果たしていないのではないかという可能性を示唆している。対象を非金融系企業へ広げることも考えられる。欧米系銀行が既に多数の地場銀行に接近し，それらの一部所有権を入手しているが，日系銀行の動きがまだ鈍い（現地調査でも欧州系大手外銀によって日系銀行が地場銀行，地場金融系企業との提携（資本参加，買収）を怠ってきたことを，課題として指摘された）。日系銀行はこれをどう認識し，積極的に解決していくかが問われよう。

　このことは顧客争奪をめぐるいっそうの競争激化を意味する。したがって日系銀行海外支店は，日系企業に対して，サービスの質の向上を図るとともに，伝統的事業領域を超えた新しいビジネスモデルの創出が求められる。

(イ)　現地取引における受払（送金）や輸出入決済の効率化，そのためのシステム開発

　地場銀行経由の送金は数日間もかかるため，問題視されており，現地取引における受払（送金）や輸出入決済の効率化は，日系銀行を含む外資系金融機関に求められてきた課題である。下記の売上債権回収と合わせて，日系企業にとって中国における財務管理上の緊急課題である。

(ロ)　債権買取・譲渡サービスの提供

　中堅・中小企業にとって，一般的な間接金融が利用しにくい現状下では，代替的な金融サービスへのニーズがある。特に中国での事業展開において大きな支障となる売掛債権の回収の難しさは大きな問題であり，売掛債権の買取・譲渡サービスには潜在的に大きな可能性がある（図表6-4）。回収のノウハウが不足する外資系銀行の場合，信用情報にアクセスできる地場銀行との提携が必須となろう。中堅・中小企業にとっては債権回収のコストとリスクを小さく抑えることができ，金融機関にとっては新たな収益源となりうる。

(ハ)　非日系企業顧客の積極的開拓

　日系銀行は現地に進出する日系企業を主要な顧客としてきたが，優良企業で

第6章　3カ国企業間の比較分析

あれば，地場企業にでも，他の外資系企業にでも積極的にかかわっていく必要があろう[7]。銀行同士の顧客争奪戦は既に始まっており，日系企業が非日系銀行の顧客になるケースも少なくない。

現地調査では，日系銀行現地支店は，現地地場企業との取引があったとしても，あくまで日系企業を中心的な取引相手と考えているとのことであった。このこと自体は，自行の固有の強みを守ろうとする姿勢の現れであり，問題とは考えにくい。しかし，取引相手となる日系の中堅・中小企業が社運をかけて現地市場に溶け込もうとしている中にあっては，そうした姿勢に対し，必ずしも積極的とはいいがたい印象を受ける。

日系金融機関が現地において開拓する価値がある潜在顧客群として，ここでは，特に台湾系企業を取り上げたい。なお，韓中間，日韓間でも同様の視点からの事業機会が存在するように思われる。

中国における台湾系資本の存在は大きく，金融機関にとっては開拓する価値が非常に大きい潜在的顧客として位置付けることができる。中国大陸に進出した台湾系企業は60,000社に上り，実行ベースでの直接投資額も1,000億ドルを超すとされている。しかし，政治的な理由から，現在台湾の金融機関は大陸への進出を許されておらず，大陸の地場金融機関から融資を受けることも難しい。一般的には市政府を通じて保証会社の紹介を受け，担保書をとって融資を受ける形となる。この場合銀行への市場金利に加え，保証会社に対して融資額の1.5〜2％に相当する手数料も負担することから，調達コストは高くつく。台湾系企業は資金調達面で大きな困難を抱えているのである。

台湾系企業は，歴史的経緯から日本文化・日本型ビジネスに対する馴染みが深く，日本企業と親密な取引関係を築きやすい。また同時に，台湾企業は，同じ言語，文化を有する「同胞地域」として，中国にも溶け込みやすいという優位性を持っている。東アジア進出日系企業の現地資金調達に関するアンケート調査を見ると，在台日系企業は，運転資金・設備投資資金の双方とも70％以上を現地通貨で調達している企業数の比率が他の国・地域と比べて群を抜いて高い（それぞれ88.0％，84.1％）。経済的要因も考えられるが，現地金融機関との

良好な関係を構築でき，現地通貨の調達がより容易であることが反映しているとも解釈できる。

　金融分野以外，特にコンテンツ産業など新しい分野では，日本と台湾の企業が連携して中国市場を開拓しようとする動きが活発化している。この中には，製品の販売だけでなく，資金調達においても，中国向けの事業資金を中国で調達するなど，事業遂行と資金調達をからめた事業展開を行う企業も見られる。現状では，日系銀行現地支店が台湾系企業を潜在顧客と考えているふしはない。もちろん金融業は他の業種と異なる要素もあり，取引関係の構築は，容易ではないかもしれない。しかし金融セクター以外の分野で現実に起こっている上記のようなダイナミックな動きを目のあたりにするとき，日系銀行現地支店の受身の姿勢が適切なものかどうかについては，少なくとも議論の余地があるのではないだろうか。

3） 政府系金融機関

(1) メインバンク機能の分担

　中国・韓国に進出した日本企業は，日本国内におけるよりもさらにメインバンクのサービスを必要としている。このうち政府系金融機関に最も期待される役割は，金融危機などの非常事態における「最後の貸し手」としての役割である。いわゆるメインバンク制の崩壊により，日本国内においてすら，民間金融機関はかつてメインバンクの重要な機能の1つであった「最後の貸し手」としての役割を果たせなくなっている。また，中堅・中小企業が海外に進出した際，少なくとも現地に根付くまでの間，現地での資金調達は難しいことが多い。これらの企業のメインバンクである地域金融機関が海外拠点を持たない場合，これまでは大手都市銀行の海外支店から資金を調達するケースが多かった。しかし選択の余地を増やす意味でも，現地金融機関との連携の可能性を探るべきであろう。このような場合に，政府系金融機関が仲介を行ったり，あるいは中堅・中小企業に対する適切な信用補完を行って現地での資金調達を支援したりするような業務を行うことが考えられる。

(2) 日本型中小企業金融の経験, ノウハウの伝授

中堅・中小企業向けの間接金融のチャネルとして，日本に長く根付いてきた信金のような地域金融機関や中小企業向けの政府系専門金融機構（国民生活金融公庫，商工業組合中央公庫，中小企業金融公庫など），ならびに信用保証制度の創設（全国信用保証協会連合会，各自治体の信用保証協会）などは，日本の経済発展の基礎である中堅・中小企業を支える大きな力となった。問題なしとはしないまでも，中国や韓国における状況と比べ，はるかに進んでいるといってよい。中堅・中小企業向けの間接金融チャネルの強化が喫緊の課題となっている中・韓両国において，日本の現状は問題解決の1つの方向と考えることができるかもしれない。日本の金融界，政府金融機構がこうした地域金融機構，信用保証制度の創設と育成に関する経験を，中韓の金融業界，金融当局に伝えることは，当該国の経済発展に寄与するだけでなく，それらの国々に進出した日本の中堅・中小企業に対する支援策となる。政府系金融機関の果たすべき役割の1つとして，検討に値するのではないだろうか。

(3) 国際協力による債券市場育成などの中小企業支援促進

政府系金融機関が中小企業に直接融資したり，中小企業の発行する債券（社債）を買い取るなどしたうえで，それを担保にして海外金融市場で外貨建ての債券を発行して資金調達を行うという試みが東アジア地域で始められている。たとえばASEANプラス3の地域フォーラムにおいては，域内通貨建て債券市場での国際機関や先進国政府系金融機関の起債によるベンチマーク機能提供や，国際的知名度の低い地場中小企業に債券市場へのアクセスを提供するための各国政府による共同保証メカニズムの設立などが検討されてきた。その具体的な動きとして，韓国政府系金融機関が出資して「特別目的会社（SPC）」を設立し，100社の韓国中小企業のために，日本政府の協力を得て円建て「韓国中小企業債」を東京市場で発行する予定であることが伝えられていた[8]。日中韓間における中小企業金融債発行にかかわる協力モデルとしてみることができる。

4） 非金融系企業の海外金融子会社の存在

海外進出経験の長い日系企業の大半は，多国籍企業として独自の国際事業統括会社を主要地域ごとに設立している。

多国籍に展開する日系製造業の地域統括拠点（欧米ではニューヨークやオランダまたは一部タックスヘイブン，アジアではシンガポール，香港などに設置）は，管轄地域に立地する各生産拠点のサポート，部品調達機能，販売拠点機能と同時に，資金調達・配分機能を持ち，金融子会社としての役割を兼ね備えるケースが多い。また，現地法人向け融資，グループ内余裕資金の運用，貿易金融，グループ内の為替集中管理・決済などをカバーする，いわゆるグループ金融機能に特化した専門の金融子会社をもつ場合も少なくない。

アジア進出の製造業現地法人は，多くの場合単独での資金調達権限を本社から賦与されていない。代わりにこうした金融子会社が，本社の戦略的意向を受けてグループ管下企業の間でキャッシュ・マネジメントを行い，効率的資金管理を遂行している。現地調査で判明した委託貸付方式は，この仕組みを中国の現存規制の下で実施するものである。また，資金調達に海外金融子会社を活用するメーカーもあった[9]。

こうした組織を持ちうる多国籍企業が，同時に系列のメインバンクをも利用したりするケースもある。銀行の立場からは，多国籍企業の金融子会社などとどのように役割分担，棲み分けまたは競合していくかは，興味深い課題である。

4　おわりに

東南アジアは金融危機をいち早く脱し，中韓経済は高成長を持続しており，日本経済もバブル崩壊の後遺症を残しながらも，景気が上向きつつあるなど，東アジア経済全体が再活性化の様相を見せている。東アジアにおけるFTA締結の動き，さらなる貿易・投資活動の拡大が見込まれる中，ビジネスチャンスの拡大をねらう日系資本の動向，地域資本同士の相互提携の可能性について広く関心が持たれている。特に中国のWTO加盟の実現や韓国の構造改革にともなう規制緩和，それにともなう企業間競争の激化という経営環境変化に対応し

第6章　3カ国企業間の比較分析

て，日系企業と金融機関双方は，今後どのように相互支援，補完関係を構築し，ビジネスチャンスの拡大を実現させていくかは，その戦略が問われている[10]。本書は実態調査による現状把握と比較分析を通じて1つの視角を提供できたという意味で，大きな意義を有するものと確信している。

（注）
1) 外資系企業向けの金融市場の制約と課題，特に中・韓における日系企業と中国における韓国企業による現地資金調達の特徴を知ることができた。
2) 海外進出企業へのアンケート調査で「資金調達関連」諸項目を設けると，回収率が著しく低下する傾向がある。『日中韓中小企業に関する調査研究Ⅰ』北九州大学産業社会研究所（2001年。同Ⅱ，2002年）を参照されたい。
3) 財務構造の健全化措置に引き続いて一部外資系企業がM＆Aなどにより資本参加した。このことは直接金融移行への追い風となっている。
4) 第Ⅱ部第3章4　2）p.162。
5) 現地調査でこのような動きを確認した。また，日本の経済誌が具体的な動きについて報道している。「中国・銀行ビジネスの現場：競争と提携で攻める外資，地場への資本参加も視野」『週刊東洋経済』2004年2月28日号82－84ページ。「中国に挑むメガバンク」『金融ビジネス』2005年5月特集記事。
6) 金融庁の調べによれば，2004年1月末現在，中国における日系銀行の支店数は33（本土20，香港13）に上り，2位の米国（17店舗）を大幅にしのいでいる。蘇州市，無錫市，杭州市など日系製造業企業が一定の集積を成している地方都市への出店（または申請）が目立つ。
7) 現地調査の際の面談において，複数の日系金融機関が「現地中国系企業に対する信用調査は困難」と発言している。しかし現実問題として，欧米系銀行，地場銀行が既に積極的に日系企業にアプローチし，一部顧客を確保するのに成功するなど，顧客の争奪戦はすでに始まっている。
8) 「韓国の中小企業が資金調達，アジア市場育成で日韓政府が協力」，2004年1月8日付，『ＧＯＯニュース』。
9) 出資，貸付，配当金，利息，ロイヤリティ，手数料など，グループ企業間での資金の流れは複雑であり，資本コストの削減のみならず，租税優遇の享受，移転価格によるグループ利益の追求もからむため，外部から解明することは困難である。
10) 日銀の国際与信統計によれば，2003年3月末と比べて9月末の日系銀行の対アジア与信総額は4.1％増であり，特に対中・韓の大幅増が全体の伸び幅を押し上げたという（日本経済新聞2004年2月17日付「中韓向け融資増回復」）。さらに日系大手銀行が中国市場に出店攻勢をかけているとも報じられている（日本経済新聞2004年3月9日付「大手銀，中国で出店攻勢」）。従来の直轄市，特区から主要工業拠点

第Ⅱ部　日中韓企業の資金調達様式の比較

になっている地方都市への新規開設申請が目立っている。

索　引

〔あ〕

IMF体制 …………………………78
IT産業 ……………………………42
アクションプログラム ………225
アジア金融危機 …………………78

〔い〕

意思決定様式 ……………………43
意思決定 ……………………84,89
意思決定スタイル ………… 70,89
委託貸付 …………………199,200
委託－代理関係 …………………35
一元的管理統制 …………………48
一村一品 ………………………161
イトーヨーカドー（鈴木敏文）…72
インセンティブ ………………150
インセンティブ・システム
　　　………………35,40,44,45,49
インフォーマルセクター ……222
インフォーマルな金融方式 …154

〔う〕

請負責任制 …………………35,40
失われた10年 ……………………3
売上高ランキング ………………75

〔え〕

M＆A ……………………………41
MBAコース ……………………50
MBA取得者 ……………………40
エージェンシー問題 …………223
エージェンシー理論 ……………35
エクイティ・ファイナンス …115

〔お〕

Off－JT ……………………16,85
Off－JT志向 ……………………86
OJT ………………………15,16,85
OJT志向 …………………………86
大型国有企業 …………………148
オーナー経営者 …………………65
親子ローン ………………198,207
温州市都市商業銀行 …………164
温州モデル ……………………160

〔か〕

海外事業展開 ……………………92
改革開放政策 ……………………24
会計制度 …………………………75
外資系企業 ………………………41
外部資金 ………………………141
外部資金調達 …………………201
外部調達 …………………151,153
外部調達能力 …………………154
外部統治 …………………………38
過剰雇用 …………………………48
過剰債務 …………………………48
過剰設備 …………………………48
稼得利潤 …………………………35
合弁 ………………………………92
合弁企業 …………………………83
合弁事業 …………………………89
家内工業方式 …………………161
株式会社 …………………………36
株式会社制度 …………………151
株式指数 ………………………144
株式制 ………………………29,40
株式制企業 ……………………148

株式制銀行	155
株式制商業銀行	157, 168
株式制度	35
株式発行	151
株式持合	117
監査役会	36
間接金融	143, 151, 169
管理組織	43
管理特性	21, 44, 75, 85, 89
関連多角化	12, 13, 84

〔き〕

機関投資家	38
企業金融	151
企業経営自主権	35
企業形態	148
企業制度	86
企業統治	34, 35, 39, 151
企業統治構造	21, 34, 35, 39
企業統治制度	36
企業発展戦略	42
基準貸出金利	202
規制緩和	78
技能給	44
基本給	44
キャッシュ・マネジメント	199
業績指標	32
競争戦略パターン	40
兄弟ローン	200
銀行融資	148
銀行借入	151
金融危機（通貨危機）	87
金融債	147
金融資本市場	175
金融セクター	14, 142
金融改革	182, 185

〔け〕

経営意思決定	40
経営管理	81
経営規模	32, 75
経営業績	75
経営業績指標	78
経営権市場	38
経営現地化	95
経営自主権	35
経営システム	21, 40, 48, 50, 75, 77, 81
経営指標	75
経営陣	36
経営制度	79
経営戦略	81, 83
経営組織	81
経営目標	21, 40, 81, 83, 87
経営様式	48
計画経済	24
計画経済時代	34, 39, 40, 50
計画経済体制	43
経済の活性化策	35
研究開発	77
現代企業制度	29, 36
現地銀行支店	199
現地金融比率	210

〔こ〕

構造調整本部	65
公的所有制	30
効率性指標	79
ゴーイング・コンサン	42
国際合弁事業	94
国営企業	34
国際競争力	22
国際経営指向	42
国際戦略的提携	42
国内重視型	42
国有・国有持株支配	29
国有企業	21, 28, 29, 34, 38, 48, 77
国有銀行	148
国有資産管理機構	29, 38, 152

索引

国有資本 …………………………………29
国有商業銀行 …………………141, 150, 169
国有投資会社 …………………………29, 152
国有独資企業 ……………………………28
国有法人株主 ……………………………152
国有持株 …………………………………47
国有持株支配 …………………………38, 149
国有持株支配企業 ……………………28, 48
個人委託貸付 ……………………………163
個人経営企業体 …………………………153
個人主義 …………………………………89
国家所有 …………………………………153
コマーシャル・ペーパー（CP）……121
コンフリクト ……………………………94

〔さ〕

郷鎮企業 …………………………………30
三鉄 ………………………………………35
サービス差別化戦略 ……………………41
財閥グループ ……………………………57
財務体質 …………………………………75
財務構造 ……………………………80, 152
債券市場 …………………………………147
債権債務関係 ……………………………148
債権の株式化 ……………………………150
財務レバレッジ …………………………152
在中韓国系企業 …………………………210
在韓日系企業 …………………………207, 209
産業空洞化 ………………………………223
三星電子 ……………………………57, 66, 88

〔し〕

私営企業 …………………………………142
ジェネラリスト …………………………16
事業戦略 …………………………………42
事業撤退 …………………………………43
事業提携 …………………………………91
資金調達 …………………………………141
資金調達環境 ……………………………175

資金調達慣行 ……………………………150
資金調達源泉 ……………………………144
資金調達構造 ……………………………152
資金調達難 ………………………………142
資金調達ルート …………………………150
自己資本 …………………………………75
自己資本比率 ……………………………80
自己蓄積分 ………………………………154
事後合理性 ……………………………70, 88
自社買収（MBO）………………………45
自社持株 …………………………………45
市場経済システム ………………………48
市場シェア重視 …………………………40
市場占有率 ………………………………83
システム転換 …………………………48, 75
事前合理性 ……………………………70, 88
執行役員 …………………………………46
地場銀行 ………………………………175, 202
資本構造 …………………………………75
資本コスト ………………………………151
資本市場 ……………………………30, 143
資本蓄積 …………………………………154
社員持株制 ………………………………36
社会主義市場経済 ………………………156
社外取締役 ……………………………39, 46
社外取締役制度 ………………………38, 39
社債 ………………………………………147
社債発行 …………………………………147
上海証券取引所 …………………………144
収益指標 …………………………………79
収益性 ………………………………32, 75
集権化 ……………………………………88
集権的経営 ………………………………43
私有財産 …………………………………39
終身雇用 …………………………………15
集団主義 …………………………………89
集団所有 ……………………………29, 153
儒教の復権 ………………………………39
儒教文化 …………………………………39

237

出資比率	93
純益	24
純利益	22, 32
昇給・減給許容制度	44
商業銀行	142
証券監督委員	48
証券監督委員会	169
証券資本市場	175
昇進・降格許容制度	44
情報の非対称性	35, 225
職務給	44
所有制改革	153
伸縮分業	14
人事労務管理制度	44
人民元調達	202
信用担保	156
信用等級評価基準	157
信用評価指標	174
信用評価制度	170
信用補完制度	159, 170
信用保証	159
信用保証期間	159

〔す〕

3M社	71
ストック・オプション	44, 45
スペシャリスト	16

〔せ〕

性悪説	85
成果主義	16, 85
政策金融	76
生産性	75
生産性指標	32
性善説	85
成長志向	83
税引き後利益	22
政府系信用保証会社	176
全国工商連合会	30

選択と集中	64
戦略策定	88
戦略的提携	89
戦略特性	21, 41, 75, 88
戦略目標	42

〔そ〕

総売上	24, 78
総経理	84
総合型企業	27
総合商社	86
総資産	22, 32, 78
総資本利益率	79
組織特性	21, 43, 75, 84, 88
ソフト・インフォメーション	129, 206, 224, 225
蘇南モデル	160

〔た〕

WTO	34, 77
WTO加盟	42, 142, 227
多角化	84
多国籍企業	34
多国籍資本	77
タックスヘイブン	232
縦割組織構造	43
短期雇用契約	42
単独ベース	22, 75

〔ち〕

地域金融機関	141, 206, 224
地下銀行	162
地下金融	158, 162, 222
地下銭庄	162
中央集権型計画経済	21
中央集権型経済体制	34
中国証券監督委員会	38
中小企業	153
中小企業金融	223

中小企業信用担保機関 ················ 157
中小企業促進法 ···················· 156
直接金融 ············ 141, 142, 143, 144, 151
直接金融市場 ······················ 147
直感志向 ······················ 83, 86

〔つ〕

通貨危機 ······················ 53, 87, 181

〔て〕

低価格戦略 ························· 41
鄭周永 ···························· 65

〔と〕

統一賃金制度 ······················· 35
薫事長 ···························· 84
投資ファンド ····················· 168
投資利益率 ························· 40
同族企業経営 ······················· 39
同族経営様式 ······················· 39
登録資本規制 ·················· 203, 204
登録資本金 ······················· 203
独資 ·····························91
独立採算性 ························ 49
トップダウン型 ·················· 43, 85
トップダウン経営 ··················· 84
トップダウン志向 ··················· 86
取締役会 ······················ 36, 47

〔な〕

内部資金 ······················ 151, 174
内部調達 ························· 151
内部統治 ·························· 36
内部留保 ························ 153

〔に〕

『日米企業の経営比較』 ·············· 11
日韓合弁企業 ················· 87, 209

索　　引

二極化現象 ····················· 56, 192
日本楽器製造（ヤマハ） ············ 118

〔ね〕

年功給 ···························· 44
年功序列型賃金 ···················· 85

〔の〕

農村信用合作社 ··················· 164
農村信用社 ······················· 155
能力（業績）主義 ·················· 89

〔は〕

ハード・インフォメーション ········ 129
ハイアール ····················· 34, 42

〔ひ〕

非関連多角化 ······················ 84
非国有企業 ························ 30
非国有経済 ······················ 156
ビジネスモデル ·········· 34, 42, 226, 228
ビッグビジネス ···················· 34
百姓経済 ························ 161
ピラミッド型 ······················ 43
ピラミッド型の多層構造 ············ 43
非流通株 ··················· 30, 152, 169

〔ふ〕

付加価値 ·························· 75
負債 ····························· 75
負債自己資本比 ···················· 80
負債比率 ····················· 148, 150
不動産担保主義 ·················· 224
ブランド力 ························ 77
不良債権化 ······················ 223
不良債権比率 ···················· 142
分析志向 ······················ 83, 86

239

〔へ〕

米国型経営⋯⋯⋯⋯⋯⋯⋯⋯⋯⋯⋯50
ベンチャー企業⋯⋯⋯⋯⋯⋯⋯⋯50
ベンチャー基金⋯⋯⋯⋯⋯⋯⋯157
ベンチャーキャピタル⋯⋯⋯⋯156

〔ほ〕

報酬委員会⋯⋯⋯⋯⋯⋯⋯⋯⋯⋯47
報償金⋯⋯⋯⋯⋯⋯⋯⋯⋯⋯⋯⋯45
「法人化」改革⋯⋯⋯⋯⋯⋯⋯⋯36
法人化改組⋯⋯⋯⋯⋯⋯⋯⋯⋯⋯48
保証制度⋯⋯⋯⋯⋯⋯⋯⋯⋯⋯156
保証手数料⋯⋯⋯⋯⋯⋯⋯⋯⋯159

〔ま〕

マーケティング部門⋯⋯⋯⋯⋯43
マネジメント⋯⋯⋯⋯⋯⋯⋯⋯⋯75

〔み〕

ミディアムターム・ノート（ＭＴＮ）⋯121
ミドル・アップダウン⋯⋯⋯⋯⋯14
ミドル・アップダウン経営⋯⋯⋯84
ミドル・アップダウン志向⋯⋯⋯86
民営⋯⋯⋯⋯⋯⋯⋯⋯⋯⋯⋯⋯⋯29
民営企業⋯⋯⋯⋯⋯30, 31, 39, 50, 153
民営銀行⋯⋯⋯⋯⋯⋯⋯⋯⋯⋯155
民営金融機関⋯⋯⋯⋯⋯⋯⋯⋯154
民営経済⋯⋯⋯⋯⋯⋯⋯⋯⋯⋯148
民間信用組織⋯⋯⋯⋯⋯⋯⋯⋯158
民生銀行⋯⋯⋯⋯⋯⋯⋯31, 46, 164
民族資本⋯⋯⋯⋯⋯⋯⋯⋯⋯⋯⋯31

〔む〕

無尽⋯⋯⋯⋯⋯⋯⋯⋯⋯⋯154, 162

〔め〕

メインバンク⋯⋯116, 205, 206, 225, 228
メインバンク制⋯⋯⋯⋯⋯⋯⋯224

〔も〕

モジュラー型⋯⋯⋯⋯⋯⋯⋯⋯⋯42
モチベーション⋯⋯⋯⋯⋯⋯⋯⋯45

〔や〕

ヤマト運輸（小倉昌男）⋯⋯⋯⋯72

〔ゆ〕

有限責任会社⋯⋯⋯⋯⋯⋯⋯⋯162
有限責任制⋯⋯⋯⋯⋯⋯⋯⋯⋯⋯39
融資獲得能力⋯⋯⋯⋯⋯⋯⋯⋯154
融資審査⋯⋯⋯⋯⋯⋯⋯⋯⋯⋯170
融資信用担保⋯⋯⋯⋯⋯⋯⋯⋯159

〔よ〕

要素生産性⋯⋯⋯⋯⋯⋯⋯⋯⋯⋯35
与信リスク⋯⋯⋯⋯⋯⋯⋯⋯⋯142

〔り〕

リーダーシップ⋯⋯⋯⋯⋯⋯⋯⋯83
利益志向⋯⋯⋯⋯⋯⋯⋯⋯⋯⋯⋯83
利益誘導⋯⋯⋯⋯⋯⋯⋯⋯⋯⋯⋯40
利潤留保枠⋯⋯⋯⋯⋯⋯⋯⋯⋯⋯35
リスク評価⋯⋯⋯⋯⋯⋯⋯142, 158
流通株⋯⋯⋯⋯⋯⋯⋯30, 144, 169
流動資金統一管理制度⋯⋯⋯⋯148
リレーションシップ⋯⋯⋯206, 225
リレーションシップ・バンキング
⋯⋯⋯⋯⋯⋯⋯⋯⋯⋯⋯130, 225

〔れ〕

レノボ⋯⋯⋯⋯⋯⋯⋯⋯⋯⋯34, 42
連結ベース⋯⋯⋯⋯⋯⋯⋯⋯22, 75

〔ろ〕

労働使用権⋯⋯⋯⋯⋯⋯⋯⋯⋯⋯35
労働生産性⋯⋯⋯⋯⋯⋯⋯⋯⋯⋯34

索　引

〔わ〕

ワラント債 …………………………119

著者紹介

王　効平（オウ　コウヘイ）（北九州市立大学大学院マネジメント研究科教授）第Ⅰ部第2章，4章，第Ⅱ部第1章，3章，5章，6章担当

〈略　歴〉

1990年九州大学大学院経済学研究科博士課程終了，経済学博士号取得。財団法人国際東アジア研究センター専任研究員，北九州大学商学部助教授を経て，2000年経済学部教授，2007年より現職（2003年に大学名は北九州市立大学に改名）。1995～96年 UNIVERSITY OF CALIFORNIA AT BERKELEY 訪問研究員。

〈主要業績〉

『華人系資本の企業経営』（単著）日本経済評論社，2001年。ETHNIC CHINESE, (co－authored) The Japan Times, 2000.『地域企業のグローバル経営戦略』（共著）九州大学出版会，1998年。『新世紀的東亜経済合作』（共編，原文中国語）中国評論学術出版社，2007年。

尹　大栄（ユン　テーヨン）（静岡県立大学経営情報学部准教授）第Ⅰ部第3章，5章，第Ⅱ部第4章，5章担当

〈略　歴〉

1993年神戸大学大学院経営研究科博士課程終了（経営学博士）。東亜大学専任講師を経て，1997年より現職。

〈主要業績〉

「日本における地場産業の課題」『東アジア経済経営学会誌』No.2，2009年（近刊）。「地場産業の盛衰に関する国際比較分析」影山喜一編『地域マネジメントと起業家精神』雄松堂，2008年。『先導的起業家育成システム実証事業』（平成13年度経済産業省プロジェクト），2002年。『戦略型ビジネスリーダー養成コース4』日本能率協会マネジメントセンター，2000年。『情報社会と経営』（共著）文眞堂，1998年。『地域企業のグローバル化経営戦略』（共著）九州大学出版会，1998年。

米山茂美（よねやましげみ）（武蔵大学経済学部教授）第Ⅰ部第1章，4章，第Ⅱ部第2章担当

〈略　歴〉

1992年一橋大学大学院商学研究科博士課程修了，西南学院大学商学部専任講師。1994年同大学助教授，カリフォルニア大学バークレー校フルブライト客員研究員を経て，1998年武蔵大学経済学部助教授。2004年より現職，ＩＮＳＥＡＤ経営大学院客員研究員。

〈主要業績〉

Mad Technology : How East Asian Companies Are Defending Their Technological Advantages, (co－authored, Palgrave Macmillan, 2004).『知財マネジメント入門』（共著）日本経済新聞社，2004年。『現代日本企業の経営学』（分担執筆）ミネルヴァ書房，2004年。『ビジネス・ケースブック1』（分担執筆）東洋経済新報社，2003年。

平成17年11月25日　初版第1刷発行	**日中韓企業の経営比較**
平成21年11月15日　初版第2刷発行	

著　者	王　　効　　平 尹　　大　　栄 米　山　茂　美
発行者	大　坪　嘉　春
印刷所	税経印刷株式会社
製本所	株式会社　三森製本所
発行所	東京都新宿区　株式　**税務経理協会** 下落合2丁目5番13号　会社 郵便番号 161-0033　振替 00190-2-187408　電話(03)3953-3301(編集部) FAX(03)3565-3391　　　　　　　(03)3953-3325(営業部) URL http://www.zeikei.co.jp/ 乱丁・落丁の場合はお取替えいたします。

著者との契約により検印省略

© 王効平・尹大栄・米山茂美　2005　Printed in Japan

本書の内容の一部又は全部を無断で複写複製（コピー）することは，法律で認められた場合を除き，著者及び出版社の権利侵害となりますので，コピーの必要がある場合は，予め当社あて許諾を求めて下さい。

ISBN4-419-04630-9　C1034